U0619975

衢州市职业教育“五统筹”改革专项经费资助（编号ZYJY202205）

教育部2021年度职业院校外语教育改革研究课题（编号WYJZW-2021-2044）成果

浙江省高等教育“十三五”第一批教学改革研究项目（编号jg20180727）成果

高职院校新教师教学能力发展研究

何雪莲◎著

ZHEJIANG UNIVERSITY PRESS
浙江大学出版社
·杭州·

图书在版编目（CIP）数据

高职院校新教师教学能力发展研究 / 何雪莲著. —
杭州 ：浙江大学出版社，2023.11

ISBN 978-7-308-24331-5

Ⅰ. ①高… Ⅱ. ①何… Ⅲ. ①高等职业教育—教师—
教学能力—研究 Ⅳ. ①G715

中国国家版本馆 CIP 数据核字(2023)第 203847 号

高职院校新教师教学能力发展研究

何雪莲　著

责任编辑　吕倩岚
责任校对　牟琳琳
封面设计　项梦怡
出版发行　浙江大学出版社
（杭州市天目山路 148 号　邮政编码 310007）
（网址：http://www.zjupress.com）
排　　版　杭州朝曦图文设计有限公司
印　　刷　浙江新华数码印务有限公司
开　　本　710mm×1000mm　1/16
印　　张　15.25
字　　数　307 千
版 印 次　2023 年 11 月第 1 版　2023 年 11 月第 1 次印刷
书　　号　ISBN 978-7-308-24331-5
定　　价　78.00 元

序

高等职业教育是现代社会发展进程中一个重要的教育形态，是国家培养具有工匠精神的应用型技能人才的主阵地，对促进我国国民经济发展有重要意义。2021 年 4 月 13 日，习近平总书记对职业教育工作作出重要指示，强调要“建设一批高水平职业院校和专业，推动职普融通，增强职业教育适应性，加快构建现代职业教育体系，培养更多高素质技术技能人才、能工巧匠、大国工匠”。① 2022 年 8 月 19 日，习近平主席向世界职业技术教育发展大会致贺信，指出：“职业教育与经济社会发展紧密相连，对促进就业创业、助力经济社会发展、增进人民福祉具有重要意义。”②

职业教育是随着人类社会的发展应运而生的，特别是西方各国工业革命后，为满足资本主义生产方式的需要，职业教育迅速向正规化方向发展。二战后，随着世界各国科学技术的迅猛发展，中等职业教育或职业技能培训已无法满足社会对职业技能人才的需要，使职业教育迈向高等教育层次。传统的职业教育重心放在职业技能的训练上，是一种以技能为驱动的教育，目的是培养适应标准化的制造业发展需求的人才。在以计算机、互联网为代表的第三次科技浪潮推动下，人们越来越关注以创新为驱动的职业教育，对职业技能人才的综合素质提出了更高要求。因此，教师不仅需要拥有相关职业技能，更重要的是要成为一名合格的专业化教师，即职业教育教师应当既有娴熟的职业技能，又精通教育教学的理论与实践，成为“双师型”教师。

利用信息技术促进产业变革的工业 4.0 时代的到来，数字化、人工智能进一步改变了各行各业的生产经营模式，各国经济正在向数字化转型，从而出现了许多新的职业和岗位无人认领的现象。由此，以综合型、创新性职业

① 习近平对职业教育工作作出重要指示[EB/OL].(2021-04-13)[2023-11-03]. https://www.gov.cn/xinwen/2021-04/13/content_5599267.htm.

② 习近平向世界职业技术教育发展大会致贺信[EB/OL].(2022-08-19)[2023-11-03]. https://www.gov.cn/xinwen/2022-08/19/content_5706063.htm.

技能人才培养为己任的高等职业教育面临着新考验，教师必须重新审视人才培养的途径与方法。尤为重要的是，高等职业院校教师需要有全新的人才观和教学观，不仅要教会学生必要的专业知识与技能，更重要的是要为学生未来面对今天尚不知晓的职业和尚不存在的技术作充分准备。换言之，如今高等职业教育的发展离不开一支与时代发展相适应的业务精湛、品德高尚的专业化教师队伍，其中，教师的教学能力是最为根本的要素。

近年来，高职教师的专业素养特别是教学能力备受重视，但尚未形成系统的教师教学能力发展的科学体系，一定程度上阻碍了高等职业教育的发展。而新生代的高职院校教师大多具有学历层次高、学术功底深厚、创新思维活跃等特征，他们是最能跟上时代步伐的群体，是当今和未来高职教育发展的中坚力量。为此，研究高职院校新教师的教学能力发展，是当务之急。

我的博士研究生何雪莲教授是一名优秀的高等职业教育研究者和实践者，她长期从事高等职业教育实践和高职教师专业发展的研究，并取得了丰硕的研究成果，对高等职业教育的发展做出了一定的贡献。何雪莲教授基于当今社会发展的现实和其本人高度的社会责任感，在攻读博士学位时选定了高职院校新教师教学能力发展这一研究主题，并结合她以往的相关理论与实践成果，完成了高质量的博士学位论文。在获得博士学位后，何雪莲教授依然持续地对该领域进行深入研究，并在其博士学位论文的基础上形成了该书。这是一项高职教育教师专业发展的重大研究成果，对高等职业教育的未来发展具有重要的理论价值和现实意义。

何雪莲教授拥有扎实的理论功底和深厚的研究能力。她基于行动学习理论、建构主义学习理论、学习型组织理论和教师生涯理论，通过多种研究方法，深入审视了高职新教师教学能力发展的现状、问题与破解之道，形成了该著作，在我国高等职业院校教师研究中处于领先地位，主要表现在以下三个方面。

首先，作者在研究过程中娴熟地运用扎根理论和相关研究方法，使该书具有较强的科学性。如借助 NVivo11 进行了文献聚类分析，通过问卷调查与访谈等实施了实证调查，从而多维度地揭示并分析了"双师型"特征、高职课堂有效教学、高职学生可雇佣性培养等高职院校新教师教学能力发展的核心要素，构建了高等职业院校教师教学能力发展的核心要素模型。

其次，该书立足当前高职院校新教师教学能力现状，通过实证调查的方法，在调查结果的基础上阐释了高职院校新教师教学能力发展的内在需求情况，从而有助于高职院校有针对性地制定新教师教学能力提升方案。

再次，作者以全新的视角提出了"训—研—行"耦合联动模式。该模式是在高职新教师教学能力发展学研共同体实践研究的基础上提出的，由校本培训、企业顶岗、学研共同体学研、新教师教学实践与反思等构成。通过相关工具的检验，证明该模式的显著效果，为高职院校新教师教学能力的提升提供了可资借鉴的、具有较强操作性和可复制性的实践路径。

在当今这个瞬息万变的时代，人才战略是确保我国在激烈的国际竞争中立于不败之地的重中之重。国家不仅需要尖端科技人才，也同样需要大批高素质技术技能人才。高职院校新教师队伍是高等职业教育发展的希望，他们的教学水平关乎我国高等职业教育能否在人才强国中发挥作用，因此构建科学有效的高职院校新教师教学能力发展体系是必由之路。

我期待何雪莲教授这一著作为我国高等职业教育事业的蓬勃发展产生显著的贡献。

2023 年 5 月

目 录

绪论

一、研究缘起

作为高职院校的教育教学工作者，笔者一直关注高等职业教育教学理论和实践研究。由于我国高等职业教育规模化发展相对较晚，高职院校中年轻教师比例较大，而教育质量的关键在教师。因此，笔者逐渐开始关注高职院校新教师的教学能力发展问题，并在实际工作中对新教师教学能力发展的学研共同体模式进行实践探索，试图立足于校本行动研究和行动学习的范式，对高职院校新教师的教学能力发展问题进行探讨。选择高职院校新教师教学能力发展作为研究主题，就研究缘起而言，主要有以下几个因素。

（一）经济社会发展对高等职业教育质量提升的要求

随着高等教育大众化时代的到来，高等职业教育在我国人才培养中不可或缺，承担着培养社会生产与服务等一线岗位的高素质技术技能人才的责任。2016 年中国教育统计数据显示，全国有高职（专科）院校 1359 所（占普通高等学校总数 2596 所的 52.3%），有在校生 10828898 人（占本专科在校生人数的 40.2%），专任教师 466934 人。① 经历数量扩张后，高等职业教育从量的增长转向质的提升，转入内涵式建设，提高高等职业教育的质量成为我国高等职业教育可持续发展的核心，提升高职教师的教学能力和教学学术水平是高等职业教育的重要和首要任务。

近年来，国家对职业教育的质量提升问题的重视程度也空前加强，开始进行顶层设计，从国务院到各级教育行政主管部门都出台了系列政策文件，

---

① 教育部. 2016 教育统计数据[EB/OL]. (2017-08-24)[2017-09-24]. http://www.moe.edu.cn/s78/A03/moe_560/jytjsj_2016/2016_qg/201708/t20170824_311823.html.

要求重视和加强现代职业教育体系建设，尤其是要加强建设和优化职业教育的师资队伍，以提升职业教育质量。如，国务院《关于加快发展现代职业教育的决定》提出要加强“双师型”队伍建设，提高教师的教学研究能力与水平。① 教育部《高等职业教育创新发展行动计划（2015—2018）》提出要围绕提升专业教学和实践动手能力，健全高等职业院校专任教师培养。② 浙江省教育厅的《浙江省高职院校内部质量保证体系诊断与改进工作实施方案》指出，高职院校要推进内部质量保证体系建设，促进各校在“学校、专业、课程、教师、学生”不同层面建立自我质量保证机制。③ 一系列文件的出台体现了各级政府和教育主管部门对高等职业教育在顶层设计上的强化、对高职教育教学质量和对高职院校师资队伍建设的重视程度不断加强。

与高等职业教育质量问题关系最紧密的是教师，教师肩负着高职院校的教学重任。学校的发展有赖专业的强大，教师则是完善和实施专业课程设置的主体。因此，教师在“学校、专业、课程、教师、学生”这五个自我质量保证机制层面起着核心作用，对高职院校教育教学质量有着直接的影响和不可推卸的责任，教师的教学水平对高职院校的整体教学水平和教育质量有重大影响。新教师是高职院校内涵建设与现代职业教育发展的后备力量和未来主力军，他们的教学能力发展状况直接影响今后高职教育系统的教育教学质量。

（二）高职院校教师队伍建设的需求

教学能力是体现教师专长和作用的最关键因素，会在很大程度上影响教师的教学效果和教学目标达成度，以及学生的学业与能力成长。教学能力的提升与发展是高职院校教师培养和师资队伍建设的关键要素，也是高职院校教学改革和质量内涵发展的根基。高职教育规模的扩张带来了教师队伍的不断壮大，新教师人数剧增，教师的教学能力发展问题也日益突出。

---

① 国务院. 关于加快发展现代职业教育的决定[EB/OL]. (2014-6-24)[2017-5-3]. http://www.moe.gov.cn/jyb_xxgk/moe_1777/moe_1778/201406/t20140622_170691.html.

② 教育部. 高等职业教育创新发展行动计划(2015—2018)[EB/OL]. (2015-11-03)[2017-05-03]. http://www.moe.gov.cn/srcsite/A07/moe_737/s3876_cxfz/201511/t20151102_216985.html.

③ 浙江省教育厅. 浙江省高等职业院校内部质量保证体系诊断与改进工作实施方案[EB/OL]. (2016-08-08)[2017-05-03]. http://www.zjedu.gov.cn/news/147064468647626339.html.

据2016年中国教育统计数据，高职院校有专任教师466934人，其中中级及以下教师329262人，占总人数的70.52%，初级和未定职称教师数为138816人，占比为29.73%。[①] 可见，在高职院校中，新教师比例较高。这些新入职的教师，具有较好的学科专业教育的学历背景，但多数没有师范教育背景，缺少教师职业相关教育知识及理论的学习，缺乏教学实践的训练。另外，由于高校普遍采用资格证书制度和岗前短期培训形式，培训内容更注重教育教学理论和职业道德，对新教师应该具备的教学能力方面重视不够，缺乏对新教师在教学能力发展上的延展培养，不能取得预期效果。加上高校"重科研轻教学"的考评机制，导致新入职教师在教学能力的专业发展上受到阻碍，影响教学水平。因此，加强高职新教师的教学能力培养不仅是新教师个人尽快适应和融入职业岗位以及个人专业发展的要求，也是高职院校内涵式建设和师资队伍建设，提升教育质量的现实需要。

（三）入职期是教师掌握教育教学技能的关键时期

在知识和社会发展日新月异的信息化时代，社会、文化、经济、教育、世界交流等都出现了快速发展与持续变化的趋势，这势必改变和影响教师在教育教学及学生成长中的功能定位和作用，对教师的专业能力、生涯发展以及培养形式提出更高要求。联合国教科文组织于1975年在建议书《教师作用的变化及其对专业准备和在职培训的影响》中指出，"职业开始准备和职前教育及培训阶段，应被看作是教师持续的教育过程中的第一个基本阶段"，教育内容上，"初始的教师教育应该使将来的教师对其新角色与功能获得必要的专业准备"，在方式上，需要一种"综合性政策"以把职前教育与在职教育整合起来，确保将教师教育重组成一个"持续的协调过程"，从而"有利于终身学习的理论与回归教育的需要"。[②]

拉尔夫·费斯勒(Ralph Fessler)的教师职业生涯发展周期理论认为职前期是教师的专业角色准备阶段，除大学期间的师资培育时期外，也指在职教师转换新工作或从事新角色所接受的培训。职初期属于新教师入职阶段，是教师入职任教的最初几年，这一时期的主要任务是学会日常的教学工

① 教育部.2016教育统计数据[EB/OL].(2017-08-24)[2017-10-26].http://www.moe.gov.cn/s78/A03/moe_560/jytjsj_2016/.

② 赵中建主译.全球教育发展的历史轨迹——国际教育大会60年建议书(1934—1996)[M].北京:教育科学出版社,1999:397—399.

作，得到所在群体的认同，是新教师在学校系统内的社会化时期。①

对于高职院校新教师来说，因为他们基本不是毕业于师范类院校，没有经历过相应的职前教师教育阶段，因此职前期教育基本就从进入新任岗位的岗前培训开始，这甚至成了职业初期的一个阶段。新教师职业生涯的职初期是影响新教师们今后职业倾向或职业理想的关键时期。教师工作头几年的教学实践和效能体会对其今后教育教学工作中可以成就的效能水平、教学态度和职业取向将产生较大影响，甚至会影响新教师对教育教学工作的价值认同感。据统计，新教师的流失率大大高于老教师，约为5倍之多，大约30%－50%的教师是在任职5年内离职，最主要原因是处于入职初期的新教师难以适应环境、不能胜任岗位要求。② 贝蒂·E.斯黛菲(Betty E. Steffy)提出的教师生涯发展模式认为处于入职初期的教师一般需要三年左右才能适应工作，顺利迈入下一发展阶段，此时的教师往往充满活力、积极进取、富有创意、易接受新观念，表现出热情、积极的特点。③

因此，在新教师入职初期的预备生涯阶段，可结合新教师的职业生涯成长周期特点和高职教育对教师教学能力的要求，对新教师进行合理的教学能力相关理论和实践培养，根据新教师教学过程中碰到的实际问题开展指导和协作研讨学习，帮助新教师减少各种现实困惑和冲击，树立对高职教师职业的自我认同，顺利完成新手教师向熟练教师的过渡。

(四)个人的工作实践感悟

随着自身教育实践与管理工作范围的拓展，根据工作中观察发现，高职院校中年轻教师数量庞大。2017年中国教育统计数据显示，高职院校有专任教师482070人，初级和未定职称教师142457人，占专任教师总数的29.6%，④这部分教师一般都是近年入职的新教师。就笔者所在院校，近三年引进新教师占专任教师总数的26.2%。因此，笔者开始关注高职院校新教师的教学能力提升和专业成长问题，并了解“高职新教师教学能力发展”

① 费斯勒，克里斯坦森.教师职业生涯周期——教师专业发展指导[M].董丽敏，高耀明，等译.北京：中国轻工业出版社，2005：45—59.

② 许明，黄雪娜.从入职培训看美国新教师的专业成长[J].教育科学，2002(1)：51—55.

③ 王蔚虹.国外教师职业生涯周期研究述评[J].集美大学学报，2008，9(2)：4—7.

④ 教育部.2017教育统计数据[EB/OL].[2018-08-06].http://www.moe.edu.cn/s78/A03/moe_560/jytjsj_2017/.

这一命题对高职院校的可持续内涵式发展及师资队伍建设的重要意义。首先,基于目前高职院校的师资情况和对新教师的培养不够系统和科学等问题,新教师在适应教学方面还存在诸多困惑和迷茫。其次,高职院校在师资队伍建设的管理模式上,缺乏从人文关怀的角度为教师发展提供保障条件或鼓励政策,教师个体成为被动的政策接收者和任务完成者,在教学能力发展上缺乏自主自觉的能动性。然而,这些数量庞大的新教师是否能够快速适应新岗位工作需要,不仅关系到他们个人的专业成长,也会直接影响高职院校今后的专业建设质量和教学质量。新教师教学能力发展是高等职业教育质量的重大战略保障,是高职院校从数量扩张转为“内涵式发展”建设的需要,是终身教育和学习型社会发展的需要,更是高职院校新教师个体专业化发展和职业生涯发展的现实需要。

由此,笔者开始关注和研究高职院校新教师教学能力发展问题,并在实际工作中对新教师教学能力发展的学研共同体成长模式进行了实践探索,试图立足于校本行动研究的方式和行动学习的视角,在实践中构建教师学习共同体,对新教师在学习和教学中碰到的实际问题进行研讨,以探讨高职院校新教师的教学能力发展路径和策略。教师的教学能力发展是一个持续的动态变化和螺旋的循序渐进的过程。在这个过程中,新教师们的专业素质及其在教学实践中的体现均应得到重视,新教师教学能力发展的路径应当是从现实和实践出发的行动过程,从实践的角度认识新教师的教学能力发展,关注新教师的整体提高。

二、研究目的与意义

(一)研究目的

有关教师发展研究的侧重点大致涉及和经历了师范教育研究、教师教育研究、教师专业发展研究、教师学习研究等相关领域的渐进交叉和不断深化。[①]经济全球化和教育国际化也给教师发展带来了更多的不确定因素。有关教师发展的研究关注点从教师的“教”向教师的“学”转变,有关教师的有效学习方式、特点及其保障机制等问题逐渐成为教育研究主题。

① 毛齐明.教师学习——从日常话语到研究领域[J].华东师范大学学报(教育科学版),2010,28(1):21—27.

教育，作为一种特殊的社会活动，其社会活动关系属性让教师处在与他人、他物不断对话与共处的关系之中，而不是一个孤立的个体存在。同样，教师的教学能力发展也不是教师个人的孤立实现，而是在教师的个体行动和他所处的外在环境和教育结构之间的不断互动过程中实现的。每位教师都有着对教育教学的个人理解、方法、知识和经验。在日常教学工作中，这些会在教师的教育教学态度、教学策略、教学风格、交往方式等方面不同程度地表现出来，并与教师身处的教育情境和环境氛围分不开。教师在个体与情境的对话中产生新的社会关系以及对教学的新的理解，呈现出多种教师教学能力发展特点。要研究高职新教师教学能力的发展问题，离不开新教师的真实教学实践和所处社会情境：对教学实践问题、教学方法等的学习与研究活动，既是新教师教学能力发展的途径，也是新教师教育其本身，是新教师的真实发展。

基于上述思考，本书在研究取向上是一种为了实践、基于实践和在实践中的研究。研究目的是探讨高职院校新教师的学研活动对于新教师教学能力提升的作用方式与教育意义。具体而言，本书的撰写主要基于两个目的：学术目的和实用目的。

就学术目的来讲，前期行动研究历时两年，通过行动学习小组的学习和研讨互动记录、研究者的场地观察、新教师的学习与反思日志、新教师的研习主题汇报PPT、新教师的学研心得、教学督导的听课记录、对新教师的问卷调查等系列数据资料的收集和分析，对高职院校新教师的教学能力培养与提升的学习过程进行深入探究，对以行动学习为依托的高职新教师教学能力发展的学研共同体的构建与实践进行过程性呈现。以研究为契机，展现高职新教师教学能力发展的真实途径与方式，从中观和微观层面展现学研共同体的实践对高职院校新教师教学能力发展的促进作用。研究指向实践中的教育意义，了解高职院校新教师参与教学能力提升行动学习实践活动建立起来的学习、合作之间的相互关系和专业发展期待，发现新教师参与学习的教育意义。

就实用目的而言，通过行动学习过程中对高职院校新教师的学研共同体的构建与实践，依托研究基础，为有效实施高职院校新教师的教学能力培养、探寻新教师教学能力发展的有效途径做出行动努力。同时，作为一项校本培养研究，尝试在实践中置身新教师教学能力提升学研本身，对学研过程进行真切关注，在行动过程中反思，在反思中继续行动，关注其中的动态变化，运用基于现场、情境和关系的分析，走进新教师群体，发现问题、分析问题、研究问题、提出建议、采取行动，旨在为高职院校新教师的入职教育探索出一条校本化、低成本、具有推广价值的教学能力发展模式。

(二)研究意义

不同战略定位和不同性质的高校对教师的能力和素质要求的侧重点也会有所不同。高职院校,作为教学型高校和职业院校,以培养学生的应用能力为主,因而发展教师的教学能力、提升教学技巧与方法运用能力是高职院校对教师的主要要求和首要任务。目前,在高职院校的师资队伍中,新进的年轻教师较多是一个普遍现象。总体来看,在师资结构方面,高职院校新教师群体存在结构性矛盾,主要表现为以下基本特征:(1)新教师中女教师比例较高;(2)没有师范教育背景或教学经验的新教师比例很高;(3)新教师学历较高但实践能力较弱。以本书所跟踪的Q学院为例,近三年引进68名专任新教师,女性教师41人,占总人数的60.3%;应届硕士毕业生63人,占92.6%;本科或者硕(博)士研究生任一阶段毕业于师范类院校或师范类专业的仅有10人,占14.7%,其中师范院校教育类专业毕业2人,师范院校非教育类专业4人,非师范类院校教育类专业4人。

教师队伍中新教师人数剧增让教师的教学能力发展问题也日益突出,高职院校新教师普遍教学基本功较弱,尤其是实践教学能力不足。新教师在教学上的问题主要有以下几个方面:(1)承担工作量大,难以适应多岗位工作;(2)教学内容把握不准,教学方法单一,教学效果不好;(3)专业理论水平较高,实践经验不足,课堂驾驭能力低;(4)缺乏教育教学基本知识,课堂教学自信心不足。高职院校新教师在教学能力发展上面临着两大主要挑战:其一是高职院校的强动态性和实践性特征的“双师型”教学能力的要求,其二是新教师自我专业发展的要求。强动态性要求新教师要能够根据学生知识和能力水平及今后工作岗位要求判断和明确授课的深度与广度。强实践性则是教学本身的实践性和高职教育的强实践性特征的体现。更重要的是教师要具备一种“将教师自身的知识转化为学生的知识与智慧”的“转化”能力。[①] 教师教学能力的高低很大程度取决于教师这种“转化”能力的水平。对于高职院校教师来说,这种转化能力包括知识层面和专业实践能力两方面的转化。

因此,加强高职新教师的教学能力培养,不仅是新教师个人较快适应岗位和专业发展的要求,也是高职院校加强师资队伍建设、提升内涵建设和教

① 孙元涛.教师专业学习共同体:理念、原则与策略[J].教育发展研究,2011(22):52—57.

育质量的现实需要。若要提升高职院校新教师的教学能力,仅停留在理论层面的学习是不够的,更要他们在实践中学习,并为了实践去学习。高职教育的强实践性特点决定了实践性知识对高职教师尤其重要,是高职新教师教学发展的知识和实践能力的基础,渗透着教师的教学理念与教育信念。它并不是教师知识的简单应用,而是教师以“在行动实践中反思”的方式,在教学过程中发现问题、思考问题、解决问题。对于高职新教师而言,这里的实践性知识不仅指教学中的实践性知识与技能,还有专业应用中的实践性技能。

本书的意义在于从理论与实践层面,通过逻辑思辨和实证研究相结合的方法,探索与研究高职院校新教师教学能力发展的校本化培养模式;在外部培训驱动式发展的基础上,通过学研共同体的实践模式探索新教师的教学能力发展途径,促进高职新教师的教学能力提升及其研究。在理论意义层面,本书将从理论构想和实践验证两个方面构建高职院校新教师教学能力发展的个体领域、环境领域和实践领域的互动模型,以及个体参与和群体学研的分析框架。在借鉴国外新教师教学能力培养经验的基础上,立足我国高等职业教育实情,开展以实证研究为主的新教师教学能力发展校本化行动研究,丰富高职院校教师专业发展的理论研究,促进我国高职院校教师教学能力发展的校本化培养研究。在实践意义层面,本书提出高职新教师教学能力的外部培训与基于学研共同体的合作发展模式相结合的“训—研—行”联动发展机制,可有效针对新教师的内在需求和学校实际情况,找到促进新教师教学能力培养与发展的对策、路径和具体实施方法,唤起新教师的自我发展意识,提升高职院校新教师教学能力培养实践的有效性。

三、研究问题和研究框架

(一)研究问题

新教师教学能力培养与发展问题是各个高职院校内涵发展建设和高职教育可持续发展过程中的重要问题。新教师入职期的师范教育过程,存在如教学能力培养的目标定位、学习内容、学习形式、时间安排、活动场所、组织方式、教师个人的生活与工作节奏等教育现实因素,这些因素都会动态地影响新教师学习的发生与发展,并将生动地呈现新教师的学习状态与学习过程,映射出教育本身的复杂性。

按照我国对高职教师教学能力的要求，专业课教师需要具备“双师素质”，成为“双师型”教师，需要每年在企业或实训基地实训至少1个月①。目前，高职院校在新教师教学能力培养上的常规做法是入职短期培训，内容上也以理论学习为主。在这种“自上而下”的培训过程中，新教师处于一种被动接受教育的状态，充当被培训者的角色，完成被规定的培训任务和学习内容，呈现一种“被压迫者”②的学习状态。这种培训方式一方面成效比较低，另一方面也不能解决新教师教学实践能力和专业实践能力不足的问题。

为提高新教师教学能力培养的实效性，我们首先要明确高职教育对专业课教师教学能力的基本要求，从而进一步明确新教师教学能力培养的核心要素，然后运用这些核心要素制作新教师教学能力需求情况调查问卷表，通过调查发现新教师们需要重点提升的教学能力维度，在此基础上找到有效的培养路径和策略。按照这一思路，笔者开展了理论和实践研究，针对大多数高职新教师没有师范教育背景、缺乏教学实践能力的共性特征，进行了高职新教师教学能力需求情况调查，发现新教师的需求集中在教学知识和教学技能层面。这些知识和技能的提升，除了需要新教师们接受一定的学习培训之外，还需要新教师们自身进行教学实践并相互学习，以在短时间内提升教学能力，满足高职院校青年教师比例高，需要他们尽早适应教学岗位的要求。因此，笔者提出了“训(外部培训)－研(同伴学研)－行(实践行动)”耦合联动的高职新教师培养策略，并在高职院校Q学院开展了实践探索与跟踪研究。在实践研究中，运用高职新教师教学能力提升的“训－研－行”策略对新教师进行为期两年的分阶段培养，不同阶段确立不同的教学能力核心要素培养目标。在学研活动过程中，尝试基于实践的行动学习方式，研究者以促进者的身份走进新教师的学习生活，走近学研中的新教师个体和群体，探讨和观察新教师在“训－研－行”过程中发生的教学能力发展与变化。

综上，本书主要探讨高职新教师需要发展什么样的教学能力及其有效培养策略问题。具体而言，主要包括以下几个问题：

(1)高职新教师教学能力发展的核心要素是什么？

(2)核心要素中的哪些教学能力是高职新教师亟须提升的？

(3)高职新教师教学能力发展的路径和有效培养策略是什么？

---

① 国务院.关于印发国家职业教育改革实施方案的通知[EB/OL].(2019-1-24)[2020-5-29].http://www.gov.cn/zhengce/content/2019-02/13/content_5365341.htm.

② 弗莱雷.被压迫者教育学[M].顾建新，等译.上海：华东师范大学出版社，2014.

(4)“训－研－行”耦合联动的高职新教师教学能力培养策略对高职新教师个体和整体的教学能力发展产生了什么具体影响?

(二)研究框架

笔者以高职院校新教师教学能力培养与发展问题为核心,对高职院校新教师教学能力发展的核心要素、路径与策略进行理论研究,并采用“发现问题—采取行动—反思问题—改进策略—提出建议”的逻辑思路,对所提出的“训－研－行”耦合联动的高职新教师教学能力发展策略展开行动研究,在Q学院开展了个案实践的跟踪研究,形成本书的总体研究架构(见图0-1)和篇章结构。

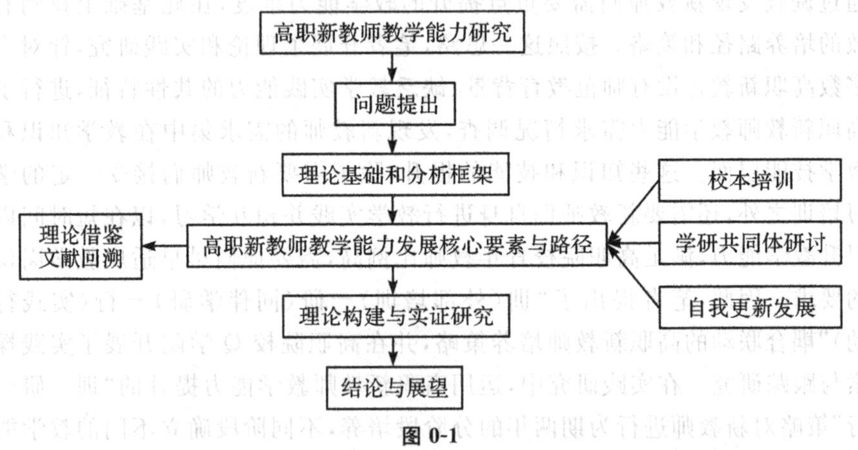

图 0-1

绪论主要包括研究的缘起、目的与意义、研究问题、研究框架和研究方法等。

第一章为理论基础与分析框架。本章对分析框架中所涉及的核心概念进行了界定,梳理和阐述了本书的理论基础及其对本书的价值。同时,运用这些理论基础架构了本书的分析框架,以引导本书的研究设计,并对所提出的“训－研－行”高职新教师教学能力培养策略及其成效进行分析。

第二章从理论角度对高职院校“双师型”教学能力结构模型进行研究,确定了高职教育对专业课教师的教学能力的基本要求;然后采用文献聚类分析、访谈、调查问卷等定性和定量相结合的研究方法,从“双师型特征”、“有效教学表征”、“学生可雇佣性培养”等多维视域对高职新教师教学能力发展的核心要素进行了三角论证,以扎根理论分析,析出相关核心维度,构建高职新教师教学能力发展核心要素模型,突出了高职教师有别于普通高校教师的专业实践教学能力要求因素，为后文的调查问卷设计和新教师教学能力培养路径和策略的理论研究和行动研究提供支撑和指导。

第三章主要在第二章建构的核心要素模型的基础上，结合高职院校新教师教学能力发展现状及其面临的挑战，制作了高职新教师的教学能力需求情况问卷调查表，对浙江省 7 所高职院校新教师的教学能力发展需求情况进行问卷调查，然后运用 SPSS25.0 等分析工具对调查数据进行整理和分析，发现高职新教师亟须发展的教学能力要素，为下一步高职新教师教学能力发展路径和策略的研究指明方向。

第四章针对高职新教师教学能力发展需求调查研究的主要发现，从教学能力发展路径的逻辑要义出发，从基于引领的互助发展、基于内生的自助发展和基于合作的互助发展等方面研究对高职新教师教学能力发展的路径，提出"训一研一行"耦合联动的高职新教师教学能力的校本培养策略，以指导实践研究的展开。

第五章是"训一研一行"耦合联动的高职院校新教师教学能力发展策略的行动个案研究。以浙江省高职院校 Q 学院为例，以新教师学研共同体为载体开展实践，通过对高职新教师行动学习过程中的个体发展和群体互动情况及其成效进行数据收集与调查，分析"训一研一行"策略对高职新教师教学能力发展所产生的个体和群体层面的影响和变化。

第六章为研究结论与展望。本章对本书的基本结论、研究不足及后续研究展望进行讨论，同时提出了有效开展高职院校新教师教学能力培养的几点建议。

（三）研究方法

(1)混合研究法。本研究首先采用问卷调查、访谈、扎根理论分析等定性和定量研究方法，从"双师型"、"有效教学"、"学生可雇佣性"等三角互证视域对高职专业课新教师需要具备的教学能力要素进行研究，析出并构建了高职新教师教学能力发展的核心要素模型。在此基础上形成高职新教师教学能力需求情况调查问卷表，对浙江省不同地区不同性质的 7 所高职院校新教师的教学能力发展需求情况开展了调查。通过对调查数据的分析，发现新教师教学能力的主要缺失项，针对性地研究和提出了"训一研一行"耦合联动的高职新教师教学能力发展的校本培养路径与策略。进而依照此策略在高职院校 Q 学院中开展了行动实践研究和跟踪，收集新教师行动学研过程中的各种数据，运用质性分析、借助 SPSS25.0 软件等对数据进行分析，以检验该策略对于高职新教师教学能力培养的有效性。

(2)行动研究法。在行动中构建高职新教师教学能力发展的学研共同体的行动学习小组,研讨新教师教学过程中出现的实际问题,并在行动中对高职新教师教学能力发展过程中的学研内容、过程与效果进行研究,探讨学研共同体行动学研的新教师教学能力培养路径对高职新教师教学能力的个体发展与群体发展所起的作用。

(3)案例研究法。案例研究法通常适合于"怎么样? 为什么?"这种类型的研究问题,按照设计类型和分析单位的不同,可以将案例研究设计分为整体性单案例研究、嵌入性单案例研究、整体性多案例研究、嵌入性多案例研究等四种类型。[①] 本书主要运用案例研究方法对高职院校 Q 学院的新教师教学能力校本培养策略进行行动实践和效果跟踪研究。书中将高职院校新教师教学能力发展项目视为一个综合系统,是一个主要的分析单位。项目包含学研共同体和共同体内的学研组织活动两个嵌入性的次级单位,是镶嵌在综合系统内的二级分析单位。促进者(研究者)和参与者(新教师)为学研共同体内部的嵌入性次级分析单位,是三级分析单位;学研活动为共同体组织活动的形式,也属于三级分析单位。每位参与学研共同体的新教师、不同阶段和不同形式的学研活动是镶嵌于三级分析单位之中的子分析单位,属于四级分析单位。基于此分析,按照研究问题的需要和案例研究的分类,本书在案例的研究与分析上采用嵌入性单案例研究设计方法。

① 罗伯特·K.殷.案例研究:设计与方法(中文第二版)[M].周海涛,李永贤,李虔,译.重庆:重庆大学出版社,2010:10—19.

第一章 理论基础与分析框架

本章就本书所运用的行动学习理论、建构主义学习理论、学习型组织理论、教师生涯发展理论等理论基础的概况、主要内容以及对本书的价值进行简要介绍和阐述。以这些理论基础为指导，本书架构了针对高职院校新教师教学能力发展与培养的"训一研一行"合法的边缘性参与，以及这些参与和群体学研互动对于新教师教学能力个体与群体发展所起作用的分析框架，以指导研究的整体设计和实践实施，便于学研活动过程中的资料搜集和对新教师个体和群体互动展开分析。在此之前，本章对研究分析框架中将涉及的几个密切相关的基本概念进行界定。

一、基本概念界定

(一)双师型教师

"双师型"教师是高职教育中的常用词汇，是高职院校师资队伍建设过程中对专业课教师的基本要求和主要目标。这是我国职业教育发展到特定阶段而产生的一个独特概念。① 这一概念源于 20 世纪 80 年代我国职业教育发展的现实困境，形成于 90 年代初高职高专的教育实践，受推于国家政策和行政力量。

20 世纪 80 年代初，随着我国职业教育的规模逐渐扩大，职业教育师资出现匮乏，师资数量和质量都偏低。在此背景下，1986 年，国家教委出台文件，要求职业技术学校要聘请企事业单位的专业技术人员和能工巧匠为兼职教师。② 该文件首次提出将企业人员作为兼职教师引入职业教育，虽然没

① 朱孝平."双师型"教师概念：过去、现在与将来[J].职教论坛，2008(14)：26—28.

② 国家教育委员会.关于加强职业技术学校师资队伍建设的几点意见[EB/OL].(1986-06-26)[2017-05-05].http://law1.law-star.com/law?fn=chl046s108.txt&titles=&contents=.

有正式用“双师型”这一概念，但体现了国家对职业教育系统教师的技术能力要求。

1990年，王义澄第一次提出“双师型”教师概念①。之后他又发文介绍上海冶金专业学校在“双师型”教师培养方面的做法，以提高教师的实践教学能力，并把“双师型”教师定义为“教师加工程师”。② 之后教育管理部门和学术界开始关注并研究该概念。

首先，从官方政策文件来看，“双师型”教师这个概念出现在官方文件是1995年，国家教委将“双师型”教师比例作为示范性职业大学的基本师资要求，申请时“双师型”教师比例在1/3以上，完成建设时要基本达到“双师型”要求。③ 但文件没有对此概念的内涵做出说明。在这之后，各级政府和教育主管部门出台的文件开始明确要加强“双师型”师资建设，对“双师型”教师概念的认识也逐步深化。1998年提出要重视“双师型”教师培养，强调通过企事业单位见习提升中青年教师的专业技能和实践能力。④ 1999年提出要加快建设一支“既有教师资格又有其他专业技术职务”的“双师型”教师队伍。⑤ 至此，明确了“双师型”教师需要具备双证书，概念内涵明确化。2000年开始的高职院校教育教学的优秀和合格评价体系的相关文件对优秀级（A级）和合格级（C级）高职院校的“双师素质”比例规定为70%和50%，并对此概念作了解释：概括而言，双师素质教师是指具有讲师及以上教师职称又具有能全面指导学生开展实践实训的教师，或在五年内有累计时间达到两年以上企业工作经历或主持过2项以上效益良好的应用技术研究或水平先进的校内实训基地建设的教师。⑥ 2006年，教育部文件强调要注重高职教师

① 王义澄.建设“双师型专业教师[N].中国教育报，1990-12-5.

② 王义澄.努力建设“双师型”教师队伍[J].高等工程教育，1991(2)：49—50，53；王义澄.适应专科教学需要，建设“双师型”教师队伍[J].1991(4)：14—15.

③ 国家教育委员会.关于开展建设示范性职业大学工作的原则意见[EB/OL].(1995-12-19)[2017-05-05].https://wenku.baidu.com/view/d7a7e1ec5ef7ba0d4a733b32.html.

④ 国家教育委员会.面向二十一世纪深化职业教育教学改革的原则意见[EB/OL].(1998-02-16)[2017-05-06].http://www.chinalawedu.com/falvfagui/fg22598/56382.shtml.

⑤ 中共中央办公厅.关于深化教育改革全面推进素质教育的决定[EB/OL].(1999-06-13)[2017-05-06].http://www.chinalawedu.com/news/1200/22598/22615/22793/2006/3/he7396032197360029150-0.htm.

⑥ 教育部.关于全面开展高职高专院校人才培养工作水平评估的通知[EB/OL].(2004-04-19)[2017-05-06].http://www.zztrc.edu.cn/art/2016/3/3/art_10_38786.html.

队伍的“双师”结构，建立“双师型”教师的资格认证体系。[①] 2019 年 1 月，国务院颁布的《国家职业教育改革实施方案》提出：到 2022 年，“双师型”教师（同时具备理论教学和实践教学能力的教师）占专业课教师总数超过一半。[②]同年 8 月，教育部等四部门联合颁布《深化新时代职业教育“双师型”教师队伍建设改革实施方案》，指出“同时具备理论教学和实践教学能力的‘双师型’教师和教学团队短缺，已成为制约职业教育改革发展的瓶颈”，要将“双师型”教师个体成长和“双师型”教学团队建设相结合，提高教师的专业实践能力和教育教学能力。[③] 2022 年 10 月，教育部发布《职业教育“双师型”教师基本标准》，对“双师型”概念也没有作明确界定，但对申报初级、中级、高级“双师型”教师的条件作了规定。总体来看，将教师的师德素养放在首位，第二是立德树人根本任务，第三是对教师的理论与实践教学能力的要求，以及对行业企业相关工作经历或岗位实践经历的要求。[④] 从这两份官方最新的文件可见，官方对于“双师型”教师的最新定义是“同时具备理论教学和实践教学能力”。

因此，从政策文件角度来讲，“双师型”教师这一概念大致经历了从“双师型”—“双师素质”—“双师结构”—“双师型”的逐步发展、深化、回归的过程。在关注重心上，历经了从个体逐渐向群体转移的过程之后，回归到个体素质发展与整体队伍建设并重的轨道之上。

其次，从学界观点角度来看，“双师型”作为本土概念，自提出后，学界也是观点纷呈，各高职院校在实际工作中对“双师型”的认定标准也有所不同。归纳现有的研究成果，主要有“双职称观”、“双证书观”、“双能力观”三种主要观点。“双职称观”认为拥有两个中级或以上职称的教师属于双师型，如讲师＋国际商务师。“双证书观”是指拥有两种以上职业资格证书的教师，即教师在拥有高校教师任职资格证书之外，还拥有另外一个职业资格证书，如高校教师＋会计师、高校教师＋律师。“双能力观”是指教师要具备满足

① 教育部. 关于全面提高高等职业教育教学质量的若干意见[EB/OL]. (2006-11-16)[2017-05-06]. http://www.moe.gov.cn/s78/A08/moe_745/tnull_19288.html.

② 国务院. 关于印发国家职业教育改革实施方案的通知[EB/OL]. (2019-01-24)[2020-05-29]. http://www.gov.cn/zhengce/content/2019-02/13/content_5365341.htm.

③ 教育部，国家发展改革委，财政部，人力资源社会保障部. 深化新时代职业教育“双师型”教师队伍建设改革实施方案[EB/OL]. (2019-08-30)[2019-11-16]. http://www.gov.cn:8080/xinwen/2019-10/18/content_5441474.htm.

④ 教育部办公厅. 关于做好职业教育“双师型”教师认定工作的通知[EB/OL]. [2022-10-25]. http://wap.moe.gov.cn/srcsite/A10/s7034/202210/t20221027_672715.html.

高职理论课教学需要的教学技能和满足实践课教学需要的专业实践能力，也就是说，教师要既能胜任专业理论教学，又能指导学生动手实践。

在高职院校对“双师型”教师的实际认定工作中，必然会考虑到认定工作的可操作性和具体性。因为“双证书”的认定方式比较简便，很多院校以“双证书”作为教师是否具有双师素质的认定标准。“双职称观”因为要求教师首先要具备讲师以上职称，对教师的职称要求较高，所以在实际认定中，这种观点仅在国家提出高职院校“双师型”教师队伍建设的初期使用。“双能力观”则是实际工作中对职业教育教师的一种普遍的理想性要求和追求。但不管是何种说法，对“双师型”教师概念基本有以下两个共识：一是概念的核心是教师，教师资格是“双师型”教师的基本前提；二是“双”主要是指理论基础和实践能力，这两个方面缺一不可。本书的高职院校“双师型”教师是指既具有所从事专业理论知识又具有该领域实践能力、既能胜任专业理论教学又能指导学生动手实践的专业课教师。

（二）教学能力

因对教学能力的定义、构成、理解或诠释角度的不同，国内外学者对教学能力概念的界定也会有所不同。通俗来讲，教学能力是教师的一种职业能力，集中表现于教师的教学准备与实施过程之中；是教师为促成特定的教学目标、促成学生的有效学习以及个体全面发展所需的知识和技能的总和。教学能力是教师的专业智慧通过在特定教学环境中的教与学活动得以外显和反映，具有较明显的情境化和个性化特征，同时也是教师的创新能力在实践中的应用，具备显著的实践性和发展性。不同的学校类型和教学对象会造就不同的教学目标和教学要求，也给教师带来别样的教学能力要求。从纵向看，小学、中学和大学等不同阶段的教学对教师教学能力构成的要求有所不同。从横向看，不同学科的教学对教师教学能力构成的要求也不完全相同。同样，高等职业院校的教学在对教师的教学能力要求上也有其教育类别所带来的特殊性。

高职教育强调对学生实践动手能力的培养，这就对高职教师的专业实践能力和实践教学能力提出了更高要求，也决定了高职教师需要具备的教学能力结构会有别于普通高校教师。因此，研究高职院校新教师的教学能力发展，除了要考虑个体和社会因素，还要充分考虑高职教师所处的学校环境因素对其能力和素质的不同要求：从高职教育理解、教学认知、理论及实践教学能力等方面研究新教师的教学能力关键要素，从现实与实践的角度关注新教师教学发展的有效路径和可行策略，研究其专业素质在教学实践行动中的具体体现过程及行动效果。在讨论高职院校新教师教学能力发展问题时，还应该系统综合考虑高职教育对“双师型”教师的能力与素质的基本要求，通过一段时间的学习和培养，使新教师具备所任教学科的理论知识、实践能力，以及理论与实践教学技能，即同时具备理论教学与实践教学的能力。

（三）新教师

“新教师”，亦称“初（新）任教师”或“新手教师”，通常是指初进教育或教学岗位工作的新入职教师。

荷兰学者冯克（Vonk）将早期的教师职业生涯分为前专业时期、展开期和专业成长期。前专业时期是师范生准备和探索教师角色的职前培养培训期；展开期是教师从教第1年，教师的活动为获得学生、管理层和同事的认可而展开；专业成长期是教师从教第2—7年，教师将主要精力和时间投入教学技能提高和胜任教学上。[①] 休伯曼（Huberman）认为教师从教的第1—3年是教师求生与发现的专业进入时期，之后他们将进入职业发展稳定期。[②] 贝蒂·E. 斯黛菲（Betty E. Steffy）根据教师的经历把教师职业生涯分为六个发展期，其中，学徒期包括入职指导期，一般延续到新教师从教后的第二或第三年。[③] F. 麦克唐纳（F. McDonald）认为新教师阶段是指开始从事教师职业或服务于某个学区的第一年。[④] 他认为对于大部分教师来说，这个第一年的教学都是带有创伤的。他把这一年称为转换过渡期（transition period），因为这一时期会使正成为教师的这个人的一生产生显著的根本性改变。新教师必须详细地知道应该教授哪些内容，了解学校的规章政策，以及学校中教师和管理者之间是如何在一起工作的，这些是新教师入职第一年碰到的几乎所有问题的根源。[⑤]

---

① 转引自赵萍. 论当代西方教师职业生涯发展研究的三个理论取向[J]. 比较教育研究，2016(4)：78—84.

② 转引自王蔚虹. 国外教师职业生涯周期研究述评[J]. 集美大学学报，2008，9(2)：4—7.

③ 贝蒂·E. 斯黛菲，等. 教师的职业生涯周期[M]. 杨秀玉，赵明玉，译. 北京：人民教育出版社，2012：3—6.

④ Torsten Husen，T. Neville Postlethwaite，岑国桢. 国际教育百科全书（第五卷）[M]. 贵阳：贵州教育出版社，1991：91.

⑤ Frederick J. McDonald. Study of Induction Programs for Beginning Teachers：Executive Summary[R]. Educational Testing Service，Princeton，New Jersey. 1982：2-3，30.

按照目前高职院校引进新教师的政策，对应届毕业生的学历要求一般为硕士，新教师在入校后第一年为见习期，满一年即转为助教，满三年可以评聘升级为讲师。结合以上学者的观点和高职院校师资引进和评聘政策，本书将新教师界定为进入某个高职院校从事相关领域工作 1—2 年（即入职 2 年内）的教师。在这个阶段，第 1 年最为关键，因为在这一年新教师要完成相关入职培训，学习教育教学的基本理论知识，掌握教学技能和本专业的实践教学能力，并以“双师型”作为教学能力发展目标，让自己胜任高等职业教育的教学要求。

（四）学研共同体

“共同体”一词日渐流行，因为它所表达和传递出的基本含义都意味、预示着快乐，通常而言，这种快乐感受是人们愿意去体验和经历的，且是一种错过了会令人抱憾的快乐。[①] 汤姆斯·J. 萨乔万尼（Thomas J. Sergiovanni）把共同体定义成每个个体在自愿基础上联合在一起分享共同理想、情感和观念的集合体。[②] 萨乔万尼在 20 世纪 90 年代初提出将“学习共同体”引入教育领域，认为它能给学校和教学带来变革，激发教、学、管等学校教学和管理相关主体的正向动机。[③] 纵观当今教育改革与发展领域内的各种研究与实践，建立学习共同体已成为常态。[④] 教师学习共同体产生于 20 世纪 80 年代的美国教师教育改革运动，学界意识到教师的主动学习才是教师发展的原动力，也是教师培养活动产生效果的根源。

教师学习共同体也是一种具有实践共同体特征倾向的学习型组织。“实践共同体”概念由让·莱芙（Jean Lave）与爱丁纳·温格（Etienne Wenger）在《情境学习：合法的边缘性参与》中提出，强调个体对共同体活动的参与，通过参与给予学习者“一个合法的角色或者真实的任务”。[⑤] 实践共

---

① 转引自齐格蒙特·鲍曼. 共同体（第二版）[M]. 欧阳景根，译. 南京：江苏人民出版社，2007：2.

② 转引自王雪松. 以系列学术沙龙为依托的大学英语教师学习共同体研究[M]. 北京：中国书籍出版社，2016：25.

③ 李家黎. 学习共同体：教师专业发展的有效途径[J]. 教育探索，2008(10)：101—102.

④ 赵健. 学习共同体——关于学习的社会文化分析[M]. 上海：华东师范大学出版社，2006：2.

⑤ 转引自王海燕. 实践共同体视野下的教师发展[M]. 重庆：重庆大学出版社，2011：29.

同体具有"知识的领域、共同关注该领域的人的共同体、为有效获得该领域知识而发展的共同实践"三个要素。①

本书中的学研共同体是指高职新教师教学能力提升的一种学习和研讨环境，是在小组成员的支持下，在教学能力培训的基础上使学研活动的参与者在共同完成教学能力提升任务的过程中互相帮助、互相砥砺，充分发挥主体性，致力于解决教学实际问题的学习与反思的过程，是一种以新教师的教学能力提升为目的、以新教师学习和研讨为主要形式的教师学习共同体，其实质亦是一种以行动学习为特征的实践共同体。

二、理论基础

根据"高职院校新教师教学能力发展"的研究主题需要，可以用行动学习、建构主义学习、学习型组织、教师专业学习共同体等几个主要理论作为本书的理论基础和依据。

(一)行动学习理论

1. 行动学习理论发展概况

行动学习已经被认为是可促进个人和组织同步发展的有效方式，可以使个人有机会投入学习之中，并确定行为能对组织的有效性产生积极影响，②由雷格·瑞文斯(Reg Revans)在1938年提出。受益于早期实验室科学研究中同事间的分享和比较问题、想法和结论，他对这种经验进行创新，并将这种"行动学习"的技术转移运用到国家煤炭局的管理发展培训项目上。为了让煤矿经理们学到彼此的最佳实践经验，他把他们组成不同的学习小组，并命名为"行动学习小组"。在行动学习小组中，成员能够从同伴那里得到支持和信心，学习新的工作方法。

行动学习理论在提出之初，并未得到广泛关注。雷格·瑞文斯于1971年在《培养高效管理者》(*Developing Effective Managers*)中正式提出行动学习的理论模型。在此之后，行动学习法受到广泛的关注、运用与研究。之

① 王海燕.实践共同体视野下的教师发展[M].重庆：重庆大学出版社，2011：29—30.

② Reg Revans. Action Learning Pioneer[EB/OL].[2017-04-15]. http://www.actionlearningassociates.co.uk/action-learning/reg-revans.

后，瑞文斯又先后于1980年、1982年、1983年出版三本著作①，通过理论研究和实际案例介绍了行动学习的基本流程与要素，行动学习中管理者的特质以及高管态度的影响力，行动学习理论的哲学基础、特征、经验及其对企业管理与实践的影响等。他认为行动学习是一种开发的手段，参与者致力于与渴望解决现实难题的人一起共同努力，全身心地参与解决现实工作中的棘手问题，取得最佳的解决效果。基于这种理念，他把行动学习用公式表示为L＝P＋Q，L表示学习（learning），P表示程序性知识（programmed knowledge），Q表示洞察性提问或反思性质疑（question insights）。在这个等式中，人们应关注的重点是Q，洞察性提问是行动学习的根本，但并不放弃P，程序性知识P属于传统教育范畴。② 他认为，行动学习的关键在于学习者在反思中产生的问题，而不仅仅是理论性知识输入。③

继雷格·瑞文斯之后，有不少学者从其他领域就行动学习进行了不同角度的拓展性研究，进一步推动了行动学习理论在不同领域研究的发展及其实践运用的推广。麦克·佩德勒（Mike Pedler）对行动学习理论和概念进行了拓展，将行动学习诠释为一种理念，一种哲学，一门学科，也是一种方法，而且不只是其中之一。与其他的认知学习理论和个人主义学习理论相比，心智和勇气在行动学习中与智力和洞察力一样重要，而且在具有挑战性的情景中，朋友和同事的热情和支持也如同知识和批判力一样重要。佩德勒认为瑞文斯的行动学习的精髓在于“没有离开行动的学习，也没有离开学习的行动”，工作任务是学习的摇篮，学习产生于行动经验的反思。行动学习，尤其是与同事的交流，可以很快揭示什么是我们不知道的和渴望了解的。实践把“做”和“学”结合在一起，而且如果我们反思自己的行为及其结果，也可以从中得到成长。④

麦克·佩德勒的《实践中的行动学习》一书收录了鲍勃·加勒特（Bob Garratt）的《行动学习的力量》，开展了组织研究视角的行动学习研究探索，

---

① Reg Revans. Action Learning: New Techniques for Management[M]. London: Blond and Briggs, 1980. Reg Revans. The Origins and Growth of Action Learning[M]. Bromley: Chartwell-Bratt, 1982. Reg Revans. The ABC of Action Learning [M]. Bromley: Chartwell-Bratt, 1983.

② 雷格·瑞文斯. 行动学习的本质[M]. 郝君帅，赵文中，沈强铭，译. 北京：机械工业出版社，2016：4—5.

③ 石中和. 对行动学习的研究[D]. 北京：北京交通大学，2007：4.

④ Mike Pedler. The State of the Art[C]. //Action Learning in Practice. Farnham: Gower Publishing Limited. ppxxi-xxvii.

指出行动学习是组织改革和组织内人员视野解放的过程。这个过程基于一个或多个关键的组织问题，实时分析其产生的动力学原因，实施同伴建设性批评中提出的解决方案、监测结果，并通过对这些行为负责而从行动的结果中学习，以改进和提高今后问题解决和机会把握的能力。他认为行动学习要进一步前行的话，高层管理人员必须愿意从结果分析和执行中吸取经验，也就是说，他们要成为整个组织学习系统中的一部分，且必须在这个组织学习系统的发展中保持参与。这对行动学习至关重要，因为它是基于个人、组织和业务层面同步发展的协同作用，以实现其强大的影响。①

行动学习理论发展的前期阶段，主要运用于企业管理人员的培训，以企业管理人员的管理能力提升为主要目标。随着研究的不断深入和扩展，许多学者对行动学习的理论基础和运用领域作了进一步的深化和拓展，把行动学习的应用研究延伸到医院管理、教育管理等领域。比如，彼得·米勒(Peter Miller)探讨了运用行动学习提高医院管理人员的管理能力和处理现实问题的能力。② 巴巴拉·拉斯基(Barbara Lasky)就职业教育教师运用行动学习方法学习如何做研究开展研究。③ M. 马夸特(M. Marquardt)介绍了通用、波音等公司的行动学习实践经验，行动学习的内涵、优势和实施过程，参与者认为行动学习在解决困难、组织与人员发展方面是起了作用的，因为它把组织、心理、社会学和教育学方面的理论与伦理、政治学、工程学和系统思维等交织在一起。④

在教育领域，伊恩·麦吉尔(Ian McGill)与利兹·贝蒂(Liz Beaty)做了比较详细的研究。其《行动学习法》指出了行动学习的内涵、类型、开展方式、开发技能等，还介绍了行动学习在高等教育、职业继续教育等教育领域中的应用，以及行动学习之于个体层面、组织层面和社会层面所能起的变革

---

① Bob Garratt. The Power of Action Learning [C]. //Mike Pedler. Action Learning in Practice. Farnham: Gower Publishing Limited. pp21-34.

② Peter Miller. Workplace Learning by Action Learning: A Practical Example[J]. Journal of Workplace Learning, 2003, 15(1): 14-23.

③ Barbara Lasky, Irene Tempone. Practising What We Teach: Vocational Teachers Learn to Research Through Applying Action Learning Techniques[J]. Journal of Further and Higher Education, 2004, 28(1): 79-94.

④ Michael Marquardt. Harnessing the Power of Action Learning [J]. Talent Development, 2004, 58(6): 26-32.

作用与贡献。①

国内的行动学习研究始于2002年《行动学习法》中译本的出版，自此掀起了行动学习的理论研究与实践行动的浪潮。之后，王国文、王晓利于2004年翻译出版了戴维·L.达特里奇(David L. Dotlich)的*Action Learning: How the World's Top Companies Are Recreating Their Leaders and Themselves*(《行动学习——重塑企业领导力》)，介绍了行动学习在企业管理人员培养培训、组织文化营造、战略发展等方面的成功案例。② 此外还有张鼎昆③和顾增旺④分别于2005年和2010年出版专著，以实践案例的形式介绍了行动学习对组织变革产生的影响。

在企业管理和人力资源开发领域之外，行动学习也被运用到干部培训方面和教育领域。在干部培训方面，主要探讨了行动学习对干部领导力提升的促进作用以及行动学习与干部领导力开发的关系等。⑤ 在教育领域，行动学习主要用于教育部门和教育机构管理人员的培训与学校整体管理水平提升、学校课程教学、教师的技能培训与专业发展等三大方面。第一方面的实践运用主要是中小学校长培训，如马佳研究行动学习在中小学校长培训中的运用。⑥ 第二方面的实践运用即学校课程教学方面，行动学习被运用于MBA企业管理课程教学、远程教育课程教学、教育硕士教学等成人教育课程教学之中，也有研究将其运用到高职教育和高职院校的专业课教学之中。⑦ 第三方面是在教师培训与专业发展上的运用，主要是将行动学习运用于专任教师培训、教师专业发展、教师校本培训等方面。比如，李娜等认为，和传统的指导式培训相比，运用行动学习方法进行教师教学能力培训，具有

---

① 伊恩·麦吉尔，利兹·贝蒂.行动学习法[M].中国高级人事管理官员培训中心，译.北京：华夏出版社，2002.

② 戴维·L.达特里奇.行动学习——重塑企业领导力[M].王国文，王晓利，译.北京：中国人民大学出版社，2004.

③ 张鼎昆.行动学习：再造企业优势的秘密武器[M].北京：机械工业出版社，2005.

④ 顾增旺.行动学习：组织能力提升新境界[M].南京：江苏人民出版社，2010.

⑤ 张素玲.行动学习与领导力开发[J].中国浦东干部学院学报，2008(2)：86—89；林存华.行动学习法的利弊与实施要点[J].中国浦东干部学院学报，2009(5)：121—125；何丽君等.行动学习法让培训变得更有效率[J].中国人才，2006(8)：12—14.

⑥ 马佳.基于行动学习法的中小学校长培训模式研究[D].北京：首都师范大学，2014.

⑦ 王明海，亢利平.基于高职成果导向教育的行动学习模式构建[J].职教论坛，2016(24)：37—39，71；张京毅，谷利红，易兰华.行动学习在高职专业课教学中的应用[J].教育与职业，2016(15)：101—102.

突出教师主体地位、强调教师的反思、理论与实践结合等优势；于晶在 2013 年将行动学习理论与方法运用到其所在的国家开放大学的新进专任教师培训之中，通过专家面授、团队学习、在线学习、现场观摩、跨界学习等方式探索专任教师培训模式，取得了较好效果；王绪红则对校本培训中行动学习的模式、操作过程适切性等因素进行探讨研究。①

纵观行动学习理论的发展及其实践运用概况，可以发现，行动学习起源于企业对其管理人员的培训和人力资源开发的实践研究，之后被迁移到其他领域，也被引入教育领域，用于教师培训和教师发展等教师行动学习研究之中。基于瑞文斯的理论研究与实践探索，其他学者在其他领域的拓展性研究主要依循针对行动学习理论本身的元研究和针对该理论的应用实践探索两条主线开展。在教育领域的运用上，通常隐含于教师合作学习、教师行动研究、教师学习型组织、教师参与性培训之中，研究范式上一般采用理论与实践结合的方法，描述性研究居多，解释性研究较少。

2. 行动学习的基本内涵与特征

行动学习公式 L＝P＋Q 表明，行动学习的实质是基于已有的经验，在与同伴一起学习的过程中，致力于解决实际工作中的问题。P 代表的是程序性知识，是对结构化的理论性知识的学习，Q 表示质疑与提问，通过实践中的洞察与反思获得。行动学习的关键在于学习者在反思中产生的问题，而不仅仅是理论性知识输入。因此，从本质上讲，行动学习是一种在“做中学”、在“合作中学”和在“反思中学”的有机结合。

行动学习的首要目的是对学习提供帮助，是一个有效地支持学习项目发现的过程。行动学习为小组成员提供学习、反思和问题研究的机会，然后形成解决策略，采取恰当行动。计划中的学习，在行动学习小组的支持下通过行动和反思之间的反复循环得以实现。D. 库博(D. Kolb)用体验式学习循环来阐释行动学习的这个过程(见图 1-1)：行动学习小组在协作中完成反思和概括性判断，将得出的新计划付诸检验和实施，然后带着实施后的体验在下一次小组会议中进行第二轮的反思与总结概括判断，如此循环，完成学习。

---

① 李娜，乔贵春. 行动学习在教师教学能力培训中的策略研究[J]. 软件导刊(教育技术)，2010(6)：47—49；于晶. 基于行动学习的专任教师培训模式创新——以国家开放大学为例[J]. 湖北广播电视大学学报，2015，35(4)：13—16；王绪红. 行动学习及其在校本培训中的应用[D]. 上海：上海师范大学，2007.

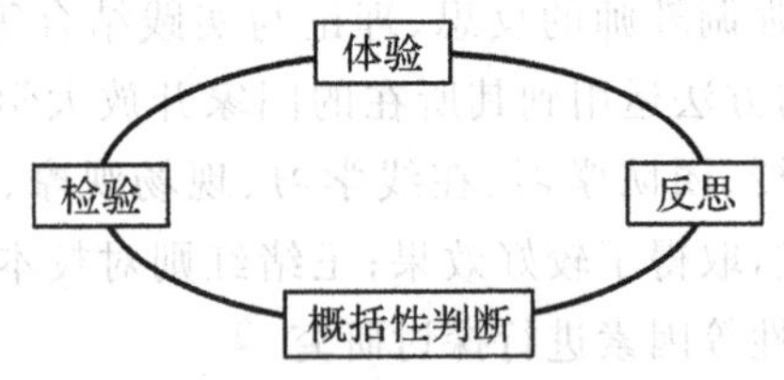

图 1-1　库博的学习循环图

资料来源：伊恩·麦吉尔，利兹·贝蒂．行动学习法［M］．中国高级人事管理官员培训中心，译．北京：华夏出版社，2002：17．

理论上讲，行动学习小组活动的具体操作过程可分为准备、反思与研讨、行动、交流与总结等四个阶段。学习循环被记录为体验、探求与诊断、改进计划、实施计划四个阶段。佩德勒等人将行动学习的这个过程记录为体验、理解、计划、行动的学习循环，观察和对经验的反思产生新的理解，这种新理解促成了新的计划，并进一步形成新的行动（见图 1-2）。① 然而在实际的运用过程中，行动学习小组并不一定要完全遵照这种循环顺序逐步依次操作，行动学习是一种不间断的学习循环过程，学习可以开始于任何一个环节。张鼎昆提出行动学习通过"行动—反思回顾—新计划—新行动"这个循环过程让学习者在行动反思与经验总结中获得持续学习（如图 1-3）。②

因此，行动学习是学习者在小组成员的支持下致力于结构化的学习与行动改善。在具体的实施过程中，行动学习体现出问题导向、学习者主体介入、质疑反思、同伴互助等特征。行动学习以学习者实践中碰到的真实问题为载体，经过学习小组的讨论与分析，在行动中进一步反思质疑，加深对问题的认识，在学习小组的同伴支持下，探索问题解决的方法并形成新的行动计划，具有参与性、反思性、合作性、主体性和行动性的特点。

3．行动学习理论对本书的价值与启示

行动学习理论对本书的价值主要在于它为本书将行动学习作为高职新教师教学能力发展的培养方式，以及新教师学研共同体行动学习小组的组建和实施提供了理论指导与实践指引。在学习者的技能培养上，行动学习理论主张自主策略，相对于控制策略的高度结构化，自主策略关注学习者在独立性与技能上的发展，通过研讨会、同伴评价等形式为个人提供关注，促

① 伊恩·麦吉尔，利兹·贝蒂．行动学习法［M］．中国高级人事管理官员培训中心，译．北京：华夏出版社，2002：19．

② 张鼎昆．行动学习：再造企业优势的秘密武器［M］．北京：机械工业出版社，2005．

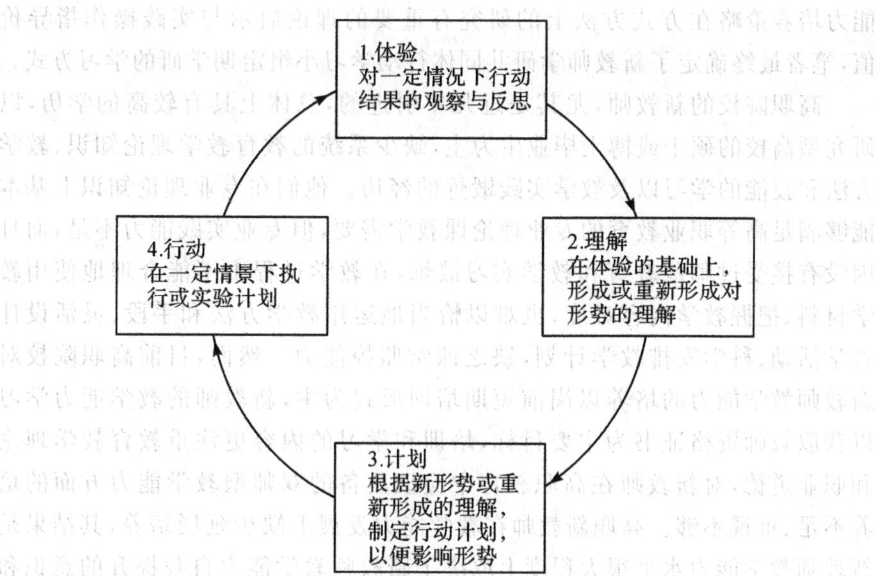

图 1-2 佩德勒的学习过程循环图

资料来源：伊恩·麦吉尔，利兹·贝蒂. 行动学习法[M]. 中国高级人事管理官员培训中心，译. 北京：华夏出版社，2002：19.

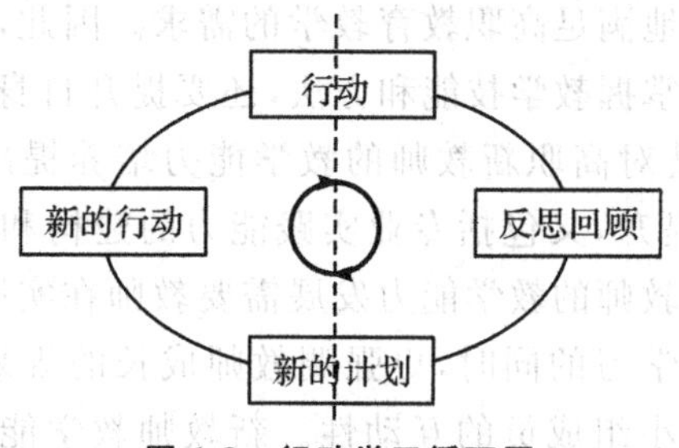

图 1-3 行动学习循环图

资料来源：张鼎昆. 行动学习：再造企业优势的秘密武器[M]. 北京：机械工业出版社，2005.

进学习与发展。① 因此，在行动学习项目中，学习者是教与学活动的中心，学习目标及目标实现的方法不是由施教者预先设定，而是通过教与学双方一起协商确定。这个过程包含行动与反思的计划、实践和检验的不断循环。因而，行动学习所推崇的这种关乎学习的自主策略精髓，对高职新教师教学

① 伊恩·麦吉尔，利兹·贝蒂. 行动学习法[M]. 中国高级人事管理官员培训中心，译. 北京：华夏出版社，2002：215—216.

能力培养策略在方式方法上的研究有重要的理论启示与实践操作指导价值，笔者最终确定了新教师学研共同体行动学习小组定期学研的学习方式。

高职院校的新教师，尤其是近几年引进的，总体上具有较高的学历，以研究型高校的硕士或博士毕业生为主，缺少系统的教育教学理论知识、教学方法和技能的学习以及教学实践锻炼的经历。他们在专业理论知识上基本能够满足高等职业教育的专业理论课教学需要，但专业实践能力不足，而且因没有接受过师范教育和教学实习锻炼，在教学过程中不能合理地使用教学材料、把握教学内容难度，也难以恰当地运用教学方法和手段、灵活设计教学活动、科学安排教学计划，缺乏课堂监控能力。然而，目前高职院校对新教师教学能力的培养以岗前短期培训形式为主，新教师的教学能力学习以获取教师资格证书为主要目标，培训和学习的内容更注重教育教学理论和职业道德，对新教师在高职教育中应该具备的双师型教学能力方面的培养不足、重视不够。高职新教师在教学能力发展上缺少延展培养，其结果是新教师教学能力水平很大程度上取决于新教师教学能力自我提升的意识和努力程度。

高职教育对教师的专业实践能力有较高要求，教师除了要具备本专业的基本理论知识之外，还需要掌握该专业领域内的行业发展基本情况和岗位操作能力，以更好地满足高职教育教学的需求。因此，高职院校的新教师在入职之初，不仅要掌握教学技能和方法，还要提升自身的专业实践能力和实践教学能力。这就对高职新教师的教学能力培养提出了多重要求，既包括教育教学技能的提升，又包括专业实践能力的建构和实践教学能力的培养。也就说，高职新教师的教学能力发展需要教师在实践中摸索、改进和提升，在教育教学理论学习的同时，更强调教师成长的规划性、学习的实践导向性、责任性和学习小组成员的互动性。新教师教学能力发展的过程也是一种自我导向学习，具有目标指向、活动指向和学习指向的特点：以高职新教师的理论教学能力和实践教学能力发展为目的，教学活动过程中同伴互助支持来解决问题，以学习提升新教师的教学能力为最终目标。

传统的新教师教学能力学习以培训的方式出现，是一种由上而下的、由外向内的接受式学习，往往忽略了教师作为学习主体的地位、教师的个体差异和真实学习需求。行动学习理论强调以小组行动学习的形式，让每个成员对实际问题进行质疑、反思和探讨，制定新的计划，在小组的支持下，在行动中解决这些问题。行动学习理论的关键优势在于，行动中的学习和实践中的学习符合高职教育强调实践性的特点。本书通过建立新教师教学能力提升学习研讨小组，激发新教师的内在学习热情，针对教师在教学实践过程中碰到的现实棘手问题，开展小组同伴互助研讨活动，引导教师自我反思，再认识自己的教学观念、教学行为、问题决策和已有经验，实现高职新教师在学习和研讨共同体中不同主体间的互助和互动学习，达到共在性成长。

（二）建构主义学习理论

1. 建构主义学习理论发展概况

（1）建构主义学习理论的哲学渊源

詹巴蒂斯塔·维柯（Giambattista Vico）被认为是建构主义的哲学起点和18世纪初建构主义先驱，他提出每种文化都关系到人类的创造，人类创造了社会，也创造了自己。[①] 德国哲学家、古典哲学创始人伊曼努尔·康德（Immanuel Kant）“先天综合判断”和“主体建构客体”的思想对建构主义思想的生成和拓展作了重要贡献，被建构主义者视为鼻祖之一。[②] 康德提出“先天综合判断”命题，认为一切科学知识是理性主义和经验主义结合的理智综合判断，人在认识、建构和创造世界的同时也在认识、建构和创造自身，带有明显的建构主义色彩。

建构主义发展过程中，受约翰·杜威（John Dewey）经验自然主义的影响也较大。杜威把经验视为现实世界基础，他的理论体现了他对社会问题的关注。[③] 他认为经验包括经验的事物及过程，强调经验的主观创造性和能动性。[④] 经验是主动尝试与被动接受的融合，其活力来自累积成长。行为是一种尝试，是人们对所处周遭世界所进行的试验，经验是否具备价值，要看行为者是否能认清经验所带来的关系或者连续性。如果经验能产生意义或有累积作用，就包含了认知。某种行为方式与某种后果是有关联性的，环境条件的改变可能致使行为达不到人们所预期的后果，因此，人们如果确知什么条件会对行为结果产生影响，就会去关注是否已经具备了必要的条件。杜威认为试验性经验包含思考，思考在事情不确定时，或者有疑惑与困难时发生，是一种提出问题、探寻答案的过程，任何思考的起点都是一件正在进

① 高文，徐斌艳，吴刚. 建构主义教育研究[M]. 北京：教育科学出版社，2008：4.

② 转引自吴国来，张丽华. 学习理论的进展[M]. 天津：天津科学技术出版社，2008：103—104.

③ 吴式颖. 外国教育史教程[M]. 北京：人民教育出版社，2012：507.

④ 转引自高文，徐斌艳，吴刚. 建构主义教育研究[M]. 北京：教育科学出版社，2008：5—6.

行的事，试验性经验是反思性的，属于反思经验。①

(2)建构主义学习理论的心理学渊源

从心理学角度看，让·皮亚杰(Jean Piaget)和利维·维果茨基(Lev Vygotsky)被视为先驱，其后杰罗姆·布鲁纳(Jerome Seymour Bruner)架起该理论兴盛的桥梁。②

让·皮亚杰的主要贡献是“主客体双向建构”思想，认为“客体的分化及主体认识的建构以活动为基础，认识是建立在同化基础之上，建立在把现有材料整合到已有结构之中”。③ 皮亚杰用图式(scheme)来表示认知结构，认为知识是人们与环境交互的结果，在“同化”与“顺应”中，得以逐步建构和发展，以适应新环境。皮亚杰的双向建构思想和图式概念对建构主义学习理论影响深远。

利维·维果茨基的心理发展理论强调认知的社会建构，指出认知通过社会的作用不断得以建构。④ 这就决定了人们在改造外部环境的同时，也在调控他们自身的心理和行为过程，使行为更具理性。他提出“最近发展区”概念，让我们认识到教学必须考虑学习者的已有水平，要着眼于学习者的最近发展区，调动学习者的积极性，发挥他们自身的潜能。维果茨基的理论启发建构主义者对教学和学习进行理论研究和实践探索，对推动建构主义理论的发展具有重要作用。

杰罗姆·布鲁纳推动了建构主义思想在美国的发展，推动课程教学改革，建立发现式学习理论。⑤ 布鲁纳强调学习的过程和学习者的内在动机，鼓励学习者探索未知领域，依靠自己原有的知识去建构新思想和新概念。因而，在教学观上，他提出教学设计要有利于学习者的知识迁移，首先要符合学习者的学习意向和目标针对性，考虑和安排学习者的学习最佳经验，帮助学习者超越所给予的知识和信息，把学习者的技能转变为他们的自身智力，把教学变成学习者的主动探索与求知过程，使学习者掌握获取知识与技能的方法。课程要以螺旋方式进行组织，要为学生提供一种便于最佳理解的知识结构，以使学生能够依靠已学知识进行新的建构。布鲁纳的认知—

① 约翰·杜威.民主与教育[M].薛绚，译.南京：译林出版社，2012：127—138.

② 吴国来，张丽华.学习理论的进展[M].天津：天津科学技术出版社，2008：6.

③ 转引自张桂春.激进建构主义教学思想研究[M].大连：辽宁师范大学出版社，2002：17—18.

④ 转引自王沛，康廷虎.建构主义学习理论述评[J].教师教育研究，2004，16(5)：17—21.

⑤ 吴国来，张丽华.学习理论的进展[M].天津：天津科学技术出版社，2008：108.

发现说具有很强的建构主义色彩,被建构主义教学思想所吸收。

此外,美国当代心理学家 D. P. 奥苏伯尔(D. P. AuSubel)的认知结构同化论也具有建构主义特点。奥苏伯尔主张学习者要主动建构有意义学习,避免机械式学习,学习者要找到自身已有认知结构中的相关概念作为新知识的学习生发点,让新信息纳入并改变原有认知结构,从而使学习变得有意义。

建构主义学习理论的产生、发展和成熟经历了较长的演变过程。现代科技快速发展带来的基于网络的学习环境,为建构主义教学论的发展提供物质条件。建构主义作为多学科发展的产物,在不同学科影响下形成了不同的范式,但所有建构主义学者都秉持和恪守一条基本信条:“学习是人的心灵的内部生成过程,知识不是被动获得的,而是由认知主体主动建构的结果。”①

2. 建构主义学习理论基本内涵与特征

建构主义学习理论的内涵主要包括知识观、学习观、师生观和教学观等几大基本观点。

建构主义认为,知识是个体借助一定的符号系统对自身所处的客观世界与现实的解释。知识内在于主体,是通过个体经验和探索去发现与建构的,在个体的不断探索中得以发展和演化。知识需要学习者主动积极建构而不是被动接受,掌握知识的最终目的是促进更好的生活。

学习观体现于建构主义对学习的实质、内容和结果等方面的观点。认为学习的过程是对新信息建构意义、改造和重组原有经验、改变其认知结构的过程,是学习主体的新旧经验双向作用的过程。学习产生于特定的情境,具有情境性。学习者在相互合作与交流之中,产生启发和对问题的补充,丰富理解,最终完成意义的建构,形成个体的知识结构网络系统。

建构主义在师生角色定位上给出了新的定义。在教师观上,建构主义强调教师是学生学习的支持者和协作者,应积极引导学生主动地进行知识和技能的建构,通过合理的学习支架搭建起学生新旧知识和互助学习的桥梁,让学生在主动学习和合作学习的过程中产生学习兴趣,发现知识建构的乐趣,促进学习朝着有效意义建构发展。在学生观上,建构主义主张学习者自我调节学习、反思学习,主动质疑和提问,通过积极探索和发现去建构知识意义,发挥学习者的主体性,实现自我管理和自我控制。

---

① 吴国来,张丽华. 学习理论的进展[M]. 天津:天津科学技术出版社,2008:111.

建构主义教学观的特征表现为建构主义把社会化概念引入学生的学习过程。教师和学生教与学的过程和目标也是一种对于不同社会和群体的文化适应过程。在教学原则和教学设计上,要突出学生中心及其主体性、教学过程中的师生交互、学习环境的重要性。教学设计要基于学生的学习环境展开,考虑环境对加深学习理解、建构新知识的重要价值和作用,让学生的学习与环境形成良性的互动。在教学过程上,强调学生中心和协作学习的重要作用,认为教学要让学习者能够在协作中开展行动,显示创造精神,形成对知识的有意义建构和问题解决的有效方案。学习者在教师的引导下建立学习群体,共同商讨学习问题,在协作学习的共同体环境下完成和实现对新知识的意义建构。

3.建构主义学习理论对本书的价值与启示

建构主义学习理论对本书的理论支撑价值源于该理论在教师教育和教师学习方面的主要贡献。20世纪末以来,建构主义学习理论成为国外教师教育改革过程中的重要基石,对教师学习者和教师学习活动产生了显著影响。① 建构主义理论指导下的教师培养新模式是教师培养基本范式的转变,为解决传统教师教育的危机提供了有益启示。② 建构主义教师学习理论发展成建构主义教师教育研究的重要分支③,特别是关于教师学习研究方面,更重视教师学习的个体性、情境性和经验性。

建构主义在教师教育和教师学习方面的研究成果,为本书中高职新教师教学能力培养的路径与策略的提出提供了很好的理论基础和经验借鉴。建构主义的学习观和教学观强调学习者对于外部新信息、新知识和新技能学习的主动选择和建构,强调学习过程中学习者之间的合作、交流与互助。基于建构主义学习理论的这些观点,笔者认为在高职新教师教学能力培养过程中,相对于专业知识而言,应该更侧重教学技能和专业实践教学能力的培养,以弥补他们在教育教学知识和能力方面的缺失。这些技能和知识更多源于实践,需要高职新教师在实践中主动建构。因此,建构主义学习理论为本书高职新教师教学能力发展的培养模式和提升路径的研究提供了方法

① 张奎明.国外建构主义教师教育改革研究[J].比较教育研究,2007(2):81—85.

② 张奎明.建构主义视野下的教师素质及其培养研究[D].上海:华东师范大学,2005:76.

③ 朱旭东.教师专业发展理论研究[M].北京:北京师范大学出版社,2011:150—164.

论和范式性参考和理论支撑。

此外，建构主义学习理论强调学习过程中，学习者按照自己的方式进行自我探究和主动建构，将学习置于真实的情境或学习环境之中，重视学习过程中的反思，以小组讨论、合作学习、自我反思、对话学习的形式去解决实际发生的真实问题。基于此，本书对高职新教师教学能力发展过程中的学习方式、行动方式和教师专业合作等进行探讨。笔者认为，由于高职教师教学能力发展过程中的实践性知识丰富表征，高职新教师教学能力培养的理想学习环境应该是基于建构主义学习理论的，包括"情境、交流、协作和意义建构"的学习环境，新教师教学能力发展的学习过程应该是基于实践和合作的过程。

以上这些建构主义学习理论有关学习内涵的定义、对学习环境的强调等理论观点都在高职新教师教学能力培养的路径和策略上给予笔者重要启示：将教师学习和新教师的自我更新发展作为高职新教师教学能力发展的重要路径。

（三）学习型组织理论

1. 学习型组织理论发展概况

20 世纪中叶以来，半导体、微电子、新能源、管理科学等新技术与学科的快速发展打破了原有学科领域的边界，促使人类进入信息技术与知识经济时代，随之出现许多综合性的学科，学习型社会被提上议程。学习型组织理论在这种社会大变革的背景下出现并发展。

1965 年美国麻省理工学院教授杰伊·佛瑞斯特(Jay Forrester)提出未来企业的理想形态，形成"学习型组织"概念的雏形。之后，其学生彼得·圣吉(Peter M. Senge)用了近十年时间继续运用系统动力学研究和发展出了全新的组织概念，完成其代表作《第五项修炼》。该书问世时正是美国企业经济低谷时期，该书提出的一整套使传统企业向学习型企业转变的方法在企业界产生了强烈反响，让企业在管理上实现了突破。《第五项修炼》对美国的经济复苏产生不可低估的影响，世界企业学会在 1992 年授予圣吉开拓者奖(Pathfinder Award)，以表彰他的开拓性杰出贡献。①

在该书之后，还有两本相关研究著作出版，形成了学习型组织的理论架构。1994 年，彼得·圣吉出版了《第五项修炼——创建学习型组织的战略与

① 王维. 学习型组织之路——关于"学习型组织"的思考与探索[M]. 上海：上海三联书店，2003：9—12.

方法》。这本书是学习型组织的实践篇,从实践层面介绍了学习型组织的创建和应用"五项修炼"过程中出现的具体问题、各类团体中的成员如何使用策略技巧完成目标,是一本关于学习型组织创建与运行的实用工具手册。1999 年,《变革之舞:学习型组织持续发展面临的挑战》一书出版。该书为企业提供了学习型组织在应用过程中的经验资源和全新思路,阐述了成长过程与限制过程的互动关系以及学习和提高人的素质之间的关系,为企业提供了应对阻力的钥匙。

2. 学习型组织理论的基本内涵与特征

关于学习型组织的定义并没有统一的界定,不同学者从不同视角对它进行阐释。根据温恒福的归纳,大致可以分为以下三大类(见表 1-1)。

表 1-1 学习型组织的定义类型及主要观点

定义类型	主要观点和代表人
"学习"视角的定义	崇尚和鼓励人们学习的组织(Handy,1991) 促进成员学习并运用学习成果的组织,增进自我知识、自我理解与环境理解的组织(Galer & Kees,1992) 通过不断学习来改革组织自身、组合学习共享系统的组织(Watkins & Marsick,1993) 存在个人学习、团队学习和组织学习及他们的互动,形成共识,实现组织目标的组织(王振江,1998) 通过健全机制,让组织中的学习有效发挥,维持组织创造和生存的竞争力,使成员活得更有价值的组织(姜伟东、叶宏,2003)
"知识"视角的定义	精于获取、创造、运用及转移知识的组织(陈淑芬、李诚,2000) 通过快速知识创造和熟习未来成功所需要的能力,实现持续改善(Wick & Leon,1995) 擅长知识的吸收、转移和创造,能针对新知识改善行为和见解的组织(Goh,1998) 善于创造知识、获取知识和传递知识,并能以新知识为指导来修正和改善行为的组织(Garvin,1993)
描述形态和境界的定义	不断创新进步的组织,组织中的人们通过不断突破上限,全力去实现自己的内心向往,完成共同抱负并不断共同学习(Senge,1990) 组织成员不断质疑其运作模式,发现错误和差异,通过组织运作重组来修正错误或差异(Argyris,1993) 有不断增强其能力的适当系统和机理,为自己和团体而工作,实现持续改善目标的组织(Skyrme,1995)

资料来源:温恒福. 学习型组织理论反思与中国当代教育组织的发展方向[J]. 教育理论与实践,2005(12):11—15.

从以上对学习型组织的定义可以看出，不同的定义反映了不同学者对该理论概念内涵的不同理解，但基本都是基于学习、知识或者学习型组织本身给组织带来的变化与发展，尤其是形态描述型的定义，是对学习型组织所能达到境界的高度抽象化。

根据彼得·圣吉的阐释，他称之为“五项修炼”的新技术汇集起来，成为学习型组织的理论精髓和基本要件，使得学习型组织成为一种理论与实践的创新。在这五项修炼之中，系统思考是核心，让人们跳出片段看到事物的整体。自我超越的修炼，让人们能够厘清内心的神往，并以此为起点，聚精会神，通过对周围世界的客观观察与判断，加深愿望。改善心智模式可以让人们审视内心世界，有效表达自我想法，悦纳他人观点。共同愿景为成员找到共同目标，实现组织共同景象。团体学习可以提高行动能力，加速个体和组织的成长。① 这五项修炼显示了学习型组织有别于其他形式组织的明显特征。

3.学习型组织理论对本书的价值与启示

学习型组织理论对本书的价值在于，它为高职院校新教师教学能力培养路径以及校本培养实践研究的实施，在组织方式上提供了有效的理论支撑和实践借鉴。学习型组织理论强调通过组织学习实现组织愿景、改变和超越个体自我，强调学习和工作结合，“在做中学”、“边学边做”。学习性是学习型组织的重要表征和基本描述。学习型组织不仅是学习方式和组织形态的变革，更是管理策略上的跨越式革新。作为一种新的管理策略，学习型组织弱化了科层制组织中的强制命令和管理领导者的个体作用，促使组织中每位成员为共同愿景而努力，达成个人和组织在目标和行为上的一致。②由此，学习型组织在某种程度上也是创建一种持续学习、不断改进、持续发展的组织文化。

基于学习型组织理论，笔者构建了高职新教师教学能力发展的学研共同体，探讨学研共同体中新教师个体学习和群体互动之间的互生共长关系，以及学研共同体这种学习型组织对于高职新教师教学能力的个体提升与群体发展的有效作用。笔者认为，高职新教师教学技能培养和教学能力的提

① 彼得·圣吉.第五项修炼——学习型组织的艺术与实务[M].郭进隆，译.上海：上海三联书店，1999：6—10，61，75.

② 温恒福，张萍.学习型组织的实质、特征与建设策略[J].学习与探索，2014(2)：53—58.

升过程，其本身就是一个学习与工作实践结合的过程，应该是一种“教、学、做”的不断循环和合一的过程。对于新教师个人而言，提高个人的教学能力，才能实现“站上讲台、站稳讲台、站好讲台”的职业期望；对于高职院校而言，新教师教学能力的培养既是帮助和支持新教师快速适应岗位工作的组织任务，又是高职院校自身不断发展的组织期待。因此，不管是个人层面还是组织层面，都拥有达成目标的共同愿景。

而且，高职院校，作为社会系统中的基本单位之一，其性质和功能决定了它必定是一个学习型组织。因此，借鉴学习型组织的理论精髓和行动要素，本书提出，在高职新教师教学能力培养过程中，应该改变以授课为主的传统接受式培训方式，创新培养理念和组织模式。高职院校要发挥学校作为学习型组织的各种优势，秉持共同成长和可持续发展理念，以新教师教学能力提升为目标，培育新教师学习共同体，让新教师在学习型组织中进行合作学习，以团队学习为基础，建立教学能力协同发展的理想与愿景，通过在教育教学工作中不断学习、不断反思，实现对自身教学行为和思想等各方面的指导和改善。

此外，在当今多元变动、全球化的时代，高等职业教育必然要面对来自教育系统内外的各种矛盾和冲击，高职院校的教师也必定要寻求新的角色定位。一方面，高职院校的课程与实践联系紧密，课程的教学需要教师能够围绕学生今后专业岗位的实践能力要求开展相应的实践教学。这就需要不同课程乃至不同专业、不同学科之间的任课教师相互配合协作，共同完成学生职业核心能力的培养。另一方面，在当今的学习型社会中，教师不应该仅仅是知识的传授者，更应该是终身学习者、教育教学的实践反思者和研究者。高职教育对教师身份的多元性需求要求新教师要尽快完成从高校学生到教师的身份转换，从更多关注理论知识的学习转向关注教育教学实践和实践中知识的学习，尽快实现知识和实践的整合，以适应教学岗位，提升教学实践能力。高职教育的强实践性则要求高职教师在专业发展过程中要加强合作、相互学习，促进教师找寻专业发展和教学能力提升的不同专业发展起点，针对不同的教学情境设计不同的教学方法和教学策略，在动态中不断调整和发展自己，完成高职教育教学专业知识的建构。正是基于此思考，本书创建了高职新教师学研共同体这个学习型组织，探讨和发挥新教师在教学能力发展过程中的团体力量优势。

如上所述，学习型组织理论所提出的不断学习、团体学习和自我管理理念，营造了分享和合作的组织文化，这种理念被本书借鉴并用于指导高职院校新教师学研共同体的构建和运行。新教师的学研共同体具有学习型组织的主要特征，可表现为共同的目标愿景、组织的自发性、专业知识与教育教学经验的共享性、学习氛围的互助性、学习方式的探究性和行为实践的反思性等。以学习型组织为特征的学研共同体的构建，将有利于激发新教师个体学习的热情，形成积极向上的学习环境和学习氛围，保障新教师教学能力培养实践的顺利开展。从这个意义层面来讲，学习型组织理论为本书有关高职院校新教师教学能力发展的实践研究部分的组织与开展提供了很好的组织范式方面的实践模式参考和研究分析框架架构方面的理论支持。

（四）教师生涯发展理论

1. 教师生涯发展理论的发展概况

关于教师生涯发展的研究及其理论是在普适性的职业生涯发展研究基础之上产生的，主要探讨和研究教师在其职业生涯过程中所经历的各个阶段的不同特点和发展规律。

职业生涯发展理论的代表人苏泊尔(Super)认为，生涯是指个体在其一生中所从事和经历的工作与闲暇活动时表现出来的一种完整存在状态。他将职业生涯分为成长阶段、试探阶段、建立阶段、保持阶段和衰退阶段等五个发展时期，认为人所持有的自我概念在其一生中会随着经验的发展而不断改变与发展。①

教师生涯发展理论的发展从特点和形态上大致经历了一维线性的静态、多维的动态和个体能动性的关注等几个阶段。② 一维静态时期的研究重心依照教师的年龄或教龄时间、专业成熟两条主要路径开展。弗兰西斯·F. 富勒(Frances F. Fuller)的“教师关注”研究为教师生涯发展理论之始。她认为教师在职业生涯中会经历教学前、生存、教学情境和学生等四个不同关注阶段，随着职业时间的推移和经验的积累，教师会逐渐从早期的关注自我转向关注学生。③ 彼得森(Peterson)、塞克斯(Sikes)等人将自然年龄作为教师生涯发展阶段的划分依据。④ 恩瑞(Unruh)和特纳(Turner)、麦克唐纳

---

① 蒋玉梅. 大学英语女教师的职业生涯发展研究[D]. 南京：南京大学，2011：8—9.

② 朱旭东. 教师专业发展理论研究[M]. 北京：北京师范大学出版社，2011：283—287.

③ Frances F. Fuller. Concerns of Teachers: A Developmental Conceptualization[J]. American Educational Research Journal，1969(2)：207-226.

④ 朱旭东. 教师专业发展理论研究[M]. 北京：北京师范大学出版社，2011：284.

(McDonald)、卡兹(Katz)、纽曼(Newman)、伯顿(Burden)等人以教龄和教师的专业成熟度为依据,按照教师入职的职前、职初、职中、职后等来划分教师的不同职业生涯时期和阶段。① 而冯克和休伯曼的研究发现,教师的生涯周期是复杂多变的,不同的发展取向会出现不同发展结果;休伯曼强调将教师生涯发展描绘成一种线性序列是有问题的,忽略了个人经历、社会环境和组织等影响因素对教师发展的塑造。② 他们关于教师生涯周期的观点,比早期研究者提出的线性观点更复杂。在他们的研究基础上,拉尔夫·费斯勒(Ralph Fessler)提出了生涯周期模型,开启了教师生涯研究的多维动态时期。他将教师生涯周期置于个人及组织影响因素脉络之中,认为教师职业生涯周期不是按照线性的方式发展,而是按阶段在个人和其所在的组织整体环境中做出的相关反应,表现为动态前进的发展方式,具有动态性的发展特征,③为教师生涯发展研究提供了新视角。在这些研究者的基础之上,贝蒂·E.斯黛菲提出其系统化综合性的教师生涯发展倡导模型,综合分析了如个人能动性等教师发展的多种影响因素,提出要关注教师的终身发展及其特征,倡导教师通过反思和更新保持在整个生涯中的卓越,倡导为每个时期的教师提供达到卓越标准的支持。她关注教师行为的外显表现,并据此将教师生涯分为新手阶段(novice phase)、实习阶段(apprentice phase)、专业阶段(professional phase)、专家阶段(expert phase)、杰出阶段(distinguished phase)和荣誉退休阶段(emeritus phase)。她指出,如果给予适当的学习环境,教师会在其整个职业生命周期中持续成长和发展,管理者和领导者需要了解教师在生涯发展中的自我作用,对教师赋权,通过合作与内部激励等促进教师的生涯发展。④

由此,教师生涯发展周期理论的发展大致经历了从线性到关注动态发展,再到关注个体能动作用的过程,其后的研究者开始关注教师个体的自我反思和自我更新在教师职业生涯中的重要作用。

---

① 转引自费斯勒,克里斯坦森.教师职业生涯周期——教师专业发展指导[M].董丽敏,高耀明,等译.北京:中国轻工业出版社,2005:22—29.

② 转引自 Ron White. Teachers' Professional Life Cycles[J]. International House Journal of Education and Development,2008(22).

③ 费斯勒,克里斯坦森.教师职业生涯周期——教师专业发展指导[M].董丽敏,高耀明,等译.北京:中国轻工业出版社,2005:32—44.

④ Betty E. Steffy & Michael P. Wolfe. A Life-Cycle Model for Career Teachers[J]. Kappa Delta Pi Record,2001(38):1-19.

2. 教师生涯发展理论的基本内涵与特征

如上所述，依照教师生涯发展理论的发展逻辑，学者们提出了不同的理论发展模式，以下就每种理论的主要观点或内涵特征进行简要介绍。

教师生涯周期理论以教师的自然年龄或教龄为主要依据和标准开展研究，彼得森、恩瑞和特纳、纽曼、伯顿等人的研究最为典型。彼得森对50名退休教师进行了探究性访谈研究，按照不同年龄阶段的教师教学态度的变化，将教师的职业生涯分为职业发展期（约20—40岁）、职业绩效期（约40—55岁）、职业维持或终结期（55岁—退休）三个阶段。他认为职业发展期是教师学习适应学校环境、在学校中生存、努力上进的时期；职业绩效期是教师教学生涯最理想的时期，教师处于较高的教学承诺表现时期，是教师生涯的专业巅峰时期；职业维持与终结期，教师的关注点或关心的问题已不在教学，而是逐渐地从竞争性的教学专业和职业生涯中退出。[①] 恩瑞和特纳则以教龄为标准，把教师生涯分为初始教学期（1—6年）、建构安全期（6—15年）、成熟期（15年以上）三个阶段。他们认为在初始教学期，教师会在课程开发、组织教学、课堂管理及获取同事接纳等方面存在问题，部分教师可以较快迈向下一个专业成熟阶段，有些则会在此阶段停留较长时间甚至许多年。卡兹通过对幼儿园教师的研究，将教师生涯分为存活期（约1—2年）、巩固期（持续至第3年）、更新期（持续至第4年底）、成熟期（延续至第5年及以后）等四个阶段，认为教师在存活期需要教学技能上的现场指导与帮助。[②] 伯顿提出教师在其职业生涯的不同时期会有不同的教学技能、知识、行为、态度和关注点，这些特征遵循一个规律的发展模式；据此，他把教师生涯分为三个阶段：生存期（第1年）、调整期（第2—4年）、成熟期（第5年及以后）。第一年展现出来的许多职业发展特征是诸多因素纠结的结果，教师对教学职业的很多方面都有困惑和不确定感，教师的困惑感、不确定感和教师对教学环境及教学活动的有限知识同时存在。教师有自信感、效能感和能力感方面的需要，生存期教师的很多不确定性源于他们在课堂控制、学科教学和教学技能提升方面的自卑感；但同时，他们又会坚持以前形成的教师和教学图式，用传统的教学方法授课，直到掌握了传统的教学方法，他们才愿意尝试

① 转引自朱旭东. 教师专业发展理论研究[M]. 北京：北京师范大学出版社，2011：299—300.

② 转引自费斯勒，克里斯坦森. 教师职业生涯周期——教师专业发展指导[M]. 董丽敏，高耀明，等译. 北京：中国轻工业出版社，2005：22—23.

新的教学方法。第一阶段的教师不能洞见环境的复杂性，对教学的复杂性没有清晰的认识，加之缺乏教学知识和技能，与其说他们在教学生不如说是在教课程；因此，直接的指导监督对于生存期教师是最有帮助的，他们在备课、成绩评价、教学策略、纪律管理等教学技能方面需要帮助和支持，也需要有关课程和学校规章与运作过程的具体信息。①

教师生涯阶段理论以教师专业成熟度作为划分依据，克服了周期论的局限性，指出相同年龄或教龄的教师因其发展速度不同，表现出的水平也不同，将教师的生涯特征、生涯关注和自我观念作为划分教师生涯阶段的框架依据。教师阶段理论的典型代表是富勒、麦克唐纳、冯克、休伯曼。富勒"关注"阶段理论，根据教师的不同水平及个人关注的不同来划分不同的生涯阶段。他指出教师的关注与教学经验有关，经验丰富的教师关注学生的进步程度，而没经验的教师关注教学督导的批评和课堂纪律的维持问题；经验丰富的教师从学生的成功中获得满足感，而无经验的教师则从假期和教学巡视员的赞扬中获得满足感。在早期生存关注阶段，初任教师正式进入教师生涯，走上教学岗位，关注的是他们的教学监控、班级管理、教学内容的掌握、教学督导人员的评价等这些职业生存问题，他们关注得更多的是自己，而非学生的适应度、胜任力和成功度。② 麦克唐纳根据教师专业成熟路径，把教师的职业生涯分为转换期、探索期、发明试验期、专业教学期等阶段。他认为对于大部分教师而言，新教师第一年的转换过渡期都是带有创伤的，有些是源于他们教学技能上的沮丧感、挫败感和被拘束感，这会使正在成为教师的这个个体的一生产生显著且根本性的改变。因此，他认为对初任新教师进行研究是教师专业发展中的关键事件，这个研究对于我们理解教师是如何才能变得更专业、更有胜任力是必要的，有助于我们了解为何有些有经验的教师受限于专业发展，以及为何有些形式的教师职业准备对教师的能力和效能感的影响如此有限。③ 冯克将教师生涯分为前专业、起步、专业人员、最佳专业水准、专业再定位、专业再发展、消退等七个阶段，认为起步阶段是任教的第1年，主要任务是掌握基本教学技能和工作能力，得到所在

① Paul R. Burden. Developmental Supervision：Reducing Teacher Stress at Different Career Stages[R]. The Annual Meeting of the Association of Teacher Educators，February，1982.

② Frances F. Fuller. Concerns of Teachers：Research and Reconceptualization[R]. The Annual Meeting of the American Educational Research Association，1974. 04.

③ Frederick J. McDonald. Study of Induction Programs for Beginning Teachers：Executive Summary[R]. Educational Testing Service，Princeton，New Jersey. 1982：2-3.

环境的社会化认可。① 休伯曼通过对瑞士160位中学教师的调查，将教师职业生涯划分为五大阶段或时期：生涯进入（第1—3年）、稳定（第4—6年）、试验和再评估（第7—18年）、平静与保守（第19—30年）、准备退休（第31—40年）。生涯进入期是新教师的生存与发现阶段，主要表现特征在于生存适应，这个阶段的教师容易遭遇疑难问题，出现教学管理方面的问题，产生专业理念和班级管理、师生关系不稳定等"现实冲击"。② 冯克和休伯曼的研究表明，教师的生涯发展不是线性的、一维的、静止的，而是复杂多变的、动态的。

教师生涯循环论是拉尔夫·费斯勒及其同事在前面这些学者的研究基础上提出的。他们运用对160位教师的访谈、教学观察、个案研究、文献考察等研究方法，以多途径的动态观点探讨教师生涯，将其分为职前教育期、职初期、能力建构期、热情与成长期、职业挫折期、职业稳定期、职业消退期和职业离岗期等八个生涯发展阶段，每个阶段的教师有其特定的发展需求，并针对不同阶段的特征和成长需求提出了不同的激励措施和支持系统。③ 该理论认为教师的生涯周期发展受到他们所处环境的影响，教师也会做出不同的反应：正面的支持性环境会促进教师的职业追求，反之，紧张的压力性环境对教师的发展产生消极影响，甚至阻碍其生涯发展。因此，处于社会化认可阶段的职初期教师通常会尽力让自己在处理教师的日常工作事物上产生安全或适切感，提高能力，以获得学生、同行和教学管理督导者的认可；当教师进入一个新环境时，如年级或学校的变动，也会有这种职初期的心理和情感体验。因而，教师职业生涯周期呈现阶段性的发展，而非固定的线性发展，它是一个行进的、动态的、可循环的过程。④

教师生涯实现论强调教师在生涯发展中的自我作用、自我批评反思和自我更新。贝蒂·E.斯黛菲将教师生涯周期分为新手、实习、专业、专家、杰出、荣誉退休等六个阶段。新手阶段始于职前学生的教学实习时期，实习阶段开始于教师自己独立承担备课和授课任务，一直要延续到教师能够将知识与教育学进行整合与融合，才进入到专业阶段，这个阶段从入职一直延续

---

① 转引自赵萍.论当代西方教师职业生涯发展研究的三个理论取向[J].比较教育研究，2016(4)：78—84.

② 转引自彭小虎.社会变迁中的小学教师生涯发展[D].上海：华东师范大学，2005：40—41.

③ 费斯勒，克里斯坦森.教师职业生涯周期——教师专业发展指导[M].董丽敏，高耀明，等译.北京：中国轻工业出版社，2005：34.

④ 费斯勒，克里斯坦森.教师职业生涯周期——教师专业发展指导[M].董丽敏，高耀明，等译.北京：中国轻工业出版社，2005：32—59.

到教学的第二三年。她提出了“反思—更新—成长”的教师生涯周期循环发展模型，认为此模型可推进教师职业生涯周期的各个不同阶段，是教师的变革学习与组织发展的有机组成部分，教育管理者要促进教师的变革学习；反思性实践是教师职业持续成长的关键，像培训、同伴互动、项目开发、教学日志等反思性实践活动，对新手阶段和实习阶段的教师帮助尤其大。如果没有“反思—更新—成长”循环，教师可能出现职业回避现象，这个向下的回避行为可能会使教师经历从“最初的”到“持久的”，最后到“完全的”退缩。① 此后，白益民提出了教师的“自我更新”发展理念，认为自我更新关注的教师，其关注点已经脱离了教师生存等自我关注问题，而是关注到学生作为学习主体的存在，会鼓励学生建构“意义”，教师的个人实践知识成为这个阶段教师知识拓展的重要方面。在“自我更新”取向的教师发展模式中，教师需要持续不断地对自我的生涯周期发展过程开展批判性反思，教师本人是教师生涯发展的真正主体，而不再仅仅是对象，其目标指向是教师的专业发展。② “自我更新”教师的核心或关键要素是自我更新发展的意识与能力，这种意识和能力会让教师的职业生涯周期变成一种动态的发展循环，朝积极方向不断发展。③

3. 教师生涯发展理论对本书的价值与启示

教师生涯发展理论的基本内涵中关于入职期是新教师提升教学质量的关键期，以及这个阶段对于新教师专业发展和职业成长的关键作用的论述，为本书将高职新教师及其教学能力发展作为研究问题奠定了理论基础。从上文对教师生涯发展理论的历史逻辑脉络梳理可以看出，该理论的研究和发展大致经历了由一维线性到多维动态的渐进过程。在此演进过程中，学者们逐渐开始考虑个体环境因素、组织环境因素和个人自我更新意识与评判性反思对教师职业生涯发展的影响，并逐步开始关注教师在职业生涯周期中的自我实现和个体能动性。不管是周期论、阶段论，还是循环论、实现论，都认为在教师的生涯发展历程中，不同的教师对知识和能力的需求、对周围环境的感受、对待教学工作的行为态度等会有差异；在教师生涯不同时

① Betty E. Steffy & Michael P. Wolfe. A Life-Cycle Model for Career Teachers[J]. Kappa Delta Pi Record, 2001(38): 16-19.

② 叶澜，白益民，王丹，陶志琼. 教师角色与教师发展新探[M]. 北京：教育科学出版社，2001：265—302.

③ 白益民. 教师的自我更新：背景、机制与建议[J]. 华东师范大学学报(教育科学版)，2002，20(4)：28—38.

期或阶段，教师关注的重点、反思的层次、心理调适的维度、专业成长的重心也有所区别。对于刚入职的新教师，教师生涯周期论认为这个阶段是教师学习如何在学校环境生存、探索建立稳定架构的时期，教师会在组织、学生纪律、例行工作等许多方面碰到问题，但精力充沛、充满热诚，会积极努力地去适应教学环境和工作形态，致力于教学，寻求最舒适的生存环境，有些教师甚至要在这个阶段停留几年才能进入职业成熟期。教师生涯阶段论认为入职期是教师的“生存关注”阶段，是教师的职业转换、起步和形成期，教师主要关注的是职业生存问题，很多活动都围绕学习和掌握教学技巧、课堂管理、了解学生等教学工作基本能力展开，希望得到周围学生、同事和管理者的认可，同时开始形成有关教学过程、教学本质、教学目的、教师角色、学校组织角色等的初始概念。循环论认为职初期教师会碰到理想和现实之间的冲突，对自己有不确定感，不能确信自己的能力，想要获得学生、家长、同行和教学管理者的认可，在特定的问题上需要支持和协助。实现论认为入职阶段这一从教师准备到全职教师的转换期会使初任教师产生焦虑、自我怀疑和回避等情绪，新教师在适应一项新工作的同时还在适应一种新的文化和环境，理论与实践的磨合和理想与现实的冲突影响着新教师专业发展各方面的表现。而这一阶段又是教师职业生涯发展的关键时期，学校管理者在支持系统上可以采取提供进一步专业学习机会、安排带教导师、教师观察与反思等措施。不同学者对教师职业生涯的划分方法有所不同，但是总体来看，均把新教师入职期的培养放在重要位置，认为新教师入职过渡期会对他们教学能力的提升和今后教育教学工作起到重要影响，甚至会影响他们今后的职业理想和职业倾向。

因此，教师生涯发展理论对于本书的价值在于，一方面，该理论提出的入职阶段在教师职业生涯发展中的重要地位，以及这些理论研究者对入职期教师的行为和心理表现特征、成长需求以及支持激励措施所提出的观点，可为本书将高职新教师作为研究对象提供理论依据。基于教师生涯发展理论所提出的新教师在入职初期的主要任务和障碍，本书认为教学能力发展是高职新教师适应岗位和在新环境中得到社会化认可的首要任务，从而将新教师的教学能力发展作为研究主题，探讨高职新教师教学能力发展的核心要素，找到培养方向。另一方面，教师生涯发展理论对本书高职新教师教学能力发展培养的主题内容的确定、培养方式的选择、多元主体的参与等都有启发意义，从新教师教学能力发展的外部促进和新教师本身的自我更新发展角度探讨了“训一研一行”耦合联动的发展策略。对于新教师教学发展的外部促进者而言，可以依据教师生涯发展的进程和入职阶段的特定问题，明确安排培训内容和支持系统，提供特定的针对性协助。对于高职新教师本人而言，笔者认为，新教师要树立自我反思和自我更新的职业生涯发展意识，有意识地检视、反思教学问题和自我教学能力发展状态，增强对自己的职业生涯发展的责任义务感，在“反思—更新—成长”的循环中走向成熟。

三、分析框架

借鉴建构主义学习理论的新知识产生方式、学习型组织的组织运作模式和教师生涯发展理论的入职期关注要素等基本主张，在王海燕研究的基础之上①，本书架构了针对高职新教师入职期教学能力培养与发展过程中新教师培训、个体学习与实践，以及群体学研互动的分析框架（见图 1-4），并运用行动学习理论指导高职新教师教学能力发展学研小组的行动学习实践方案设计与实施。

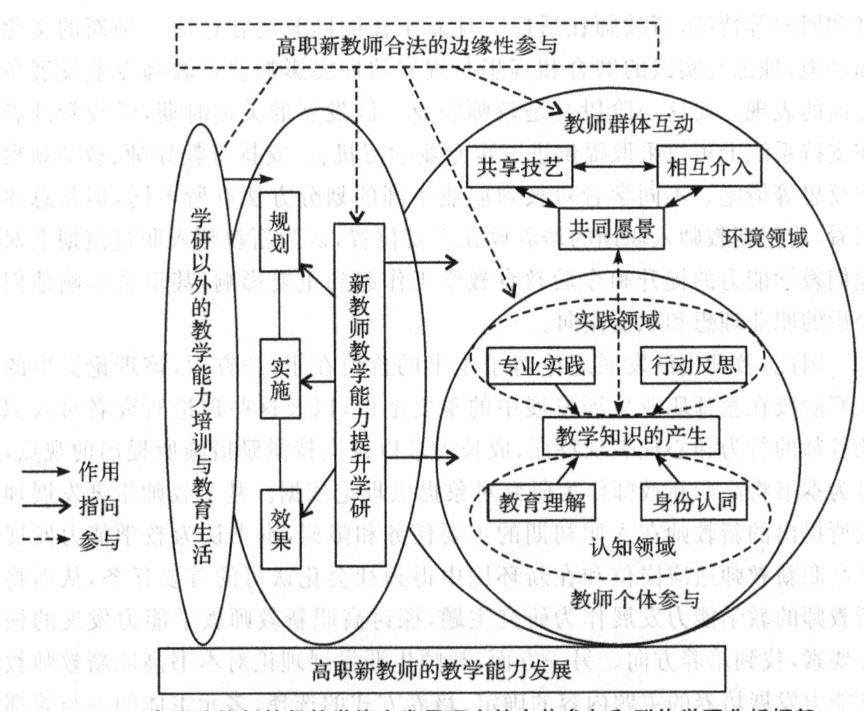

图 1-4　高职院校新教师教学能力发展研究的个体参与和群体学研分析框架

① 王海燕. 实践共同体视野下的教师发展[M]. 重庆：重庆大学出版社，2011：36.

此分析框架有助于笔者运用相应的理论基础对高职新教师的教学能力培养路径与策略，以及学研共同体中新教师参与学研活动的过程等展开研究，进行方案设计，有效开展数据的收集与分析。以下具体阐释这个分析框架对于架构和分析高职新教师“训一研一行”耦合联动校本策略中的“合法边缘性参与”以及学研活动中个体和群体互动所起的提挈作用。

（一）“训一研一行”的合法边缘性参与

依照建构主义理论，学习是主客体之间的双向建构过程，形成于主客体间的相互活动，学习者通过个体的经验和探索去主动地发现、选择和建构知识。同时，教学情境和学习环境对学习者形成学习成效有着至关重要的作用，学习者在合作学习中进行交流，得到启发，完成个体知识结构网络系统的建构。行动学习理论和学习型组织理论都强调群体学习的重要作用，认为群体学习比其他学习方式更能促进组织和个体的快速成长。因而，本书架构了外部培训与新教师合作学习相结合的高职新教师教学能力培养路径和“训一研一行”耦合联动的校本培养策略。

在图 1-4 的分析框架中，“新教师学研”、“学研以外的新教师教学能力培训”、新教师在认知、实践和环境领域的“个体参与和群体互动”是并列的关系，分别表示高职新教师在外部培训、共同体学研、专业顶岗实践、教学实践、自我更新学习、行动反思等领域的多元参与。按照让·莱芙(Jean Lave)与爱丁纳·温格(Etienne Wenger)提出的实践共同体理论，这是一个高职新教师以“合法的角色”参与“真实的任务”的“合法的边缘性参与”过程。① “边缘性参与”即新教师对这些项目的多样性、多元性参与。而图中“新教师学研”与“学研以外的培训与教育生活”、“个体参与”和“群体互动”之间有交叉，表示它们之间有些活动在内容、时间上有重叠，或在对新教师教学能力的影响上有相互作用。

图 1-4 中，包含每位新教师在教学能力发展过程中发生的自我学习和在学研共同体中的个体参与学习，主要涉及高职教育教学理念、自我适应与身份认同、教学行动与反思、专业顶岗实践等认知和实践领域内容；包含在新教师教学能力提升行动学习小组这个学研共同体中的新教师们为了“教学能力发展”这个共同愿景而开展的相互研讨、相互介入的学习模式建构，以及其对高职新教师的教学知识与能力生成的过程。此外，还关注到学研之

① J. Lave & E. Wenger. Situated Learning: Legitimate Peripheral Participation [M]. New York: Cambridge University Press, 1991.

外的教学能力培训与教育生活对高职新教师教学能力发展的影响，如高职新教师的岗前培训、入职后的各种讲座与培训等。

新教师通过参与这些活动，在认知领域达成对高职教育理解的深化和高职教师角色认同感的提升；在实践领域达到将行业企业的职业技能转化为专业实践能力的提升，并借助自身的不断行动与反思实现实践教学知识的产生和实践教学能力的提升；在环境领域通过在培训、学研、企业顶岗实践过程中与同伴和其他重要他人的互动，实现教学知识与技能的技艺共享和相互介入。这些因素共同作用于高职新教师教学知识的楔入与产生，并在高职新教师的教学过程中外显为教学能力。这种教学能力包含理论课程的教学能力和实践课程的教学能力。

(二)学研活动的个体与群体交互

学习型组织和行动学习理论为本书提供了高职新教师在学研共同体中存在状态的理论分析视角。一方面，就高职新教师个体而言，在不断介入学研共同体的行动学习和实践反思过程中，在这个行动学习小组的学研共同体中所参与的活动和各自所处的位置会为每个新教师个体提供教学能力发展个人化成长的机会，促进个体的学研参与、知识建构、意义理解和行动反思，进而促成个体在不断调节和适应中的身份认同和转变。另一方面，就参与学研的新教师群体而言，作为高职新教师教学能力发展的学习型组织与行动学习实践共同体，具有共同的愿景和事业，新教师在学习过程中相互介入，共享技艺库，如拥有共同的行动、故事、习惯、语言等；每个小组成员拥有对共同愿景的一致追求、对目标的持续协商与认同，在不断研讨、沟通和行动中产生个体与群体的交互和相互依赖。

依照建构主义学习理论、学习型组织理论和行动学习理论，高职新教师教学能力发展是一个高职新教师通过外部培训、个体学习和合作学习，不断获得和建构教学知识与教学技能的过程。对高职新教师个体而言，新教师依托学研共同体这个学习型组织，通过参与外部培训活动、共同体学研活动、个人专业实践和教学实践活动，通过行动学习小组的学习和研讨，不断介入各种教学实践以及自己和他人的教学实际问题之中，反思行动实践中的问题，得出问题的解决方案，逐步实现认知领域和实践领域的教学知识与技能的提升。对高职新教师群体，学研共同体通过共同愿景的设立实现学研小组的一致行动目标，促进小组成员的行动学研成效，通过学研过程中彼此问题的相互介入，实现教学知识和教学技能的技艺共享，营造群体互动合作学习的教学研讨环境。新教师个体和群体之间的这种互为支持、互为保障的合作学习让新教师在教学实践问题学研活动中有一种开放的学习通道，是一种“合法的边缘性参与”的多元化、多样性社会学习过程，是一种不断体验的“学习、行动、反思、提升”的个体参与和群体合作的互动模式，可以揭示学研活动对新教师所产生的影响。

由此，学研活动中高职新教师个体的参与和群体的互动，以及这些参与和互动对于高职新教师个体与群体的教学能力所带来的变化，将成为本书的分析内容。通过对这些内容和过程的分析，反观新教师在高职教育和高职教师角色的理解、专业实践能力的完善、教学知识与技能的提升、教学实践的反思等方面的个体变化，以及学研共同体群体在共同愿景的实现、问题情境的相互学习、教学技艺的共长等方面的相互影响和群体发展。

第二章　多维视域下高职院校新教师教学能力发展核心要素

一般来讲，高校的性质决定其人才培养的目标以及人才培养工作在学生能力和素质方面的要求，同时也反过来要求教师的教学能力结构。高职院校以培养岗位一线的技术技能型人才为目标，对学生的理论知识要求不如本科院校高，但对学生技能水平和实际操作能力要求较高，这就要求高职院校要具备一支“双师型”的教师队伍，高职专业课教师需要同时具备理论教学能力和实践教学能力，这也成为高职新教师教学能力发展的方向或目标。那么，高职专业课新教师应该具备的教学能力核心要素是哪些？这个问题是高职院校和新教师个体在教学能力培养或发展过程中首先要明确的，然后才能进行有针对性地培养，找到有效策略。本章在介绍、借鉴国内外教学能力结构模型的基础上，结合我国高等职业教育对教师的教学能力要求情况，以三角互证的方式从“双师型”教师、“高职课堂有效教学”、“学生可雇佣性”等视域出发，分别从高职教育要求、课堂教学要求和学生成长要求三个方面探讨高职新教师应具备的教学能力核心要素，构建出高职新教师教学能力发展的核心要素模型，对第三、四章高职院校新教师教学能力需求情况调查问卷的研制、调查的开展以及新教师教学能力培养策略的研究和行动实践研究的进一步开展起到指导作用，奠定理论依据。

一、国内外典型教学能力结构模型

在教学能力研究方面，教学能力结构一直是国内外专家和学者研究的重点问题。有关教师的教学能力结构，国内外有不少研究，以下主要介绍和分析几个相关性较大的研究成果。在这些成果基础上，本书构建出高职院校新教师的教学能力发展核心要素模型。

(一)罗纳德和凯思琳的教学能力六维模型

美国佐治亚大学罗纳德·D.辛普森和凯思琳·S.史密斯在1993年运用德尔菲法,以邮件的形式对17位专家就研究生助教的教学能力问题进行了两轮调查。研究结果认为助教需要具备26项能力,这26项能力可以归纳为六大领域,分别是学术技能、计划技能、管理技能、表达与沟通技能、评估与反馈技能、人际交往技能等六个维度。①

在此基础上,他们于1995年再次运用德尔菲法对高校教师教学能力要求进行研究,目的是提高以上六个维度中核心能力的效度。在剔除不合理项、增加合理项后,此次研究将教学能力结构六个维度中的26项子能力变为34项(见表2-1)。结果发现,这组能力池中的绝大部分对于大学有效教学是必要的,34个能力项中有25项(占74%)被专家组认为对于高校教师教学能力而言是重要或者非常重要的。研究认为“传达与学科或专业相关的重要价值观”应该成为教师学术技能中的子能力项,“运用不同的教学方法以适应学生的学习风格”、“易被学生亲近”等也被列入六个维度的子能力项。②

表2-1　技能领域与能力分组

维度(领域)	能力
学术技能	能展示对本学科的掌握程度
	承认和接受教学是学术的一个基本且具有挑战性的维度
	能增强学生的动机,向学生陈述其未来需要和目标的相关性★★
	传达与学科或专业相关的重要价值观
	能说明本课程与更广泛的通识课程之间的关系☆
	能给学生提供本学科或本专业的就业机会建议☆

① Ronald D. Simpson & Kathleen S. Smith. Validating Teaching Competencies for Graduate Teaching Assistants: A National Study Using the Delphi Method[J]. Innovative Higher Education, 1993, 18(2): 133-146.

② Kathleen S. Smith & Ronald D. Simpson. Validating Teaching Competencies for Faculty Members in Higher Education: A National Study Using the Delphi Method[J]. Innovative Higher Education, 1995, 19(3): 223-233.

续 表

维度(领域)	能力
计划技能	运用学习者中心教学法促进个体学生参与教学★
	鼓励学生合作和小组协作★
	选择符合学生兴趣、水平和背景的学习资料
	根据教学目标灵活选用教学方法
	能使用不同的教学方法以适应学生的不同学习方式
	按合理顺序和节奏为学习者呈现教学材料
	能增强学生的动机,向学生陈述其未来需要和目标的相关性★★
	把教学研究运用到自己领域的教学
	能设计出课程,让学生挑战更好水平的学习
管理技能	传达和管理适当的期待以取得课程成效
	管理学习环境以让学习达到最佳效果
	能及时地管理计划、教学和评价的过程
	合理处理与学科、学术诚信和学术信息等相关的事务
	传达与课程教学目标有关的重要政策☆
	课堂上传达和实施重要安全措施☆
	处理行政管理职责的能力(如订书、处理退课、遵守其他的行政要求等)☆
表达与沟通技能	用英语进行书面或口头有效交流
	运用学习者中心教学法促进个体学生参与教学★
	鼓励学生合作和小组协作★
	能增强学生的动机,向学生陈述其未来需要和目标的相关性★★
	领导课堂讨论以促进学习、增进课程目标的实现
	帮助学生成功地达成学习目标以建立学生的信心
	运用技术促进学习☆
评估与反馈技能	建立有效和可靠的测试,并公平地管理其他评估措施
	使用多种途径为学生提供有效反馈
	收集反馈信息并持续地调整教学方法,发展反思性教学

续　表

维度(领域)	能力
人际交往技能	通过教师个人对学科的热爱促进学生的学习动机
	尊重和理解所有学生
	拥有所有学生都能学好的普遍信念
	让学生易于接近
	能增强学生的动机,向学生陈述其未来需要和目标的相关性★★
	能合理处理好各种与学生差异性相关的事务
	对学生展现出热情和幽默感☆

★　同时出现于两个技能领域的能力。

★★　同时出现于四个技能领域的能力。

☆　并非对所有教师在每种情况下都重要的能力,特定语境下重要。

资料来源:Kathleen S. Smith & Ronald D. Simpson. Validating Teaching Competencies for Faculty Members in Higher Education: A National Study Using the Delphi Method[J]. Innovative Higher Education,1995,19(3):230.

罗纳德和凯思琳认为,教学能力结构的这六个技能领域维度之间存在重叠关系,它们相互作用、重叠交叉(如图 2-1①)。比如,在此模型中,学术技能在很多方面与计划和管理技能重叠,学术技能、计划技能和管理技能又影响着其他所有技能。他们认为,学术技能包含高校教师专业准备的各个方面,此维度下最明显、核心的能力是教师对其专业知识的展示能力;学术技能还包括为学生提供本学科或本专业职业机会建议的能力、说明所授课程与教育大纲中其他课程之间关系的能力、能明确课程对学生未来需要和目标并增强学生动机的能力等。这些能力被认为是新手教师成长为独立的助教发展阶段的重要能力。计划技能包括选取学习资料、选择教学方法、激发或增强学生参与、合理呈现教学材料、唤起学习动机、鼓励合作学习等方面的能力。表达与沟通技能是实现学术技能、计划技能与管理技能领域各项能力时不可或缺的能力,与教师的评估与反馈技能以及人际交往技能领域里的各项能力也是紧密相关的。这些技能领域之间是互联互锁的关系,对教师的综合教学能力起着关键作用。他们强调,高校在设计教师教学支持

① Ronald D. Simpson & Kathleen S. Smith. Validating Teaching Competencies for Graduate Teaching Assistants: A National Study Using the Delphi Method[J]. Innovative Higher Education,1993,18(2):141.

项目时，应把这些领域作为助教奖励的合理内容加以考虑与吸收。①

该模型对于高职教师的教学发展培养在核心能力维度和培养方案的开发与设计上有较好的借鉴价值。在发展高职新教师教学能力核心要素模型时，可充分考虑高校教师的学术技能、计划技能、人际沟通与表达技能、评估与反馈技能在高职新教师的教学研究、教学设计、教学管理、教学实施、教学评价等方面的能力体现过程。在高职新教师教学能力培养的方案设计上，也可以将这些技能点作为制定培养内容的参考。

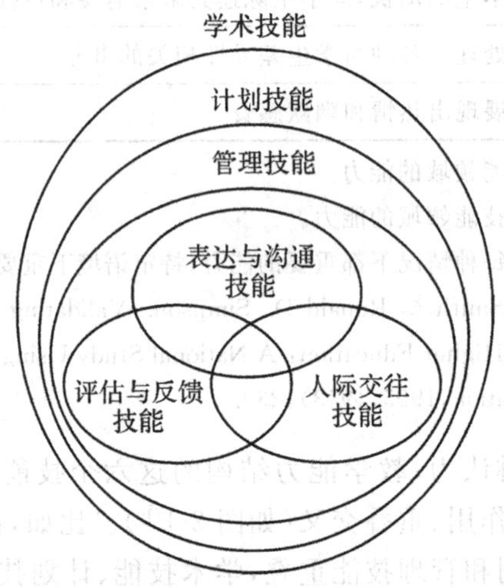

图 2-1　Kathleen S. Smith & Ronald D. Simpson 的教学能力结构图

(二)莫莱纳的教学能力三维框架

荷兰学者 W. M. 莫莱纳提出的教学能力框架认为教学能力由教学、组织和能力构成三个领域维度构成。教学领域又包含六个子领域，即开发、组织、实施、指导、测评和评估；组织水平这个领域则包含微观的教学力、中观的协调力、宏观的领导力等教学的组织管理技能；能力构成这个领域维度则包括知识、技能、态度，知识位于洋葱圈的中心、技能居中、态度在最外层。这三大领域共同作用，决定了特定背景中的教师行为的变化(如图 2-2)。②

---

① Ronald D. Simpson & Kathleen S. Smith. Validating Teaching Competencies for Graduate Teaching Assistants: A National Study Using the Delphi Method[J]. Innovative Higher Education, 1993, 18(2): 133-146.

② W. M. Molennaar, A. Zanting, P. Van Beukelen, et al. A Framework of Teaching Competencies Across the Medical Education Continuum[J]. Medical Teacher, 2009, 31(5): 390-396.

高等教育教师在组织方面表现出不同的水平层次，因此区分了三个层次：微观的教学力表现为教师在小单元教学层面执行能力上，比如讲座式的讲授、分组讨论式的小组教学、临床教学式的个别辅导等；中观的协调力是指教师能够协调和开发一个课程或培训计划中的一个连贯部分，如课程、课时、见习、活动范围、选修课等；宏观层面（领导力）是指能独立负责一门课程或培训项目，或其主要部分。教师在获得中观和宏观层面的能力之前，首先必须具备微观层面的能力。

能力构成领域中，知识是指理论（theory），教师知道什么，即教师的已有知识（knows）；技能是指教师能做什么（is able to）；态度是指动机（motivation），即教师的想法（thinks）和准备（is prepared to）。①

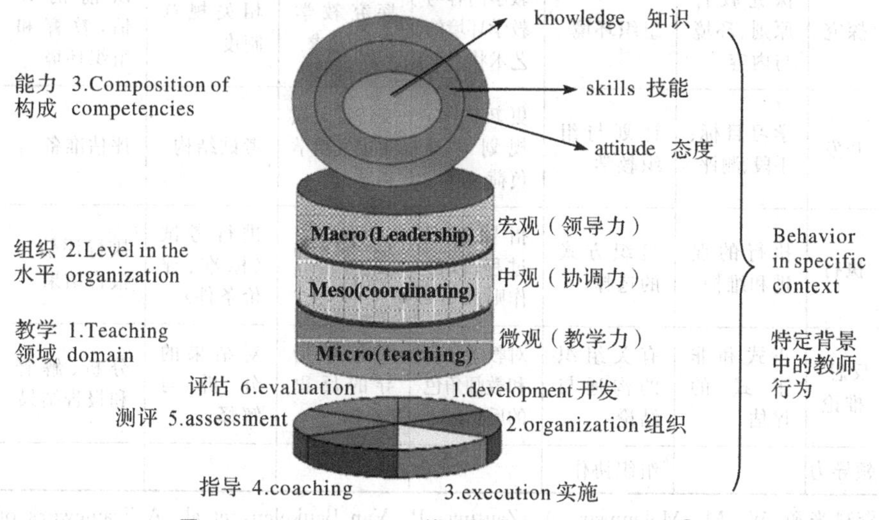

图 2-2　W. M. Molenaar 等的教学能力三维框架图②

如表 2-2 所示，横向是教学领域的六个维度，纵向是子领域。纵横两条线对教师的教学行为在组织水平维度的微观（教学力）、中观（协调力）、宏观（领导力）上进行解释。在微观（教学力）层次主要表现为对每一个小的教学单元的实施能力，包括对教学原则与条件、教学内容、有效达成、教学条件的执行、教学手段、教学计划、教学环境等的探究、开发、实施、反思与领导。在

① W. M. Molennaar, A. Zanting, P. Van Beukelen, et al. A Framework of Teaching Competencies Across the Medical Education Continuum[J]. Medical Teacher, 2009, 31(5): 390-396.

② 资料来源：W. M. Molennaar, A. Zanting, P. Van Beukelen, et al. A Framework of Teaching Competencies Across the Medical Education Continuum[J]. Medical Teacher, 2009, 31(5): 390-396.

中观(协调力)层次主要表现为对课程、大纲、教学项目、教学手段、教学材料、教学计划以及同事关系等方面的协调能力。宏观(领导力)层次是指负责一门或多门课程或者培训项目(或负责其中的大部分内容),包括课程教学的原则、大纲、条件、内容选择、教学组织方式、测试规则与方法、课程质量保障、激励教师开展教学研究等方面的管理工作。

表 2-2　教学领域及其子领域概览

子领域	教学领域					
	开发	组织	实施	指导	测评	评估
探究	探究教育原则、环境与内容	组织环境	教学内容与教学环境的艺术状态	探究教学指导需求	相关规章制度	以前的评估,教育和组织环境
开发	学习目标、手段、测评	计划与组织教学	更新内容;规划学习负荷	支持定义或再定义教学指导需求	考试结构	评估准备
执行	执行的促进和维护	组织方式的选择	指导学习过程;以身作则	观察和反馈	进行考试(标准、评价条件)	执行评估与报告结果
反思/推论	正式和非正式的评估	有关组织的沟通与结论	对教学过程和教师角色的反思	对教学指导的反思与结论	对结果的分析与解释	分析、解释和报告结果
领导力		组织协作				

资料来源:W. M. Molennaar, A. Zanting, P. Van Beukelen, et al. A Framework of Teaching Competencies Across the Medical Education Continuum[J]. Medical Teacher, 2009,31(5):390-396.

此框架模型旨在使高校教师教学发展在内容上达成共识。教师本人可使用此框架来核查自己作为高校教师须具备的能力要求;也可以使用此框架作为个人职业发展项目的指导原则,编制教学档案;还可以使用框架中所描述的能力从微观、中观、宏观等角度来规划教学生涯发展。教师培训者可利用此框架模型,制定涵盖所需能力的教师培训方案;也可以应用这个框架来评估学员的起点(包括先前存在的能力),向他们提供有关教学和辅导计划的建议。这个模型对于本书构建高职"双师型"教师的教学能力维度有很好的借鉴和启发价值,而且对于制作高职新教师教学能力发展需求情况调查问卷、确定培养内容和效果评价研究方面都有一定的参考和启发意义。但因为此模型的研究对象主要为高校医学领域教师,因此对于本书中的高职教师教学能力发展核心要素模型构建而言，在教师教学能力的构成维度上需要做适当的调整。

(三)芬克的教学能力四维模型

美国学者 L.迪·芬克提出为了改进大学生的学习体验，教师应该从专业知识、教学设计、师生交互、课程管理等方面来提升教学能力。所有教学都涉及这四个方面，不管教学是有效的还是无效的、传统的还是创新的，教师都应该具备专业主题知识，决定教学设计，与学生进行互动，管理课程活动。① 因此，他认为专业知识、教学设计、师生交互、课程管理等能力是教师从事教学的基本能力，前两个能力体现并始于教学活动之前，后两项能力体现并发生在教学活动开始之后(见图 2-3)。

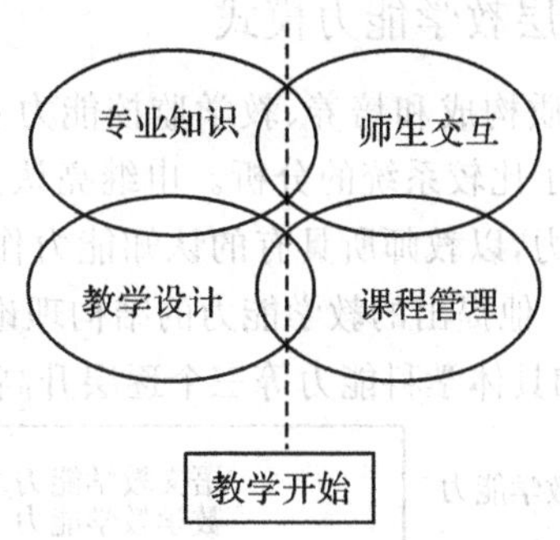

图 2-3　L. Dee Fink 的教学能力维度②

教师通过改进其中的一项或多项能力来改进教学，提升任何一项能力对教学改进都有明显的价值，但改进的程度会有较大不同。总体而言，"专业知识"对于高等教育教学改进不是主要瓶颈，因为大部分大学教师都有较好的专业知识。"师生交互"涵盖了教师和学生互动的所有方式，包括讲授、引导班级讨论、与学生个别交流、与学生邮件交流等。师生交互能力会出现较大的不同，有的教师社交能力较强，与学生沟通较好，可以促进学生学习，有的教师教学活力不够，与学生之间需要加强联系。对很大一部分教师而言，在教学改进中需要学会如何与学生交互。"课程管理"主要是指组织和管理课程教学的不同活动。据观察，课程管理是大部分教师教学的主要问题。然而，大学教师普

① L. Dee Fink. Creating Significant Learning Experiences: An Integrated Approach to Designing College Courses[M]. San Francisco: Jossey-Bass/John Wiley & Sons, 2003: 22.

② 资料来源：L. Dee Fink. Creating Significant Learning Experiences: An Integrated Approach to Designing College Courses[M]. San Francisco: Jossey-Bass/John Wiley & Sons, 2003: 22.

遍未受过"教学设计"技能培训。有少部分教师可能较幸运地学习过教学设计,在本科阶段接受过教师培训,或在研究生阶段参加过这一主题的课程,或者参加过在职教师教学设计方面的发展计划学习。但大多数教师只是遵循他们自己特定学科领域的传统教学方式,缺乏反思和重构教学活动所必需的概念性工具。因此,教学设计能力是高校教师改进教学的重要瓶颈。①

迪·芬克的研究揭示了教学设计能力对高校教师的重要性,并从提升大学生有意义学习的角度反观高校教师应该具备的普适性教学能力。他的研究一方面让笔者在开发高职新教师教学能力发展核心要素模型时,将教学技能领域作为一个重要领域来考量;另一方面也为笔者从高职学生可雇佣性培养视域来探讨高职新教师应具备的教学能力及其发展核心要素打开了新视角。

(四)申继亮的三层教学能力模式

申继亮就教师的素质构成和培养、教学监控能力及培养、教学能力构成、高校教师有效教学等做了比较系统的分析。申继亮认为教师的教学能力是一种特殊能力或者专业能力,以教师所具有的认知能力作为其发展基础,表现于教师的教学活动之中。② 他提出的教学能力的结构理论模式,按照"特殊性"分为智力基础、一般能力和具体学科能力等三个逐层升高的层级,如图 2-4。③

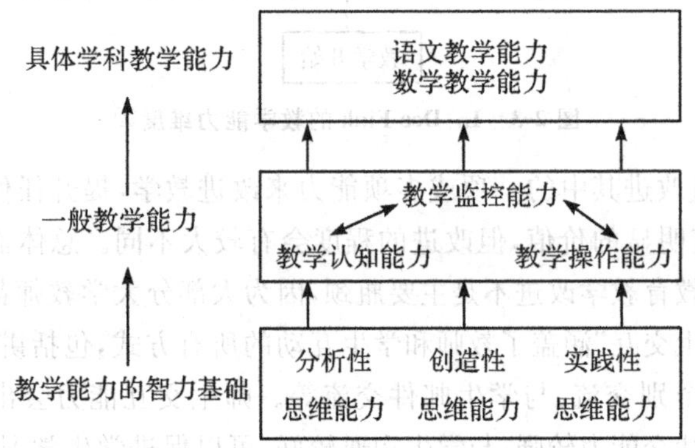

图 2-4　申继亮教学能力结构模式④

---

① L. Dee Fink. Creating Significant Learning Experiences: An Integrated Approach to Designing College Courses[M]. San Francisco: Jossey-Bass/John Wiley & Sons,2003:22-23.

② 申继亮、王凯荣. 论教师的教学能力[J]. 北京师范大学学报(人文社会科学版),2000:64—71.

③ 申继亮、王凯荣. 论教师的教学能力[J]. 北京师范大学学报(人文社会科学版),2000:64—71.

④ 资料来源:申继亮、王凯荣. 论教师的教学能力[J]. 北京师范大学学报(人文社会科学版),2000:64—71.

在此模式中，申继亮等提出教学活动明显带有教师的智力基础，而分析性、创造性、实践性等三种思维能力最为核心和关键：分析性思维会影响教师的知识教授的系统性和准确性，创造性思维会决定教师的教学活动是否具有开放性、教学设计是否具有灵活性、教学方法是否具有启发性，实践性思维则表现为教师对教学突发事件的机智反应与处理能力。一般教学能力通常体现为教学的操作、认知和监控三方面能力。学科教学能力则是教师在某个特定学科领域的教学中所表现出来的专业知识、方法和能力，具有更具体的学科和学科方法特殊性。①

此外，在此模型中，教学能力的表现形式依据教学时间顺序在教学的前、中、后阶段会有不同，表现为教学能力的动态模式。在教学前的准备阶段，教师的观念、知识、教学动机等自身因素以及教学目标、教学内容、教学环境、学生特点等外在因素会影响教学方案的制定。教学中阶段是教学的实施过程，按活动的性质基本可以分为“知识呈现、课堂管理、教学评价”三种活动，②教学监控起调控和保证教学顺利开展的作用。教学后阶段是课堂教学的拓展环节，教师对其教学进行反思以累积教学经验。

申继亮等人的教学能力结构模型依据认知科学、心理学、哲学的相关理论进行构建，将教学能力在维度上分为普遍因素与特殊因素，并进一步构建教学前、中、后阶段的教学能力动态模式，逻辑性与可操作性较强，具有教师教学能力维度构建的普适性价值。尤其是他们有关特定学科教学能力的观点，对本书“双师型”教师教学能力的结构模型研究以及基于“双师型”的高职新教师的知识构成和能力构成探析有较好的借鉴价值，从而进一步明确高职新教师教学能力发展的核心要素。

二、“双师型”特征下的高职新教师教学能力发展核心要素

如前文所述，有关“双师型”教师大致有“双证书说”、“双职称说”、“双能力说”等几种观点，但无论哪种说法，基本达成一种共识，即“双”既指理论基

---

① 申继亮、王凯荣.论教师的教学能力[J].北京师范大学学报(人文社会科学版)，2000:64—71.

② 申继亮、王凯荣.论教师的教学能力[J].北京师范大学学报(人文社会科学版)，2000:64—71.

础又指实践能力。在本书中,我们将高职院校"双师型"教师的内涵界定为同时具备所从事的专业领域的理论知识和实践能力的高职院校教师,尤其是指高职院校的专业课教师。2019 年教育部等四部门颁布的《深化新时代职业教育"双师型"教师队伍建设实施方案》也指出"双师型"教师需要具备理论教学和实践教学能力,提出要"推进以双师素质为导向的新教师准入制度改革",同时明确提出"自 2020 年起,除'双师型'职业技术师范专业毕业生外,基本不再从未具备 3 年以上行业企业工作经历的应届毕业生中招聘"。[①] 在我国对高职教师实践能力要求不断提高的情况下,高职院校必须加强新教师的培养力度,通过 1—2 年的培养,让新教师们可以尽快成为"双师型"教师,满足国家和高职教育发展对教师教学能力的要求。那么,在探究如何尽快将高职院校新教师培养成"双师型"教师的过程中,首先要明确"双师型"的教学能力包括哪些要素,需要对"双师型"教学能力的内涵与本质等涉及高职新教师教学能力培养内容和发展目标的相关问题进行审视和思考。

(一)基于扎根理论的高职"双师型"教学能力要素分析

扎根理论的提出者巴尼·格拉斯(Barney Glaser)和安塞姆·斯特劳斯(Anselm Strauss)认为虽然扎根理论多用于访谈、观察等数据的研究分析,但仅用文献也可以进行全部研究,并呼吁人们注意文献对理论构建的有效价值,研究者可通过对文献的连续比较分析收集数据。[②] 国内外也有不少学者运用扎根理论对文献进行研究,证实了扎根理论之于文本分析的可行性。博文(Bowen)以其博士论文研究为例,通过对 40 篇文献进行编码和分析来说明扎根理论运用于文献分析的可行性,同时建议可多方收集相关数据对扎根理论研究进行补充和三角验证。[③] 理查德·C. 和法罗科尼亚·F.(Richards C. & Farrokhnia F.)利用扎根理论分析研究了世界贸

---

① 教育部,国家发展改革委,财政部,人力资源社会保障部. 深化新时代职业教育"双师型"教师队伍建设改革实施方案[EB/OL]. (2019-08-30)[2019-11-16]. http://www.gov.cn:8080/xinwen/2019-10/18/content_5441474.htm.

② B. G. Glaser & A. L. Strauss. The Discovery of Grounded Theory: Strategies for Qualitative Research[M]. New York: Aldine, 1967:179.

③ G. A. Bowen. Document Analysis as a Qualitative Research Method [J]. Qualitative Research Journal, 2009, 9(2):27-40.

易组织(WTO)电子商务政策文本。[①] 李娟和梁运文利用扎根理论对国家经济区战略规划文本进行分析,探讨其驱动因素、作用机制和定位机制。[②] 顾春光和霍国庆则以31份省级"十二五"规划文本为研究对象,运用扎根理论进行分析,构建了区域战略规划质量核心机理模型。[③] 这些研究为本书提供了可供借鉴的方法,同时也为本书运用扎根理论从文献中提取高职院校"双师型"教学能力结构要素提供了科学依据。

为此,以"双师型"并含"教学能力"为主题、以CSSCI为文献来源,截至2018年10月,笔者在知网检索到26篇文章,"教学能力结构"并含"高职"检索到7篇,"教学能力"并含"高职"检索到20篇。对这些文章进行仔细阅读,剔除重复和内容关联性不大的后,剩下31篇。运用扎根理论,用NVivo11软件对这些文献进行编码,通过编码对文献中有关高职教师的"双师型"教学能力这一概念及其内涵进行聚类探索性分析,挖掘文献数据。为补充文献数据,同样用NVivo11软件对11个主要涉及高职教育师资建设的文件进行编码和数据提取,以完善高职"双师型"教学能力的维度。具体研究工具和方法、研究过程和研究结果如下:

(1)研究工具和方法

本部分内容主要采用质性研究法,运用"扎根理论"对已筛选出的31篇文献(见图2-5)和11个文件(见表2-3)进行阅读,运用NVivo11软件辅助编码,加以逐级分析。

扎根理论是运用科学的逻辑对资料进行归纳、演绎、对比和分析,逐级提取概念,抽象层次,自下而上螺旋式地凝练、建立理论的一种研究方法。[④] 扎根理论一般依赖开放式编码、主轴编码、选择性编码这三级编码登录形式来完成自下而上的理论构建。操作程序为:"(a)对资料逐级进行登录,从资料中产生概念;(b)不断对资料及概念展开比较,系统询问与概念相关的生

---

① Richards C., Farrokhnia F. Optimizing Grounded Theory for Policy Research: A Knowledge-Building Approach to Analyzing WTO E-Commerce Policies[J]. International Journal of Qualitative Methods, 2016, 15(1): 1-14.

② 李娟,梁运文.国家经济规划区战略的驱动因素及作用机制研究——基于扎根理论的运用[J].世界经济与政治论坛,2015(3):150—162.李娟,梁运文.基于扎根理论的国家战略经济规划区定位机制研究[J].学术论坛,2016,38(1):60—65.

③ 顾春光,霍国庆.区域战略规划质量保证核心机制研究——基于扎根理论的我国省级十二五规划实证研究[J].中国软科学,2016(6):73—79.

④ 何雪莲,祝怀新,朱芝洲.基于扎根理论的高职课堂教学有效性影响因素分析[J].职业技术教育,2019(14):41—46.

成性理论问题;(c)发展理论性概念,建立概念与概念间的联系;(d)理论性抽样,对资料进行系统逐级编码;(e)建构理论,获取理论概念的密度、变异度和高度的整合性。”①

NVivo11 软件是一款功能强大的质性研究数据辅助分析软件,具有编码分析数据、搜寻建立概念网络关系、探索理论模型等功能,可用于文字、图片、视频、音频等多种格式数据的分析,其编码功能和可视化界面可有效提高质性研究过程中的编码效率,为研究者节约大量时间。本部分的研究借助 NVivo11 软件对文献资料进行编码和归纳分析,运用扎根理论的研究方法对高职院校“双师型”教学能力的内涵和维度进行聚类分析,提取出具有典型性的“双师型”教学能力核心要素,为高职院校新教师教学能力的核心要素模型建构及教学能力培养提供内容依据。

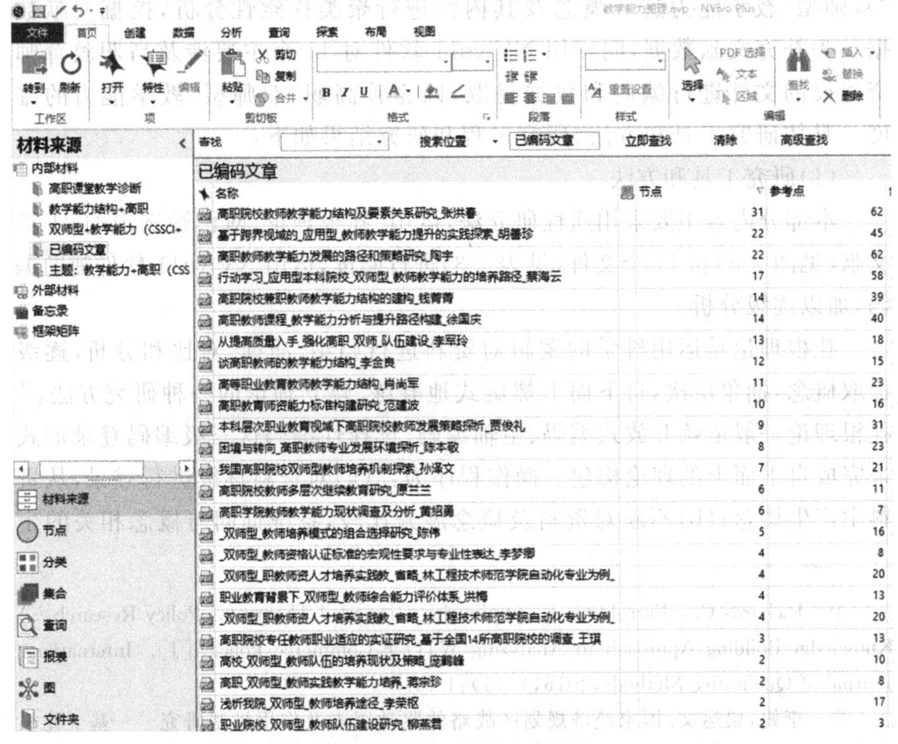

图 2-5 NVivo 编码文章目录

① 陈向明.质的研究方法与社会科学研究[M].北京:教育科学出版社,2000:332,334.

表 2-3 NVivo 编码文件目录

序号	文件号	颁发时间	文件名
1	(86)教职字 012 号	1986.6	关于加强职业技术学校师资队伍建设的几点意见
2	教职〔1998〕1 号	1998.2	面向二十一世纪深化职业教育教学改革的原则意见
3	教高〔2000〕2 号	2000.1	关于加强高职高专教育人才培养工作的意见
4	教高厅〔2002〕5 号	2002.5	关于加强高等职业(高专)院校师资队伍建设的意见
5	国发〔2002〕16 号	2002.8	关于大力推进职业教育改革与发展的决定
6	国发〔2014〕19 号	2014.5	关于加快发展现代职业教育的决定
7	教发〔2014〕6 号	2014.6	现代职业教育体系建设规划(2014—2020 年)
8	教师〔2016〕3 号	2016.5	职业学校教师企业实践规定
9	教师〔2016〕10 号	2016.11	关于实施职业院校教师素质提高计划(2017—2020 年)的意见
10	中发〔2018〕4 号	2018.1	关于全面深化新时代教师队伍建设改革的意见
11	国发〔2019〕4 号	2019.1	关于印发国家职业教育改革实施方案的通知

(2)研究过程与结果

本章节重点研究编码的 31 篇文献和 11 份文件中关于“高职院校双师型教师教学能力内涵与构成”这一中心主题的文字表述,用 NVivo11 软件对原始数据进行编码分析。NVivo11 软件的编码功能包含自由节点和树状节点两种。

具体编码和分析过程为:(a)新建项目。将已经过阅读筛选的 31 篇文献导入 NVivo11 软件的“内部材料”之中;(b)文献编码与分析。仔细阅读文献,对文献进行逐段逐行编码。如一段文字中包含若干个节点,应分别进行标记。先编码自由节点,再确定树状节点。如果不能确定所标记的内容所应归属的树状节点,可暂时列为自由节点。反之,若将某个内容标记为子节点,则应放到相应的树状节点之下。通过编码,共构建出 19 个树状节点和 10 个自由节点(见图 2-6),内容涵盖高职“双师型”教师队伍特点、教学能力特征与发展困境、建设现状、培养策略、发展路径和教学能力结构体系等。(c)研究树状节点逻辑性。对每一篇文章仔细编码完成后,阅读检查各个节点下的内容,进一步合理命名节点名称,对相似内容进行合并或重组,适当调整、合理归位部分子节点，确立树状节点之间的逻辑性。本章研究选取高职教育对教师教学能力要求视角，从高职院校“双师型”教学能力的内涵、特征、体系结构等与高职教师教学能力的维度构建直接关联的因素着手，对相关树状节点和自由节点按内容逻辑进行整理，然后构建出 3 个树状节点，14 个子节点(见表 2-4)。

图 2-6　文章初步编码树状节点和自由节点图

表 2-4　文献编码节点层次和材料来源信息

树状节点	子节点	材料来源数[1]	参考点数[2]	参考点举例[3]
双师型教师业务素质	融理论与实践为一体的“双师”素质	3	4	高等职业教育的发展，要求必须建立一支既有扎实的专业基础和教育理论素质，又有丰富实践经验和较强专业技能，具有教师和技师的双重知识和能力结构的“双师型”教师队伍
双师型教师教学能力特征	应用性	6	10	必须具备德技双馨，集教学能力、实践能力、研究能力、社会服务能力兼备的跨界的应用型教学能力
	实践性	4	6	强调理论知识与实践知识、实践技能的联通与转换

续　表

树状节点	子节点	材料来源数[1]	参考点数[2]	参考点举例[3]
双师型教师教学能力特征	系统性	2	6	“双师型”教师教学能力需要以系统的能力群或能力结构体系的形式得以表达
	动态性	2	8	为了适应教育发展规律与教育教学要求，“双师型”教师教学能力的结构与水平会随之做出相应调整与改进
	高等性	4	8	作为高等教育的一种类型，相比其他教育类型的教师教学能力，除了包含一般的共性构件外，还必须体现“高等性”、“职业性”、“技术性”等高职教育的特殊要求
高职教师教学能力体系结构	教学基本能力	4	12	教学基本能力反映出教师的教学基本素养，包含学科专业和教育专业的素质，以及教师的教育哲学素养
	职教特殊能力	3	3	职教特殊能力是高职教师能够适应现代职业技术发展、满足现代职业教育的教学要求的能力，是一种体现“双师型”教师特色的能力，一般可包括职业技术教学与教学模式开展能力、行业技术应用能力、职业教学与社会结合及服务的能力
	课程开发能力	2	12	高职教师课程开发能力缺失现象比较普遍
	专业实践能力	2	6	实践技能是体现“双师型”教师特有的内在素质；高职教师必须具备较强的实践能力和丰富的生产实践知识及职业技能
	合作教学能力	2	4	双师型教师应具备以下几方面的能力结构：学习及专业发展能力、合作教学能力、科技研究能力
	指导学生有效学习的能力	2	4	教师能够深入地了解学生的现有知识水平和心理特征，以学生的视角去感受和体会教学内容。可以正确认识和了解高职学生的不同个性和多元化特征，且能够采取相应的教学策略发展学生的能力
	基于行业和职业的专业知识	4	4	必须具备与职教教育相匹配的基于行业和职业的专业知识与专业实践能力

续　表

树状节点	子节点	材料来源数[1]	参考点数[2]	参考点举例[3]
	基于职业教育的教育知识	4	4	必须具备基于职业教育的教育教学知识和教学实践能力，包括教学的设计能力、实施能力以及现代教育技术的运用能力

备注：[1] 表示该节点的文献来源的数量；[2] 表示所有文献中含有该节点的出处数量；[3] 列举的参考点为文献内容节选。

按照上面的研究过程，运用同样的研究方法，用 NVivo11 软件对 11 份文件进行编码和分析，整理构建出 4 个树状节点，3 个自由节点（见图 2-7）。在此，重点解读文件中有关高等职业教育目标、教学内容、“双师型”教师内涵、教师培训内容等方面的规定或措施，进一步分析、合理归类这几个节点，共归并出 3 个树状节点、1 个自由节点、11 个子节点（见表 2-5），作为对上述期刊文献的数据补充和互证支撑。

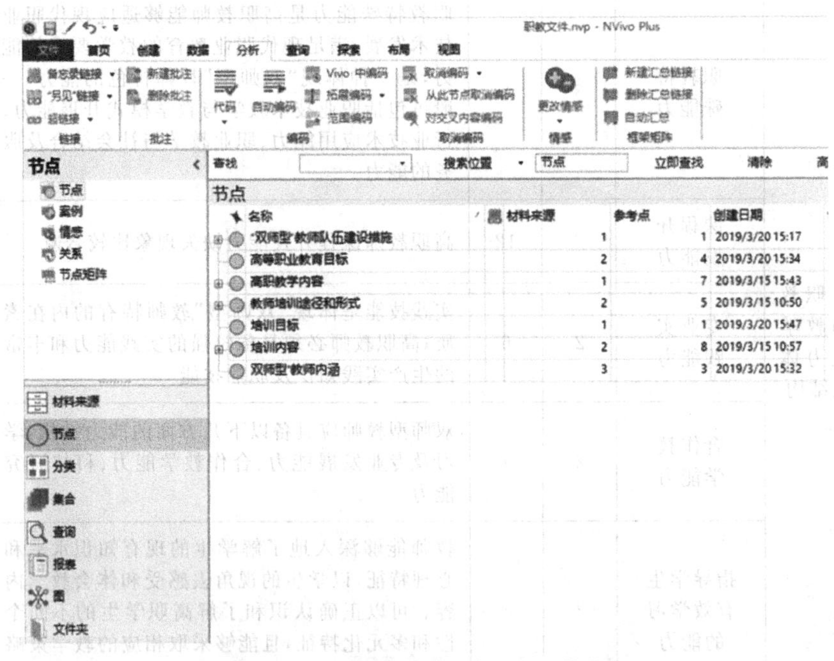

图 2-7　文件编码树状节点和自由节点图

表 2-5　文件编码节点层次和材料来源信息

树状节点或自由节点	子节点	材料来源数	参考点数	参考点举例
“双师型”教师内涵	/	3	3	“双师型”教师(同时具备理论教学和实践教学能力的教师); “双师型”(既是教师,又是工程师、会计师等)
高等职业教育目标	/	2	4	高等职业学校要培养服务区域发展的高素质技术技能人才; 高职高专教育的人才培养模式特征:以培养高等技术应用性专门人才为根本任务;以适应社会需要为目标、以培养技术应用能力为主线设计学生的知识、能力、素质结构和培养方案
高职教学内容	行业领域先进知识和技术	1	1	及时更新教学内容,学习相应的生产、服务、技术和管理领域的先进知识和技术
	基础文化知识	1	1	要学好必要的基础文化知识
	职业技能训练	1	1	要十分重视过硬的职业技能训练
	专业知识	1	1	打好扎实的专业知识
	综合职业能力	1	1	加强综合职业能力和全面素质的培养
	加强德育	1	1	第一,加强德育,提高学生的思想政治、职业道德和心理健康素质
双师型教师培训内容	专业技能	3	4	旨在提高教师高等职业教育理论水平、实践能力和专业技能的短期培训; 使专业课教师掌握专业技能,提高教师的实践能力
	专业实践技能	8	9	开设专业教学法、课程开发与应用、技术技能实训、教学实践与演练等专题模块,重点提升教师的理实一体教学能力、专业实践技能、信息技术应用能力等“双师”素质
	职业道德	2	2	积极开展以骨干教师为重点的全员培训,提高教师的职业道德、实践能力和教学水平
	教育理念	2	2	通过全面参与培训院校教育教学实践和管理工作,帮助教师更新教育理念,提升教学能力、研究能力和管理能力。

续 表

树状节点或自由节点	子节点	材料来源数	参考点数	参考点举例
	信息技术应用	3	5	大力提高教师使用现代教育技术的能力;二是进行现代教育技术培训

从上述分析可以看出,专家学者和政策文件都强调了高职教师理(理论)实(实践)一体的教学能力。从教育目标和教学内容可见,高等职业教育以培养服务区域经济的高素质技术技能人才为己任,在培养学生文化基础知识和专业知识的基础上,更侧重行业领域知识、职业技术应用能力和综合职业能力的培养与训练。因此,要求高职教师具备基本教学知识和能力,传授专业知识的同时,还需要具备专业实践能力,训练学生的专业技能。这也是高等职业教育"双师型"教学能力有别于一般高校教师教学能力的特殊性所在,属于高职院校教师应该具备的职教特殊能力。

(二)高职院校"双师型"教学能力结构模型建构

对于高职教师而言,除了具备通常意义上的教师"作为个体存在的经济人"和"作为社会存在的社会人"两个基本身份标识之外,还有一个"作为人类本质属性派生出来的技术技能人"的身份,①而且这是高职教师的主要特征,要求教师具备扎实的理论知识和实践能力,且具有良好的教师职业与学术人格。但当前,高职院校教师在专业发展上存在结构性身份危机和建构性身份危机。目前对"双师型"教师内涵无法准确界定,造成高职院校教师的身份特征难以凸显,甚至阻碍公众对高职院校教师身份及其教育教学活动的认知和评价,影响到高职教师的结构性身份认同,教师的自我认同和职业幸福感降低。而建构性身份危机则源于教师本身的技术技能应用能力不足,尤其是新手教师,刚从"以学生为中心身份的校门"跨入另一个"以教师为中心身份的校门",缺少对企业生产实践和运作流程的真实体验,容易产生职业不适感,甚至质疑自身的生存状态,产生职业虚无感。

因此,对于高职院校的新教师,尤其是专业课教师而言,发展"双师型"教学能力是其职业发展生涯中必定要努力的方向,也是其立足的根基。本书需要首先明确和建立高职院校"双师型"教学能力的结构模型,用以指导

① 祝成林.高职院校教师的身份及其文化建构[J].教师教育研究,2017(3):19—24.

新教师教学能力培养重心维度的确定和发展策略的提出。尽管高职“双师型”教学能力有其特殊性，但高职教学活动首先必须具备和遵循教学的一般规律，和其他层级、其他类型的教学也有相通之处。因此，在确定高职“双师型”教学能力结构维度时，可以借鉴和吸收国内外的教学能力模型研究，明确高职“双师型”教学能力的一般性与特殊性维度。

综合前文教学能力模型研究成果，笔者认为可以依照教学活动开展的顺序，从教学活动的起始环节（教学前）、开展环节（教学中）和结束环节（教学后）来确定高职院校“双师型”教学能力的基本能力要素和特殊能力要素。这样既符合教学活动的一般规律，又符合高等职业教育作为一种类型的特殊规律。

综上，在 NVivo11 软件辅助下的高职教学能力要素的扎根理论研究基础上，结合上节迪·芬克有关高校教师教学开始前与开始后需要具备的能力、W. M. 莫莱纳的教学能力构成模型，同时参照罗纳德·D. 辛普森和凯思琳·S. 史密斯的教学技能领域，以及申继亮所提出的教学能力分类，本书构建了高职院校“双师型”教学能力的三维结构模型（见图 2-8）。

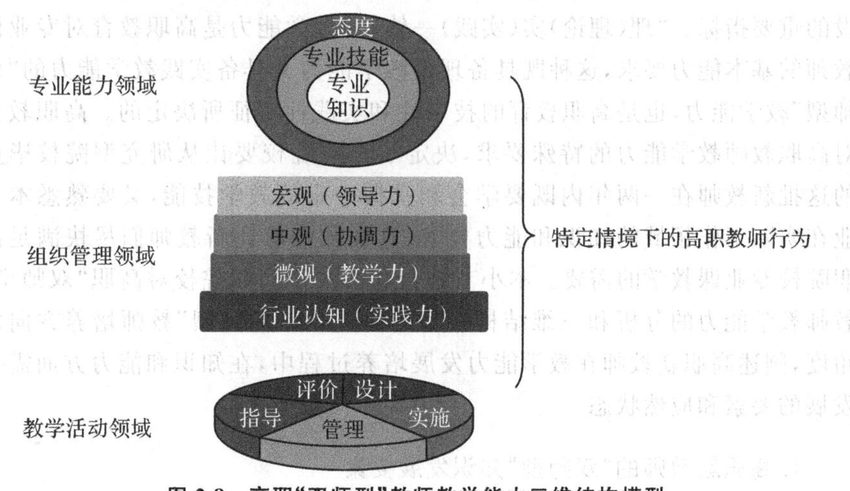

图 2-8　高职“双师型”教师教学能力三维结构模型

在此模型中，“双师型”教学能力包括高职“双师型”教师所应具备的知识构成要素和能力构成要素。在知识构成要素上，“双师型”教师应该具备专业学科本体性、专业教学条件性、一般文化性、专业与教学的实践性知识等领域的知识。在能力构成上，“双师型”教学能力主要包括教学活动领域的教学设计、教学管理、教学实施、教学指导和教学评价等能力，组织管理领域的实践力（行业认知）、教学力（微观层级）、协调力（中观层级）、领导力（宏观层级），专业能力领域的专业知识、专业技能和态度等3个维度12个子能力。这些能力决定和影响着高职教师在特定情境中的教学行为。①

与其他教师的能力构成不同的是，“双师型”教师教学能力模型中，教学活动领域的各个子能力均既包含理论教学又包含实践教学的设计、实施、管理、指导和评价能力。基于行业认知的实践力是组织管理领域其他各项能力的基础，专业能力领域除了需要具备一定的教育教学态度和专业知识之外，更重要的是要具备专业实践操作层面的专业技能。因此，在特征表象上，“双师型”教学能力是高职教师理论性知识、实践性知识和实践技能的融合与统一，在具有强动态性和强实践性的共性特征的同时，也具有个体性、情境性、发展性和创新性特点。

（三）基于“双师型”的高职新教师知识与能力发展要素

教育部要求高职院校专业课教师需要具备“双师型”教师素质。近年来，国务院和教育部在各个文件中都强调要加快职业教育“双师型”教师培养。“双师型”教师占比也成为每年教育主管部门衡量高职院校教学质量建设的重要指标。“理（理论）实（实践）一体”的教学能力是高职教育对专业课教师的基本能力要求，这种既具备理论教学能力又具备实践教学能力的“双师型”教学能力，也是高职教育的技术性和实践性特征所决定的。高职教育对高职教师教学能力的特殊要求，决定了高职院校要让从研究型院校毕业的这批新教师在一两年内既要学会和掌握一定的教学技能，又要熟悉本专业在实际工作领域的知识和能力要求，这样才能够让新教师们尽快满足高职院校专业课教学的需要。本小节结合前文关于高职院校对高职“双师型”教师教学能力的分析和三维结构模型的研究，从“双师型”教师培养方向的角度，阐述高职新教师在教学能力发展培养过程中，在知识和能力方面需要发展的要素和应然状态。

1. 高职新教师的“双师型”知识发展要素

在知识构成要素上，不同的学者有不同的观点。笔者认为申继亮的教师知识分类具有一定的科学性和学科普适性，基本可以涵盖教师日常的教育教学工作过程中应具备的知识类型。他将教师知识分为本体性、条件性、

① 何雪莲，祝怀新. 学科核心素养下英语教师教学发展的理据与要素[J]. 教师博览（科研版），2018(6)：4—8.

一般文化性和实践性知识。[①] 具体到高职"双师型"教师的知识构成，笔者认为，高职院校专业课教师应该具备的知识包括以下四大方面，这些方面的知识也是新教师们需要发展和提升的内容。

(1)专业学科本体性知识。它主要是指高职院校教师开展教学的专业与学科的基础知识，主要指专业课程大纲中规定的课程内容、专业基本知识等。

(2)专业教学条件性知识。这主要包括教育学、教育心理学、专业课程与教学论、职业教育学、教育技术等方面的知识。教育学知识决定了高职新教师的教育教学基本观念和素养。专业课程与教学论知识有助于高职新教师针对专业特点，掌握所教专业课程的学科教学规律和教学方法，增强教学有效性。教育心理学知识能够促进高职新教师对高职学生的心理特点、认知水平与个性差异的了解，增强教学设计的针对性。职业教育学知识可以帮助高职新教师了解职业教育的基本理念，融入职业教育环境。教育技术知识可帮助高职新教师在教学中合理利用现代信息技术，使用多样化教学手段提升教学效果。

(3)一般文化性知识。这是指高职教师自身所具备的文化通识类知识，这些知识涉及教师在专业课教学过程中可能碰到的社会、文化、历史、地理、语言等各方各面的知识。具备广博的一般性文化知识往往可以让教师的授课更具生动性和深刻性，更有深度和内涵，教师能够更好地引领学生全面发展。一般文化性知识不仅可以提升教师的文化底蕴和人文素养，让教师更显学识风范，而且也有利于激发学生的学习兴趣和课堂参与热情，提升学生的文化素质。

(4)专业与教学实践性知识。这主要包括高职新教师的专业实践性知识和教学实践性知识两个层面。教学实践性知识是指高职教师在专业课教学过程中处理所碰到的各种教育教学问题而累积下来的有关教学的个性化知识，在某种程度上也是高职教师的教学机智和个体特征的体现与反映。这种教学实践性知识是所有教师都应该具备的，具有一定意义上的普适性。专业实践性知识是指高职教师开展专业实践课或实训课所需具备的专业技能类知识。专业实践性知识体现了高职"双师型"教师的知识结构的特殊性，也是高职院校"双师型"教师不同于其他类型教师的群体特征。

目前高职院校新进的教师基本都是毕业于985、211大学的硕士生或博

① 转引自陈向明．搭建实践与理论之桥——教师实践性知识研究[M]．北京：教育科学出版社，2011：59.

士生。由于教学实践经验的缺乏和专业实践锻炼的缺少,他们相对比较欠缺的是专业教学条件性知识和专业与教学实践性知识。高职院校在培养新教师时应该把这些知识作为重点培养内容。

2.高职新教师的“双师型”能力发展要素

教学能力是教学过程中教师所应具备的特定能力,是教师在特定情境下,有效达成预期教学目标、促进学生生命发展和知识技能生成过程中所展示和表现出的一种个性化心理特征。教学能力是与专业学科教学活动及某一特定的教学情境关联的。不同的学校性质、教学对象和教学目标对教师的教学能力发展侧重点要求也有所不同。就高职院校而言,对教师有“双师型”的要求,专业课教师既要有理论教学的能力,又要有实践教学的能力,既能指导学生进行理论学习,又能指导学生开展实践操作。

如前所述,从能力构成来看,本书认为高职教育所要求的“双师型”教学能力主要由教学活动领域、组织管理领域、专业能力领域三大维度构成,其下又包括 12 个子维度,具体分析如下:

(1)教学活动领域

教学活动领域主要包括高职教师在理论教学和实践教学活动过程中的设计、管理、实施、指导和评价等能力。教学活动领域的能力是高职专业课教师开展理论教学和实践教学的基本能力,也是高职新教师首先需要提升的能力项。教学设计能力可以反映出一位高职新教师对高职教育、高职学生特点、所教专业的岗位面向、所教课程内容的理解和把控程度,发生在课堂教学实施之前。教学管理、教学实施和教学指导能力则反映出高职新教师对专业学科、专业教学法等知识的理解掌握与灵活运用情况,体现了高职新教师对教学设计的具体执行和监控能力,发生在教学开始后的课堂之中,也是高职新教师学习、累积和运用实践性教学知识与专业实践性知识的效果体现。教学评价能力是指高职教师对学生学习效果与学业质量的评价,以及对其理论与实践教学的自我评价两大方面的能力。

(2)组织管理领域

这个领域主要包括四个层级的能力,即实践力(行业认知)、教学力(微观层级)、协调力(中观层级)、领导力(宏观层级)。实践力是指高职教师基于对专业学生未来职业岗位的认知与知识技能的掌握而带来的专业技能和专业技能的传授能力。职业岗位认知是高职“双师型”教学能力的根基和微观层级教学力的基础,缺乏专业实践力,教师将无法完成专业实践课程的授课任务。教学力指高职教师在每一次理论或实践教学中所表现出来的,在不同教学情境下或授课方式下，对课堂活动的组织、课堂纪律的管理、学生学习状态的监控等微观层级的能力。“双师型”教师的教学力还包括实践教学中项目化仿真环境下，教师对学生操作过程中出现的突发故障的处理。中观层级的协调力指高职教师应具备协调专业课程标准或实践大纲与专业课程教学、专业理论课与专业实践课，并能将它们发展成一个有机教学整体的能力，还包括教师的师生关系协调能力。宏观层级的领导力主要指教师在教学过程中体现出的教学领导力，亦即教师可以对其教学活动施加积极影响并使教学顺利有效进展，以达到预期教学目标。

在这些能力中，对于高职新教师而言，基于行业认知的实践力和微观层级的教学力是他们短期应该发展并具备的能力，是教学发展的短期目标；中观层级的协调力和宏观层级的领导力是其教学发展的中期目标。从目前高职院校对高职教师的教学胜任要求来看，基本要求一位新教师在入岗1—2年内实现短期发展目标，胜任基本的理论教学和实践教学，能进行所教课程的整体设计和单元设计，并逐步参与专业课程标准和实践教学大纲的制定；具备一定的教学经验后，要能协调专业理论教学与实践教学之间的衔接与拓展，参与教学技能竞赛，逐步实现教学能力发展的中期目标。

(3)专业能力领域

专业能力领域主要由专业知识、专业技能、态度构成。专业知识位居洋葱圈的中心，专业技能居中，态度在最外层。专业知识是高职院校新教师学科专业性的体现，是高职专业课教师从事专业教学的本体性知识基础，居于核心地位。专业技能是高职院校“双师型”教师职业性的体现，是“双师型”教学能力在专业学科本体性知识掌握基础上所展现出的专业实践基本技能。态度是高职院校“双师型”教师个体性的体现，是教师对自我、对专业、对专业教学等的认知能力，是教师开展有效教学和促进自我教学发展的本源性动力。专业能力领域的“双师型”要求是高职院校对教师尤其是专业课教师的基本要求。

鉴于教育行政部门对高职院校教学质量考核时的“双师型”比例要求，高职院校在引进新教师或者对新教师进行考核时，尤其侧重“双证书”和实践能力的考察与考核，除了要求新教师进入企业进行顶岗实习以获得岗位实践能力之外，也会要求新教师在进校1－2年内获取除了高校教师资格证书之外的另一个职业资格证书。尤其在扩招带来的教师短缺情况下，高职院校对新教师在短期内提高教学技能和专业实践能力的要求相对较高，这突出体现在教学活动领域的各子能力项和专业技能方面。因此，在以上这三大领域中，教学活动领域中的各子能力项、组织管理领域中的实践力和专业能力领域，是高职院校新教师入岗后应该首先发展的能力。

三、“有效教学”表征下的高职新教师教学能力发展核心要素

高职新教师教学能力培养的最终目的是探究课堂教学的有利影响因素，优化教学过程，促进高职新教师的教学发展，实现课堂有效教学。本节从高职课堂有效教学的影响因素视角，来反观高职新教师教学能力发展的核心要素。通过对有效教学的文献研究，并运用质性研究法对高职院校Q学院的师生关于课堂有效教学和学生评教的影响因素进行访谈，运用扎根理论对访谈数据进行逐级编码和归纳分析，找到影响高职专业课课堂教学效果的主要因素。从高职新教师、有一定经验的教师、老教师和学生视角出发，探讨影响高职专业课教师课堂有效教学的因素，以及造成新老教师课堂教学效果差异的原因，为高职院校新教师教学能力发展核心要素的确定提供依据。

(一)有效教学内涵与取向特征

“有效教学”，其名称由“有效(effective)”和“教学(teaching)”两个核心涵义构成。《牛津词典》对“effective(有效)”的释义是“able to bring about the result intended，producing a successful result(能够达成预期结果的、有效的)”。《现代汉语词典》对“有效”的释义是“有效果”或“有作用”。可见，无论是英文还是中文，对“有效”的解释都包括“效果、效用”这两个基本释义内涵。一般来说，教学是指教师和学生在教与学过程中产生的各种活动。因此，有效教学(effective teaching)是指教师遵循科学的教学规律，设计合理的教学情境，使用合理的教学手段和方法，促进学生开展学习，达成有效的教学效果和预期教学目标的过程。

在西方，有效教学最早可以追溯到昆体良的班级教学设想，近到夸美纽斯对班级授课制的完善，反映人们开始探索更好的教学模式以提高教学效率。但有效教学作为概念出现，是起于20世纪上半叶的西方教学科学化运动。在实用主义哲学和行为主义心理学的影响下，该概念广泛出现，受到关注和讨论，学界观点不一，既而产生何为有效教学的研究。① 大体来讲，西方学界对有效教学展开的研究主要是关于有效教学的构成、特征、风格、技能、

① 崔允漷.有效教学：理念与策略[J].人民教育，2001，(7)：42—43.

行为、模式、影响因素等。

在国内，有效教学这一概念首次出现于1997年，陈琦、刘儒德主编的《当代教育心理学》进行了专门论述。2000年，陈厚德的《有效教学》成为我国第一本该领域专著。之后，有关有效教学的研究出现较多，既有理论研究也有实证研究，内容涉及有效教学的原则、要素、模式、发展维度等。但从实践角度来看，这一思想在孔孟时代就有所实践，中国教育史上的很多古代教育家都在实践中探索有效教学的方法，提出各自的观点和阐释。孔子提倡举一反三的启发式教学，主张“因材施教”，以提高教学效果。孟子眼中的理想教学则是“有如时雨化之者”，[①]为达到理想的教学有效性，提出教师要运用启发式的教学方法，以调动学生学习积极性。王夫之认为，好的教学应该是一种教师启发学生产生“自悟”的过程，教师采用的所有教学措施，是让学生从被动、不自觉转为主动、自觉。[②] 陶行知提出生活教育理念，反对教与学脱节，强调“教学做”合一，提倡教学应该培养学生在实际生活中做事、获取成功的能力。这才是有效教学的真谛所在，真正体现教学的有效性。

从以上关于有效教学在国内外的理论研究和实践经验来看，在价值取向上，对有效教学的基本价值倾向主要可概括为哲学主义或科学主义取向、教学主体取向和教学效能时间取向。基于“教学是艺术还是科学”之辩展开的关于有效教学的构成、原则、模式、行为等研究，是哲学主义和科学主义取向的体现。中国古代到近代教育家所开展的教学实践和有关教学有效性的论述，则是围绕“教学应该关注教师还是关注学生”展开，总体而言，从孔子的“因材施教”到王夫之的“自悟过程”再到陶行知的“生活教育”，基本认为应该以关注学生作为有效教学的价值取向。而陶行知提倡在“教学做合一”中培养学生的实际生活做事和成功的能力则反映出他之于有效教学的效能观，即教学效能的长效取向，而不是短效取向。真正的有效教学是要教会学生在一生中如何通过实际做事以获取成功，真正达到培养学生获取生活和事业成功的能力。

这些关于有效教学标准的不同取向，是我们在讨论高职新教师教学能力培养时应该思考、甄别和探讨的。因为在关注教师取向的有效教学中，往往考虑教师对教学大纲或者教学标准的达成或实现情况，关注的是教师的教学目标达成情况，而不是学生的学习效果。在这种评价标准取向下，教师的知识水平、教学行为、教学技能成为主要的关注点，容易忽视教师的自我

---

① 转引自毛礼悦等.中国古代教育史[M].北京：人民教育出版社，1979：97.

② 吴文侃.比较教学论[M].北京：人民教育出版社，1999：92.

人格魅力或者说师德素养等情感因素在有效教学中的传导作用。而在关注学生取向的有效教学标准下，学生的学习效益、学习成绩或学习成果是教师提升教学效果的目标，是一种考虑学生发展取向的评价标准。采用这种评价标准，可以更全面地去探究教师的教学发展要素。因为一般来讲，有效教学主体应该是学生，评价指标应遵循成果导向，即要以学生的学习效益或学习成果作为教学有效性的评价指标，而不应以教师或教学内容为主体，以教学任务的完成度为评价或衡量的标准。通过一段时间的有效教学，学生能够取得具体可测评的学业进步或特定的能力发展，即体现教学的过程有效性，也表现教学目标达成的有效果和有效率。

(二)高职院校教学质量与效果总体情况

某种意义上，高职院校毕业生对母校的教学效果、人才培养措施或办学的满意度，是学生在校期间对课堂教学的效果体验的一种反映，可以作为高职院校办学质量与教育教学水平评价的重要依据和关键指标，也可以据此分析学校在教育教学中存在的问题，提升教学质量和办学水平。

麦可思对 2017 届高职毕业生培养质量调查显示，全国高职院校 2014—2017 届毕业生对教学满意度评价比较稳定且呈持续上升趋势，分别为 86%、87%、89%、90%；对基本工作能力的培养效果满意度的历年情况为 82%、82%、83%、84%；对核心知识培养效果的满意度为 81%、81%、82%、83%；对母校的总体满意度为 87%、88%、89%、90%；对母校的推荐度比例为 61%、63%、64%、64%(图 2-9)。①

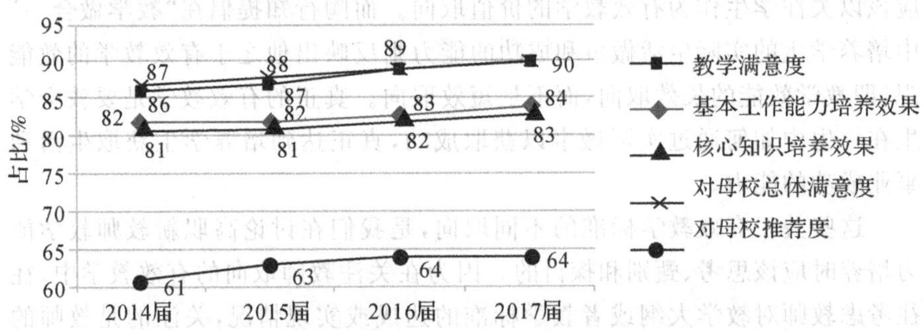

图 2-9　中国高职院校 2014—2017 届毕业生对母校的各项满意度

① 麦可思数据有限公司. Q 学院应届毕业生培养质量评价报告(2017)[R]. 2018: 44—66.

相比较而言，浙江省高职院校的办学质量在全国处于总体优先水平，毕业生对母校的满意度也高于全国平均水平。浙江省教育评估院《2017 届浙江省高校毕业生职业发展状况及人才培养质量报告》显示，近年来，浙江省高职院校的毕业生对母校的总体满意度（见图 2-10）和对母校的推荐度（见图 2-11）都呈上升趋势，甚至高于本科院校和全省高校平均值。在具体各分项满意度（见图 2-12）上，高职毕业生对母校的师德师风（85.20 分）、校风学风（84.58 分）满意度最高，其次是专业课程课堂教学效果（83.74 分）、实践教学效果（83.23 分）、发展机会和锻炼平台（82.87 分），居于满意度后三位的是教学水平（82.77 分）、创新创业教育及指导（82.39 分）、就业求职服务（82.10 分），且总体上略高于本科高校和全省高校平均值。①

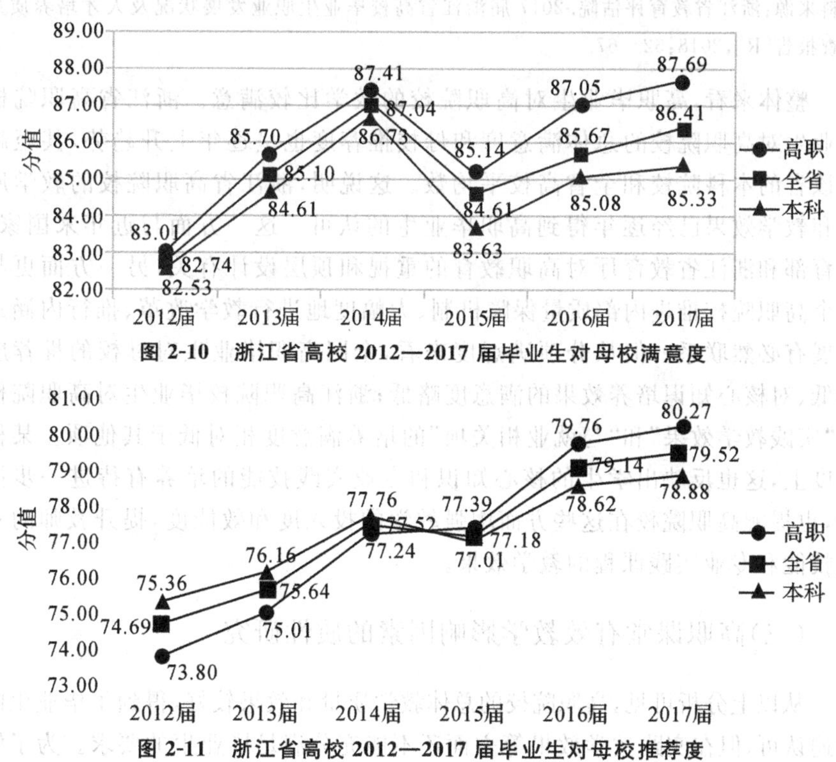

图 2-10　浙江省高校 2012—2017 届毕业生对母校满意度

图 2-11　浙江省高校 2012—2017 届毕业生对母校推荐度

① 浙江省教育评估院. 2017 届浙江省高校毕业生职业发展状况及人才培养质量调查报告[R]，2018：62—66.

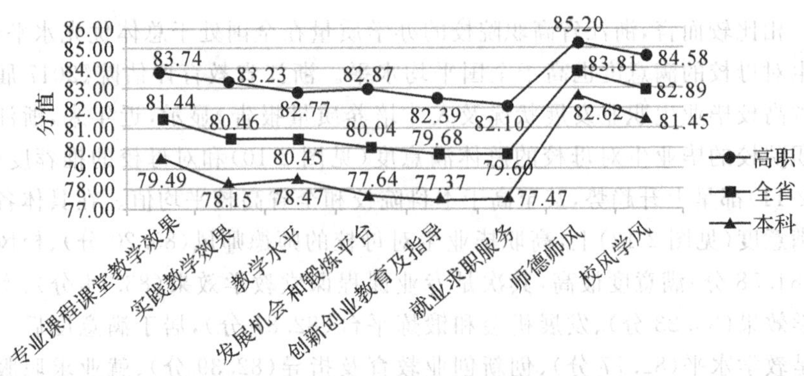

图 2-12　浙江省高校 2017 届毕业生对母校的分项满意度

资料来源：浙江省教育评估院. 2017 届浙江省高校毕业生职业发展状况及人才培养质量调查报告[R],2018:62—67.

整体来看,高职毕业生对高职院校的教学比较满意。浙江省高职院校毕业生对高职院校的总体满意度和母校推荐度也呈逐年上升趋势,甚至超过该省的本科院校和全省高校平均数。这说明,浙江省高职院校的教学质量和教学效果已经逐年得到高职毕业生的认可。这一方面与近年来国家、教育部和浙江省教育厅对高职教育的重视和顶层设计有关,另一方面更与各个高职院校推进内部质量保障机制、大幅度地进行教学改革、推行内涵式发展有必然联系。但从分项满意度来看,全国高职毕业生对母校的推荐度较低、对核心知识培养效果的满意度略低;浙江高职院校毕业生对高职院校的"实践教学效果"和"与就业相关项"的培养满意度相对低于其他项。某种程度上,这也反映出学生的核心知识和专业实践技能的培养有待进一步提升,也提醒高职院校在这些方面增强教学的投入度和效能度,提升教师的专业技能和专业实践课程的教学效果。

(三)高职课堂有效教学影响因素的质性研究

从以上分析可见,高职院校的总体教学质量和效果较好,得到了毕业生的普遍认可,但在实践教学效果等方面还不能充分满足毕业生的要求。为了解高职院校师生关于高职课堂有效教学的认识,笔者对浙江省某高职院校的几位师生进行了访谈,按照质性研究的样本选取方便原则,选择了浙江省的一个公办高职院校 Q 学院作为访谈样本的选取院校。Q 学院在浙江省高职院校

2017届毕业生职业发展与人才培养质量排名的48所高职院校中位列第28名，[①]在金平果2019全国高职高专院校综合竞争力排行榜的1379所高职院校中位列第429名。[②] 这两项调查均具有一定的权威性、系统性和科学性。浙江省高职院校毕业生职业发展与人才培养质量排名来自浙江省教育评估院每年针对本省高校毕业生的跟踪调查，主要采用网络问卷形式。问卷设计和调查指标体系经过有关本科和高职院校专家、招生考试部门专家、统计专家等的充分论证，通过调查系统向各高校毕业生的个人邮箱发送问卷调查链接，并通过各高校的学生工作办公室以邮件、QQ、电话、短信、微信等多种渠道反复提醒毕业生完成答卷。数据处理采用SQLServer数据库管理平台进行全程网上注册、信息收集、数据统计分析、信息数据传输。[③] 金平果排行榜由杭州电子科技大学中国科教评价研究院联合浙江省高等教育研究院，以及武汉大学中国科学评价研究中心、中国科教评价网共同发布。[④] Q学院在两项排名中在所处高职院校队列中基本处于中等水平，具有一定的代表性和典型性。

笔者主要采用访谈的调查方法，对Q学院的7位师生就他们对有效教学的看法和切身情感体验进行深度访谈。然后运用质性研究中的扎根理论对录音的访谈数据进行人工编码、逐级登录，并不断对数据进行分析和比较，逐层归纳与浓缩，结合对有效教学的相关前期文献研究，最终形成和构建出影响高职院校课堂有效教学的关键因素的理论模型。

1.研究对象

笔者选取Q学院某文科专业的4位教师和3位学生作为访谈对象。为获取可提供最大化信息量的深度访谈对象，在抽样方法上采用了非概率抽样中的目的性抽样，以使研究样本更具典型性和代表性，使访谈数据可以更细致深入地被解释性理解。

教师B于1992年本科毕业，在Q学院所在地某大型国有企业工作3年，后在当地某国有进出口公司工作7年，后进入高职院校从事教学工作。

---

① 浙江省教育评估院.2017届浙江省高校毕业生职业发展状况及人才培养质量调查报告[R],2018:91.

② 中国科教评价网.2019—2020中国高职高专院校综合竞争力排行榜[EB/OL].(2019-03-27)[2019-04-03].http://www.nseac.com/html/263/681844.html.

③ 浙江省教育评估院.2017届浙江省高校毕业生职业发展状况及人才培养质量调查报告[R],2018:3—6.

④ 中国科教评价网.2019—2020中国高职高专院校综合竞争力排行榜[EB/OL].(2019-03-27)[2019-04-03].http://www.nseac.com/html/263/681844.html.

进入教育领域后在浙江省某师范院校在职攻读课程与教学论硕士学位，具有较好的企业工作和教学实践经验。教师S本科毕业后从事过2年中学教师工作、半年小型外贸公司工作，后考取上海某211高校硕士研究生，毕业后应聘到Q学院担任专任教师。教师H本科毕业后直接考入南昌市某211高校攻读硕士研究生，毕业后应聘到Q学院担任专任教师，本科和硕士就读期间有校外教学兼职和短期外贸公司兼职经历。教师W在浙江省某师范院校本科毕业后应聘到Q学院担任专业课专任教师，现为该专业的专业主任。4位教师分布在不同的年龄段和教龄段，学历背景和工作背景不同，具有比较好的样本代表性，能较好地代表"有经验教师、有一定经验教师、新教师"这三种类型教师群体，能比较充分地显示和反映出高职教师在不同专业成长环节的教学发展状况(见表2-6)。3位学生则来自该专业大三年级，且学业水平有所不同，访谈时他们处于第五学期期末，第六学期为企业顶岗实习阶段，已修完所有校内必须完成的专业课程，对任课教师的教学评价对其学业成绩不会产生任何影响，接受访谈不会产生情感顾虑，能较好地代表学生的观点，具备学生群体代表性(见表2-7)。

表2-6 受访教师基本信息表

代码	受访者	性别	年龄	教龄	学历学位	职称	近两年评教结果
T1	教师B	女	45	14	本科 硕士	副教授	88.63、91.48(学生) 88.33、85(教学督导)
T2	教师S	男	34	6	研究生 硕士	讲师	86.24(学生) 82.50(教学督导) 一年进修未参评
T3	教师H	女	27	1.5	研究生 硕士	助教	79.29(学生) 87.50(教学督导)
T4	教师W	女	35	13	本科 硕士	讲师	88.28、87.65(学生) 90、85(教学督导)

表2-7 受访学生基本信息表

代码	受访者	年级	担任学生干部	获奖情况
S1	学生T	大三	班长	校一等奖学金、国家励志奖学金
S2	学生X	大三	院学生会 文艺部副部	校三等奖学金、校英语口语比赛一等奖 校英语原声配音大赛一等奖
S3	学生Z	大三	无	校图书馆十佳优秀读者

研究对象取自文科专业，是因为Q学院以理工类和护理类专业为主，高职教育的职业性特点在理工类和护理类专业的人才培养、课程设置和课堂教学上比较容易凸显。文科专业教学既具有高职教育的共性又更具独立性，相对而言在文科教学中更难兼顾高职教育的高等性与职业性，因此文科专业师生对教学效果的体验和评价可以更好地反映高职课堂教学效果的缺失项，更能反映高职课堂教学效果的全貌。选择同专业的4位教师、同年级的3位毕业班学生，具有以下优势：(a)同专业教师的学生教学评价出自相同学生群体，结果更具可比性，可更准确地反映出学生评教分数背后的真实教学效果；(b)受访教师和学生来自相同专业，学生来自相同年级，有利于研究者更深刻地了解、分析、比对不同受访者对教学效果及其影响因素的看法，尤其教师和学生之间的观点差异，增强研究过程的科学性、研究结论的可靠性和研究结果的可推广性；(c)受访学生是毕业班的三年级学生，已完成所有专业课程的学习，不会有后顾之忧，对所有任课教师较熟悉，对教师的评价受主观因素的干扰会少些，评价结果更中立，观点更全面。

2.数据收集与整理

为收集第一手原始数据，笔者采用半结构化访谈的方法对上述受访者进行深度访谈，并在征得受访者同意的情况下用录音笔录音。每例访谈时间控制在1小时左右，访谈时间和地点的选择依照便利、安静原则，教师的访谈利用教师没课在校时间在教室或会议室完成，学生的访谈利用学生晚自习时间在教师办公室完成。将访谈录音逐字转化整理成文字资料8万余字，然后结合访谈记录对访谈文字资料进行分析、整合和编码。教师访谈内容主要包括选择从事高职教师职业的原因、对专业发展定位的认知度、对高职学生特点的了解度、备课时考虑因素、对课程教学整体设计与单元设计认识度、采用的教学方法、对学生意见反馈的处理、学生评价与自我评价的一致性、描述自我最满意和最不满意的一次课。对学生访谈内容包括对所学专业的认知度、毕业后预期工作岗位、学业成果情况、喜欢的课堂教学方式、学习困难处理方式、喜爱的教师类型、教学评教考虑因素、对教师或教学的建议。

为提高研究效度与结果的可靠性，笔者还采用三角互证方式，收集了受访教师教学效果的学生评价、校级教学督导和二级学院教学督导评价结果(具体分数见表2-6)，以作数据补充和进一步分析。

3.资料编码与分析

在扎根理论研究方法中，资料的编码与分析过程基本包括开放式编码、主轴编码和选择性编码等三级编码环节，编码也称为登录。此次数据编码工作主要以人工编码形式完成，边阅读边分析数据边编码。

(1)开放式编码

开放式编码(或开放式登录)的操作过程是将原始数据资料打散并赋予概念，之后采用新的归类方式将这些概念进行重新组合。① 其目的和作用是收敛原始文字资料与研究问题，明确资料背后的现象并发展概念，以便发现类属和提炼范畴，最终明确各类属的属性和维度。此阶段对原始资料进行初步分析与筛选，剔除无关资料，对与研究问题相关的话语资料进行逐句编码，最终抽取出初始概念 186 个。然后将抽取出的 186 个初始概念按内容相近原则分类组合并命名，进一步加以归纳分析并范畴化，按其类属归纳出 19 个范畴。② 示例如表 2-8。

表 2-8　开放式编码示例(教师 T1)

初始概念	原始材料
根据学生情况设计教学内容、选择激励手段(T1-1)	·要吸引学生，教学内容就要跟他们以后就业的内容相关，他们就会非常感兴趣 ·学生还是比较认真，对分数比较注重，所以我在上课会给自愿回答的同学一个好的分数或者奖励，他们就会比较积极
备课的主要考虑因素是学生(T1-2)	·备课的时候我觉得应该考虑怎样能让学生参与进来，能激发他的学习兴趣，这是最重要的一点，要考虑学生的接受能力
课程类型不同，备课时考虑因素不同(T1-3)	·实训类课程要考虑学生的技能接受力，理论类课程考虑学生知识累积情况，学生知识接受力不好时，要复习
不能激发学生学习兴趣的原因(T1-4)	·如果说学生学的东西跟他以后就业方向没有关系，兴趣就是很难激发的 ·大三最后一个学期，他们也不评奖学金了，没有入党了，兴趣就真的很难激发
激发学生课堂兴趣和参与的方法(T1-5)	·可以采用奖励、鼓励等激励方法激发学生参与课堂 ·第二我觉得要跟学生多聊多沟通，沟通了之后，你会发现他想要什么 ·课堂上适当的补充一点学生想要的知识，我觉得能够引起他们的兴趣，也可以减少跟他们之间的距离

① 陈向明. 质的研究方法与社会科学研究[M]. 北京：教育科学出版社，2000：332.

② 何雪莲，祝怀新，朱芝洲. 基于扎根理论的高职课堂教学有效性影响因素分析[J]. 职业技术教育，2019(14)：41—46.

续　表

初始概念	原始材料
课程设计的作用(T1-6)	·课程的整体设计有利于教师整体上把握课程内容、能力目标要求、课时安排等
影响课堂教学效果的因素(T1-7)	·影响课堂效果的因素首先是学生的参与程度，参与程度不高那就会影响课堂的效果 ·还有就是教师，教师的指导方法或讲述方法有问题，学生也不会积极参与，效果肯定不好 ·第三是授课内容，最主要因素是内容，因为内容直接影响学生的参与度

(2)主轴编码

主轴编码，也称关联式编码或关联式登录，是斯特劳斯(Strauss)和科宾(Corbin)创设的一种编码类型，其目的是探寻和建立各个范畴之间的内在联系，探索主范畴，使类属的属性具体化。在这个环节中，采用“因果条件—理论现象—脉络背景—中介条件—行动/互动策略—结果”的逻辑范式，[①]将一级登录开放式编码环节中所得出的 19 个范畴联结起来。这 19 个范畴为教师经验、教学反思、专业和学情了解度、教师共情、沟通能力、建议反馈、教学期待、专业能力、实用型课程、实践性课程、课程整体与单元设计、教学方法、教学内容、教学组织形式、自主学习情况、学习动机与兴趣、学科竞赛经历、课堂参与、领导与督导听课。[②] 然后对这些范畴和资料进一步归类，赋予更高一级的类属，最终形成了 5 个主范畴：教师素质与信念、教学设计、学生协作、课程类型、教学监督。主轴编码和范畴发展示例如表 2-9。

表 2-9　范畴发展与编码过程示例

主范畴	对应范畴	初始概念
教师素质与信念	教师经验	会把以前的外贸工作经验带到课堂中，帮助学生了解外贸实际行情(T1-3)；之前经验和现在教学内容有关(T2-1)；读书期间做过的专业相关工作，有助于解决现在教学实践问题(T3-1)；之前的兼职工作对正式的教育工作有帮助，主要是对学生心智的把握上(T4-2)；有一定经验教师和老教师上课会做延展补充，新教师不会(S1-14)；老教师经

① A. Strauss, J. Corbin. Basics of Qualitative Research: Grounded Theory Procedures and Technique[M]. Sage Publications: Newbury Park, 1990: 25-26.

② 何雪莲，祝怀新，朱芝洲. 基于扎根理论的高职课堂教学有效性影响因素分析[J]. 职业技术教育，2019(14)：41—46.

续 表

主范畴	对应范畴	初始概念
教师素质与信念		验丰富，能学到更多知识(S2-9)；新教师和老教师上课内容不同，老教师抓重点，新老师面面俱到(S3-17)
	教学反思	上课不满意时会进行反思(T1-15,T2-16)；反思有助于改进教学，能避免再次出现雷同情况，分析原因，减少影响(T3-14)；经常反思教学，反思内容主要为如何提高学生课堂参与兴趣、如何帮助学生走向成功(T4-16)
	专业和学情了解度	大部分学生比较外向，愿意开口说，总体上比其他专业学生认真(T1-6)；相对于旅游而言，朝外贸方向作为专业定位更好(T2-4)；学生爆发力和动手能力强，但学习动力不足，需要老师督促(T3-10)；学生在大一大二时学习比较用功，大三学生受就业影响，学习不如以前认真(T1-7)；教师要了解学生的学习状况(S2-20)
	教师共情	教师要有亲和力，把学生当朋友(T1-31)；把自己的理解跟学生分享，学生也会对你的课堂有比较强烈的反馈(T4-8)；教师的亲和力会让学生对老师产生兴趣，愿意跟着老师学(T4-14)；老师的个人情绪一定要融入进来，教学效果会更好一点(T2-19)；课程的喜欢程度、好相处、亲切、教学方式喜欢是评教的考虑因素(S2-17)；学生的理解程度不同，教师要有更多耐心(S2-21)；会因为喜欢或偏爱某个老师而打高分(S3-22)；喜欢有人格魅力和正能量的老师(S3-25)
	沟通能力	教师要和学生做朋友(T1-31)；和学生沟通，但效果不好，原因是学生学习态度不好(T3-16)；老师善于和学生沟通，也会影响学生评教(S1-21)；教师需要摸透学生个性，年轻老师备课时还需要准备的更多(S2-18)；教师不该和学生产生情绪抵触现象(S2-19)
	建议反馈	有学生对我的上课内容提过意见，我就跟学生解释(T1-26)；既然提意见肯定是有道理的，希望能多提一点，很珍贵(T2-28)；学生意见最多的是题目没讲清楚或者讲的太快，会改变教学方式(T3-30)；期中教学检查时会查看学生对教学的建议，平时学生不提建议(T4-22)
	教学期待	学生评教的基本与自我预期一致(T1-28)；自我预期高于学生评价，近年总体趋势上升，教学的改变在学生评价上起到作用(T2-30)；对学校的评教考核办法不关心(T3-31)；学生的评教和自己的期待基本一致，大体还好(T4-22)；学生的负面评价对教师的心理伤害是客观存在的(T4-22)
	专业能力	影响教学效果的因素，教师亲和力占很大比重，然后是教师自身的素质和知识水平(T4-17)；年级越高考虑教师能力水平的因素越多(S1-20)；老师上课结合自己经验，图文并茂，这样容易被学生接受(S3-20)；评教时会考虑教师的责任心、教学方式、教学模式以及讲解能力(S3-21)

(3)选择性编码

选择性编码，或称核心式登录，这个编码过程是不断挖掘各范畴间的内在联系，从主范畴中发展出核心类属，并以“故事线”的形式将各个主范畴概括囊入一个较为简洁的理论框架，形成最终模型。不同于其他类属，核心类属具有“提纲挈领”的统领性作用，能把其他所有类属串成一个“整体”。① 本书通过对各主范畴间逻辑关系的深入分析，并结合学生评教、督导评价等三角互证资料，得出内在因素和外在因素两个维度，提炼归纳出核心范畴或类属“高职课堂有效教学影响因素”。围绕这个核心类属的“故事线”可概括表述为：影响高职院校课堂有效教学的因素包括“内在因素”与“外在因素”两个主要维度，下由教学设计、学生协作、课程类型、教学监督、教师素质与信念等5个主范畴构成，对职业生涯不同阶段的高职教师的课堂教学有效性及其差异性产生影响。

4.研究结论

通过以上三级编码，笔者不断对资料进行反复分析、对比、提问、再分析、归纳和分类，对影响高职院校课堂教学有效性的主要因素进行理论建构，最终构建了高职院校课堂有效教学影响因素结构模型(如图 2-13)。本模型认为，影响高职院校不同教龄教师间课堂教学有效性的因素既有共性因素也有个性因素，整体上可以概括为内在因素和外在因素 2 大维度，5 个核心要素，19 个子要素。

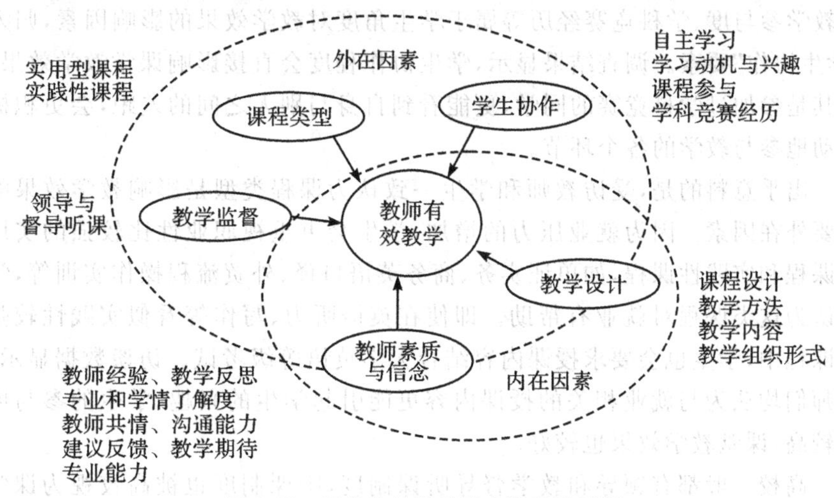

图 2-13　课堂有效教学影响因素模型图

---

① 陈向明.质的研究方法与社会科学研究[M].北京：教育科学出版社，2000：334.

(1)内在因素

教师素质与信念和教学设计两个核心要素因受教师的知识与能力构成、教学与生活经验、沟通与交流能力、情感因素等影响较多,可以更多地反映出一位高职教师的内在素质,因此归入内在因素。其中教师素质与信念包括教师经验、教学反思、专业与学情了解度、教师共情能力、沟通能力、对学生建议反馈态度、自我教学期待、专业能力等8个子要素;教学设计包含课程整体与单元设计、教学方法、教学内容和教学组织形式4个子要素。

研究显示,内在因素是使教师教学效果出现较大差异的主要因素。教师们都会对教学效果进行反思,但新教师容易忽视对学情的分析,将不满意课堂归因于学生的学习态度不端、学习自主性差、不配合教师参与课堂教学等外在因素。但教龄较长的教师因有较好的教学经验积累,在教学设计上会有意识地结合学生的兴趣点,教学内容的难易程度也把握得较好,容易被学生接受。相比新教师,老教师更重视情感因素在课堂有效教学中的作用,认为好课的决定因素除了教学设计、教学方法、组织形式、讲解逻辑等之外,教师的情绪状态、亲和力、理解学生需求能力等教师共情因素也会对课堂教学效果产生重要影响,甚至在学生评教上产生决定性影响。

(2)外在因素

外在因素则指教师本身因素以外的其他影响因素,包括学生协作、课程类型和教学监督3个核心要素。学生的自主学习能力、学习动机与兴趣、课程教学参与度、学科竞赛经历等属于学生角度对教学效果的影响因素,归入"学生协作"要素。调查结果显示,学生协作程度会直接影响课堂教学效果,尤其是参加过学科竞赛的同学,更能看到自身与别人之间的差距,会更积极主动地参与教学的各个环节。

出乎意料的是,受访教师和学生一致认为课程类型是影响教学效果的重要外在因素。因为就业压力的增加,学生会更重视职业性比较强的实用型课程和实践性课程,如单证实务、商务英语口译、外贸流程操作实训等,学生认为这类课程对就业有帮助。即使在英语听力、写作等看似实践性较强的课程中,学生也会要求授课内容结合大学英语等级考试。访谈数据显示,教师们均认为与就业相关的授课内容更能引起学生的兴趣,学生的参与度会较高,课堂教学效果也较好。

高校一般都有领导和教学督导听课制度,听课制度也被高校视为课堂教学管理与监督的重要手段,教师们平时会抱怨这种听课制度影响教学秩序和教师情绪。那么,这种教学监督方式对教学效果是否有正面影响呢?研究结果表明,教学监督是受访师生提到的影响高职院校课堂教学效果的比较关键的外在因素。4位受访教师中有3位所描述的自我最满意的一堂课是有领导或者督导听课的课堂。其满意的原因在于备课更充分、上课逻辑更清晰、教学方法和组织形式更丰富、学生参与度更高、师生互动更强。他们认为听课会使教师和学生更投入课堂教学，提高教学的有效性。

（四）基于有效教学的高职新教师教学能力发展要素

从上述对于高职院校有效教学影响因素的质性研究结果可见，影响高职教师课堂有效教学的因素既有内在因素也有外在因素。总体而言，老教师的课堂教学效果更受到学生的认可，那么新教师、有一定经验教师、老教师是如何看待和归因他们的教学效果？他们的自我视角归因和学生视角的归因是否一致？这些在我们确定高职新教师教学能力核心要素时也需要加以考虑，从而更客观地对新教师进行教学能力培养。以下分别就教师视角和学生视角的课堂教学效果归因的访谈数据进行分析。

1.新老教师课堂教学有效性归因的自我视角

笔者请受访教师描述了他们自己最满意的一堂课和最不满意的一堂课。结果发现从教学反思内容来看，老教师更多从学生关注角度反思课堂效果，反思的内容更多的是教师备课的充分度、教学内容了解程度、教学方法与手段的合理性等方面。有一定经验的教师更多地会归因于课堂组织等自身教学技能方面的因素，以及教学监督等中介因素。而处于生存关注阶段的新教师将影响课堂教学效果的原因更多地归于外在因素，认为“学生不配合、不参与课堂”是主要原因，往往容易忽视学情了解度、教师沟通能力、共情能力等情感因素在课堂有效教学中应起的作用。总体而言教龄越长的教师越重视教学态度、教师共情、师生沟通等情感层面的影响。

以下是教师关于自己最满意的一堂课的描述：

> 教师B（T1）和教师W（T4）均有13年以上高职教学经验，她们认为最满意一堂课的构成要素有：准备充分、逻辑结构清晰、不会太随意、师生互动很强，用了案例讲解、学生实践操作、教师结合学生操作实际情况解说（T1-10）；教师吃透教学内容、有自己的理解、不照本宣科、学生课堂反应强烈（T4-8）。
>
> 教师S（T2）有6年的教龄（含中学教龄3年，高职教龄3年），他眼中最满意一堂课的状态：让学生做、学生积极回答问题、组织有序（T2-6）；最满意的课的决定因素更多来自学生方面，说有人来

听课，学生会重视一点(T2-7)；有领导听课，学生和老师都会更重视课前准备(T2-9)。

教师 H(T3)有 1.5 年高职教学经验，她认为自己最满意的课的表象和原因：气氛很好、学生反应很好、跟着老师思路走，效果好，师生互动、生生互动好，动静有度，学生很配合(T3-4)；学生学习目标明确，上课就积极，也配合老师(T3-8)。

从以上描述中，我们不难发现，对于有效课堂及其原因的认定上，有经验教师(T1、T4)多是从教师备课、教学内容、教学方法等的充分性与多样性角度来阐释，认为教师是建构好课的主要因素，影响一堂好课的主要因素是内在因素。有一定教学经验教师(T2)在描述好课的构成要素时以课堂组织、学生课堂活动状态与表现为主要因素，其决定因素是教学监督。虽然他认为有效课堂的影响因素有内因因素，如"组织有序"，但多是受外在因素的影响，如"学生积极回答问题"、"领导听课"。新教师(T3)则把有效课堂的表象和原因基本归为"学生协作"这一外部因素，如"学生很配合"、"学习目标明确"、"配合老师"。

以下为教师对自己最不满意的一堂课的描述：

教师 B(T1)：知识比较难，讲了几遍学生都听不懂，老师讲得很辛苦，学生没听懂(T1-11)；不满意课的原因是备课不充分，没预设学生的反应，学生不预习，相互配合不够(T1-12)。

教师 W(T4)：学生基础差、零起点，注意力不在课堂、不愿意听课(T4-12)；不是老师能解决的，需要全校或者更大范围内的力量才能解决(T4-13)；教学效果不好的原因是学生对教学内容的内涵不理解，不清楚到底要学的是什么(T4-11)；尝试过很多办法，但效果不理想(T4-12)。

教师 S(T2)：学生很多睡觉，学生觉得四级目标已经达到，不需要再上课(T2-8)；不满意课的主要问题是教师讲授太多(T2-17)。

教师 H(T3)描述的最不满意的一堂课是她读硕期间的一堂兼职课：没有投影、教学设备不行，班级人数太多，都是男生吊儿郎当，上课不听，学生自己玩自己的，老师自己讲自己的(T3-5)；学生上课表现不同主要是态度问题(T3-6)；学生学习成绩不好，主要是态度不端造成的，家长也管不住他，老师按以前的标准要求也是行不通的(T3-7)。

从最不满意课的描述可以看出，教师 B 多从教学内容偏难、备课不充分、不了解学情等教师内在影响因素找原因，同时也有“学生不预习、师生配合不好”等来自“学生协作”的外在因素。教师 W 则更多地把教学效果不好的原因归于“学生基础差、对教学内容内涵不理解”等“学生协作”的外在因素，她也努力尝试，但效果不佳，认为应该由学校管理或更广的外部环境因素来解决。这与她对最满意一堂课的描述存在矛盾之处，在教师改变课堂教学效果的处理态度上没有教师 B 积极。教师 S 从内因“教师讲授太多”和外因“学生学习动机”两个角度反思课堂教学效果不好的原因。教师 H 则认为教学效果不好主要是“学生学习态度问题”造成，学生不参与教学。

从学生评教和教学督导评价结果来看，教师 B 是学生评教分数最高的老师，这与她在教学过程中比较重视和学生沟通、教师共情能力较强有关。在该专业的专业任课教师中，教师 B 受学生的欢迎度较高，曾被授予“校最美教师”提名奖。教师 W 是四位受访教师中同行评价分数最高的老师，但其学生评价分数不如教师 B。可见相比教师 B 而言，教师 W 在教学反思和教师共情方面的投入度要低些，对学生的建议反馈的态度和能力弱些，教师 W 认为“学生的负面评价对教师会造成心理伤害（T4-22）”。教师 S 会从教师内因角度反思教学效果，虽然同行对其教学效果评价最低，但学生评教高于督导评价。教师 H 则刚好相反，相比较学生评价，她的教学效果更得到同行的认可。这与教师 H 的沟通能力较弱，不善于理解学生和控制情绪有关。

从以上新老教师对自我最满意和最不满意课堂的归因描述可见，新教师大多会从自我生存关注角度出发，将原因更多地归于学生参与、学生对教师授课的反应、学生学习主动性等容易被捕捉的外在因素；相对而言，对如何通过教学设计和教学方法的使用去激发学生学习参与度思考不足，容易用自己的课堂学习经验来要求学习能力和知识水平不是很高的高职学生。老教师则更多地会倾向于关注学生学习，表现出更多的学情关注，从教学设计、教学内容、教学方法等是否适合或能否激发学生学习角度反思和评价自己的课堂效果。

2.新老教师课堂教学有效性归因的学生视角

从学生视角，针对高职新老教师教学效果差异的影响因素，笔者主要采访了学生关于新教师和老教师的教学设计、授课方式的喜好偏向以及评教考虑因素等方面问题。

受访学生表示不同教龄段的教师讲课内容的侧重点、授课方式有较明显的不同。总体而言，老教师和有一定经验的教师在授课内容上会有一定的延展补充，新教师往往根据教材内容规规矩矩上课；老教师的教学会有侧重点，新教师往往面面俱到。在对新老教师授课的喜好与认同上，受访学生认为，老教师的课堂教学效果较好、上课认真、经验更丰富，能学到更多东西；新教师教学细致，但内容不太容易让学生理解和接受，但新教师比较会结合最新的案例或故事，学生喜欢听和时代结合紧密的案例。比如：

> 新任教师的接受度不如有一定经验教师和老教师高(S1-13)；有一定经验教师和老教师上课会做延展补充，新教师不会(S1-14)；不同教学经验的老师备课设计不同，老教师的上课内容比较实用，青年教师有趣，新教师教学细致但内容让学生接受困难(S1-15)；和新教师有更多的共同话题，和有一定工作经验的青年教师共同研究探讨学习问题，老教师经验丰富，能学到更多知识(S2-9)；资历深的老教师上课效果较好，但是上课不太用故事引入，年轻老师会用，学生喜欢听和时代结合紧密的案例(S2-11)；年轻老师讲的内容比较面面俱到、比较细致，年龄大点的老师比较抓住重点去讲(S3-17)；我个人还是喜欢挑重点的讲，知识点比较次要的，不用面面俱到地讲(S3-18)。

在学生对教师的教学评价标准方面，受访学生表示他们评价教师教学效果的主要考虑因素是教学内容、课堂气氛、教学质量、教师能力水平、教学方式、课程喜欢程度、教师亲和力、教师责任心与耐心、教师共情能力等。如：

> 因为和老师都比较熟，所以和老师关系的好差对评教打分影响不大(S1-18)；课堂气氛、教学内容和教学质量是学生评教的重要考虑因素(S1-19)；年级越高考虑教师能力水平的因素越多(S1-20)；老师善于和学生沟通，也会影响学生评教，但主要还是取决于课程是否适合学生(S1-21)；课程的喜欢程度、好相处、亲切，教学方式喜欢是评教的考虑因素(S2-17)；教师不该和学生产生情绪抵触现象(S2-19)；老师上课结合自己的经验，图文并茂，这样容易被学生接受(S3-20)；评教时会考虑教师的责任心、教学方式、教学模式以及讲解能力(S3-21)；评教时会因为喜欢或偏爱某个老师而打高分(S3-22)。

综上，从高职课堂有效教学的影响因素整体来看，除了课程设计、教学方法、教学内容、教学组织形式等与教师的教学设计相关的因素会影响学生对课程教学的参与、激发学生的有效学习之外，与职业相关的实用型和实践性课程也更能唤起学生的学习主动性和课堂参与度。我们可以把这两大方面归纳为高职教师的教学技能和实践教学能力。从高职学生对新老教师的教学效果评价和教学评价主要考虑因素来看，与老教师相比，新教师的教学技能、教学实践性知识、实践教学能力和教师共情等相对较弱。因此，受访学生提出，新教师授课往往面面俱到，不能抓住重点，造成学生不愿意参与课堂，有些新教师与学生之间容易发生情绪抵触现象。

这与罗纳德·D.辛普森的研究有吻合之处，罗纳德认为有效教学虽然具有高度的个性化特征，形式也可以多样，但是教师的专业知识、计划能力、表达与沟通技能、评估和反馈能力等是影响有效教学的普遍变量。好的教学往往能够激发学生的自我积极思考，教师应与学生进行有效的沟通，从而为学生提供有帮助的反馈，这些都会对学生的有效学习产生积极作用。① 迪·芬克也指出，与学生交互能力在教师中存在较大的不同，对于较大一部分教师，提高与学生的交互能力，或者说提高课堂管理和实施能力，是他们在教学中需要改进的主要问题。②

因而，在高职新教师教学能力培养过程中，除了前文所强调的教学活动领域的从事理论教学与实践教学所需的教学设计、教学实施、教学管理、教学指导、教学评价等基本教学技能应该成为新教师的发展目标之外，“与学生沟通的能力”和“教师的共情能力”等与专业能力相关的“情感态度”方面的能力也需要加以重视。

四、学生可雇佣性视域下的高职新教师教学能力发展核心要素

（一）高职学生可雇佣性整体现状

可雇佣性(employability)一般是指个体所拥有的能够满足劳动力市场

① Ronald D. Simpson. Do We Really Know What Constitutes Good Teaching? [J]. Innovative Higher Education, 1994, 18(4): 239-241.

② L. Dee Fink. Creating Significant Learning Experiences: An Integrated Approach to Designing College Courses[M]. San Francisco: Jossey-Bass/John Wiley & Sons, 2003: 22-23.

和用人单位所需的各种技能总和，是劳动者获取就业、维持就业和转换岗位所需要具备的能力。该概念于20世纪初在英国产生，20世纪90年代开始作为重要研究工具，广泛用于欧美国家劳动力就业市场政策分析和大学毕业生的就业问题研究。

高职院校毕业生可雇佣性水平，对毕业生、用人单位和高职院校三者都会产生很大影响。首先，可雇佣性决定了高职毕业生的就业状况和职业发展；其次，可雇佣性影响着用人单位的选才、用才和人尽其才的程度，以及可持续发展的空间；再次，作为高职院校的“产品”，毕业生是否具有较高的可雇佣性和职业转换能力，将影响高职院校的声誉、生存与发展。

麦可思调查报告显示，我国高职院校2014—2017届毕业生的就业率分别为91.9%、91.6%、91.9%、92.5%，基本呈平稳上升趋势；平均月收入涨幅较大，由2014届的3200上升到2017届的3860；毕业生的工作与专业相关度连续四届稳定在62%；毕业生对就业现状的满意度从2014届的59%到2017届的65%，呈整体上升趋势；在职业期待吻合度上，高职院校毕业生的自我评价相对较低，分别为43%、44%、45%、46%；2014—2017届高职毕业生的离职率基本是42%或43%。（见图2-14）

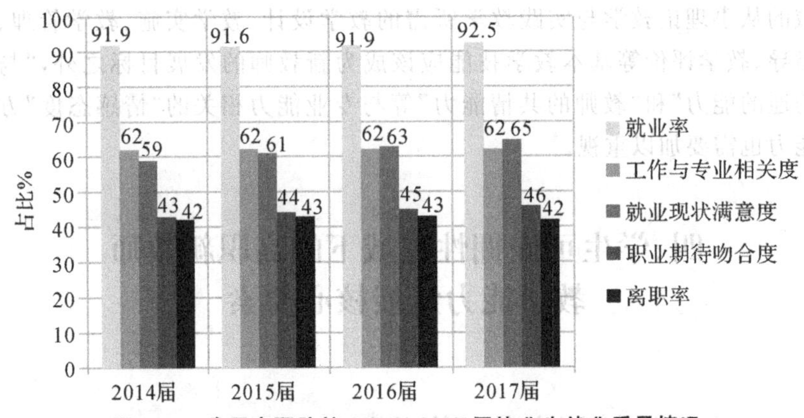

图2-14　我国高职院校2014—2017届毕业生就业质量情况

资料来源：麦可思数据有限公司．Q学院应届毕业生培养质量评价报告（2017）[R]．2018：13—27．

在以上指标的成因上，以2017届毕业生为例，职业不符合期待的原因主要是“不符合兴趣爱好（35%）”、“不符合职业发展规划（34%）”、“不符合生活方式（17%）”和“不符合性格（14%）”。选择与专业无关工作的主要原因是“专业工作不符合自我职业期待（41%）”、“迫于现实先就业再择业（24%）”、“专业工作岗位招聘少（12%）”、“专业无关工作收入更高（9%）”、

“达不到专业相关工作要求(9%)”、“专业工作环境不好(5%)”。对就业现状不满是因为“收入低(62%)”和“发展空间不够(39%)”,其次是“工作能力不够造成压力大(26%)”和“加班太多(26%)”。高职毕业生的离职多以主动离职为主,占95%,原因主要为“个人空间发展不足(47%)”、“薪资福利偏低(42%)”、“想改变职业或行业(34%)”、“工作要求高,压力大(25%)”、“对单位管理制度和文化不适应(21%)”、“就业没有安全感(12%)”。①

浙江省教育评估院开展的浙江省高校2017届毕业生毕业一年后职业发展状况的调查显示,高职院校毕业生在受雇佣工作(79.95%)和创业(5.40%)上的比例要明显高于本科院校毕业生(76.01%,3.53%),但在升学率(8.06%)上要明显低于本科院校毕业生(12.71%)。浙江省2017届高职院校毕业生一年后的就业率为97.63%,明显高于全国平均值(92.5%);平均月收入4382,高于全国水平(3860);就业与专业相关度为63.21%,比全国(62%)略高;就业满意度为72.12%,明显高于全国值(65%);一年内离职率为54.47%,明显高于全国(43%)。毕业生对当前就业状况不满意原因的前三位是“不符合我的薪金期待(38.90%)”、“不符合我的职业发展规划(17.82%)”、“不符合我的兴趣爱好(12.83%)”。离职原因排名靠前的主要为“个人发展空间不够(29.04%)”、“薪资福利偏低(23.06%)”、“工作要求和压力太大(8.72%)”、“对企业管理制度和文化不适应(8.70%)”。②

从用人单位的满意度(见图2-15)来看,评价分数较高的是高职毕业生的“实践动手能力(91.61)”和“合作与协调能力(90.46)”,较低的是“管理能力(86.65)”和创新能力(87.50)。③ 针对2015届高职毕业生三年后的调查报告显示,有34.34%的毕业生表示在工作岗位上获得过晋升或表彰,27.27%的人认为自己做出一定成绩但未受到晋升或表彰,认为自己无功无过的比例为33.39%,遇到一些挫折的为5.00%;前两项略低于本科毕业生(34.71%,31.11%),后两项则高于本科毕业生(31.01%、3.16%)。说明高职毕业生在职业发展空间和晋升潜力上不如本科毕业生。在对获得晋升或表彰的归因(见图2-16)上,最主要的因素是业务能力突出(72.46%),其次

---

① 麦可思数据有限公司. Q学院应届毕业生培养质量评价报告(2017)[R]. 2018:13—29.

② 浙江省教育评估院. 2017届浙江省高校毕业生职业发展状况及人才培养质量调查报告[R],2018:8—36.

③ 浙江省教育评估院. 2017届浙江省高校毕业生职业发展状况及人才培养质量调查报告[R],2018:74—75.

是人际关系融洽（47.93%）、领导赏识（47.76%）和管理协调能力强（36.39%）。①

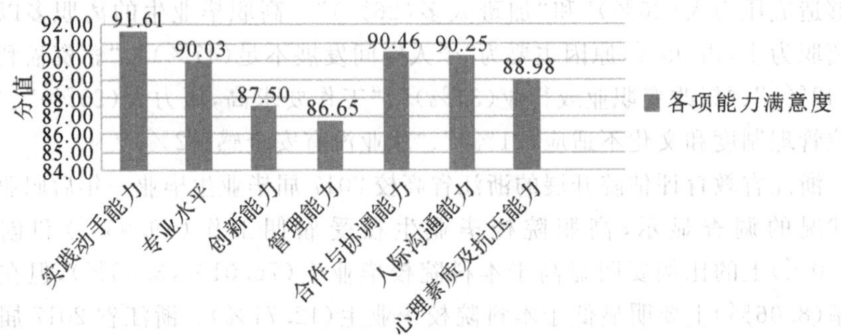

图 2-15　用人单位对浙江省高职院校 2017 届毕业生各项能力满意度评价

资料来源：浙江省教育评估院. 2017 届浙江省高校毕业生职业发展状况及人才培养质量调查报告[R]，2018：75.

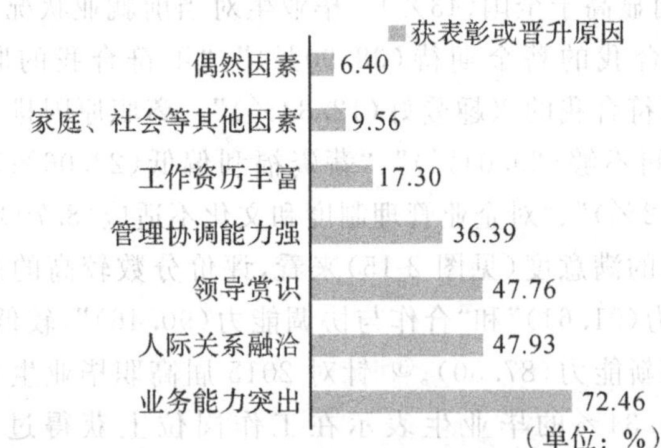

图 2-16　浙江省高校 2015 届毕业生三年后个人工作获表彰或晋升原因

资料来源：浙江省教育评估院. 2015 届（三年后）浙江省高校毕业生职业发展状况及人才培养质量调查报告[R]，2018：37—38.

从以上数据对比可见，浙江省高职院校毕业生对当前就业现状不满意以及离职的原因基本与麦可思的调查结果相同，主要为薪金待遇、不符合自我职业期待和发展规划、不符合自我兴趣爱好、工作压力较大、不适应公司管理制度和文化等方面。这一方面反映出高职毕业生的就业稳定度不高，自我职业期待较高；另一方面也反映出目前高职院校和用人单位还需要提升毕业生的职业规划、职业适应和职业胜任等可雇佣性综合素质，帮助毕业

① 浙江省教育评估院. 2015 届（三年后）浙江省高校毕业生职业发展状况及人才培养质量调查报告[R]，2018：37—38.

生尽快适应从学校到社会的角色转变。从用人单位评价和高职学生职业发展前景考虑，应该加强培养毕业生的实践动手能力和专业水平以增强业务能力，高职院校要增强学生的职业发展学习，重点提升用人单位评价相对较低的创新能力、管理能力、心理素质与抗压能力，以提高高职毕业生可雇佣性综合素质，总体提升毕业生的职业发展潜力。

（二）基于 CareerEDGE 的高职学生可雇佣性调查与分析

以上麦可思和浙江省教育评估院的调查结果表明，相对本科毕业生而言，高职毕业生的就业现状满意度偏低，职业发展后劲不足，职业竞争力和可持续发展空间缺乏。为具体了解高职学生的可雇佣性缺失项，本书以浙江省某高职院校应用英语专业学生为研究对象，采用罗伦・达西・波尔(Lorraine Dacre Pool)和彼得・斯维尔(Peter Sewell)CareerEDGE 理论模型对该专业学生的可雇佣性现状进行调查与分析，以从毕业生培养的角度为专业教学和教师教学能力的发展提供可行建议。选择该专业的原因，一是该专业属于全国高职院校文科类专业中布点数较高的专业，毕业生面临激烈的就业竞争。2018 年全国有 254 所高职院校开设 3 年制“应用英语”专业，有 541 所开设 3 年制“商务英语”专业。在多数高职院校，这两个专业的培养目标是重叠的，以商务方向为主，仅在浙江省 48 所高职院校中，开设这两个专业的就达 44 所。[①] 二是该专业在其所在高职院校的 21 个专业绩效排名中一度从排名前 6 掉至倒数第一。这与院校专业调整之后的教师流动有关：该专业之前在外国语学院办学，师资力量较好，后因院校调整，划入经济管理学院，原教师队伍梯队和教学能力分布都比较成熟的大部分师资没有划入该专业，在调整后的 4 年内引进了 4 位应届硕士毕业生，新教师比例高达 57.1%，从校内专业绩效排名来看，新教师的教学能力对专业教学质量和专业发展造成较大的影响。从前文中芬克对教学能力的研究可见，教师的专业知识、教学设计、师生交互、课程管理等能力均会对学生的学习体验产生影响。因此，有必要从学生可雇佣性缺失项角度来反观高职新教师的教学能力核心要素。

① 全国职业院校专业设置管理与公共信息服务平台.高等职业学校拟招生专业设置备案结果数据检索平台. http://www.zjchina.org/mspMajorIndexAction.fo?&startcount=500,2019-04-06.

1. CareerEDGE 理论模型的结构要素

CareerEDGE 可雇佣性理论模型由英国中央兰开夏大学就业指导中心的罗伦·达西·波尔和彼得·斯维尔在 2007 年首次提出。2013 年他们通过"就业能力发展计划"项目在世界上多个国家的多所大学对该模型开展测试验证，测试采用自陈式问卷的形式，让大学生就可雇佣性模型的各要素进行自测。结果表明通过该模型中底层的可雇佣性五大要素对高校学生进行干预，可促进大学生对可雇佣性五大方面的反思与自我评价，通过对各项技能的有效反思与评价，进而提升高校毕业生的可雇佣性自我效能、自信和自尊，最终作用于并形成和外显为毕业生可雇佣性的提升(见图 2-17)。①

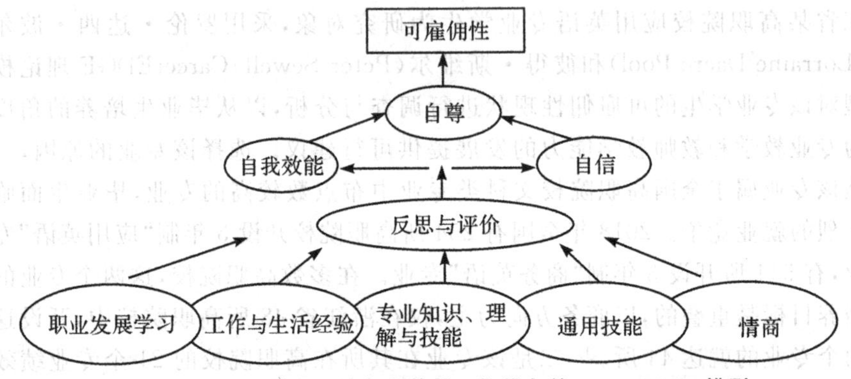

图 2-17　罗伦·达西·波尔和彼得·斯维尔的 CareerEDGE 模型

该理论模型为英国在大学生可雇佣性研究方面比较新且比较成熟的研究成果，由三个层次构成，CareerEDGE 就来自底层五大要素的英文缩写，即职业发展学习(Career Development Learning)、工作与生活经验(Experience-Work & Life)、专业知识理解与技能(Degree Subject Knowledge, Understanding & Skills)、通用技能(Generic Skills)、情商(Emotional Intelligence)，它们构成大学生可雇佣性的基础。中层部分包括反思和评价(Reflection and Evaluation)。顶层部分包括自我效能(Self-efficacy)、自信(Self-confidence)、自尊(Self-esteem)。②

---

① Lorraine Dacre Pool, Pamela Qualter, Peter J. Sewell. Exploring the Factor Structure of the CareerEDGE Employability Development Profile[J]. Education Training, 2014(4):303-313.

② Lorraine Dacre Pool, Peter Sewell. The Key to Employability: Developing a Practical Model of Graduate Employability[J]. Education Training, 2007(4):277-289.

2. 高职学生 CareerEDGE 可雇佣性调查结果分析

调查采用 CareerEDGE 模型验证的测量工具，2017 年 6 月，对浙江省高职院校 Q 学院某专业 2014—2016 级在校生（共 230 人）以自陈式问卷形式进行随机抽样调查。问卷通过班主任或任课教师以问卷星链接方式发放到班级 QQ 和微信群，学生以网络答题形式独立自愿完成，不受教师干预，结果可呈现被调查学生的真实现状。回收问卷 169 份，在年级分布上基本均衡，大一 56 人（占被调查总人数的 33.14%）、大二 61 人（占 36.09%）、大三 52 人（占 30.77%）。内容涉及 CareerEDGE 模型中底层 5 个维度，共 26 个问题，采用矩阵量表形式，1～5 级表示“完全不同意”、“比较不同意”、“不确定”、“比较同意”、“完全同意”。①

结果显示，被调查学生可雇佣性在五大要素上总体处于中等偏下水平（3.23）（见表 2-10），在情商与自我管理、职业发展学习方面表现较好，最弱为工作与生活经验，而问题解决能力和学业表现水平也较低。

表 2-10　高职学生可雇佣性五项要素总体情况表

维度	学业表现与学习技巧	情商与自我管理	职业发展学习	问题解决能力	工作与生活经验
均值	3.11	3.53	3.37	3.17	2.96
总均值	3.23				

从各要素的子能力情况（见表 2-11）来看，被调查学生认为自己最弱的能力选项是“我有很多工作相关经验（2.67）”和“我擅长做演讲（2.67）”，其次是“到目前为止，我的学业表现与我的职业期待一致（2.82）”和“我对目前自己的学业表现满意（2.83）”，最强的能力项是“我愿意为自己的决定承担责任（4.12）”，其次是“我可以在必要的时候注意细节（3.94）”。在职业发展学习方面，高职学生处于中等水平，职业取向和职业信息获取渠道有待改善。

总体来看，高职学生在自尊和自信上基本处于较高水平，自我责任意识较强，但自我效能感较弱，自我表达与展现能力、问题解决能力较低，不善于提出新想法，创新能力不足，在学业水平上提升空间较大。学业表现和学习技巧不理想成为高职学生可雇佣性偏低的主要影响因素，只有 29.59%的人满意自己的学业表现，76.33%认为自身学业表现和职业期待不一致（见图 2-18）。而英

① 详见何雪莲，祝怀新. 教育生态视域下高职学生可雇佣性结构现状及优化策略——以应用英语专业为例[J]. 职业技术教育，2018(20)：66—71.

国毕业生展望(Graduate Prospects)报告显示,学业水平是否出色是用人单位选择人才的关键判断标准,无论专业吻合度的高低,用人单位会以高校毕业生在校期间专业课程完成的出色度来判断其可雇佣性的高低。①

表 2-11 高职学生可雇佣性各项要素的子能力情况表

因素维度	子能力	单项均值	总均值
情商与自我管理	我能够很快地适应新的情况	3.56	3.53
	我有很好的口头表达能力	3.21	
	我擅长了解自我情绪	3.64	
	我擅长感知别人的情绪	3.75	
	我擅长提出新的想法	3.30	
	我可以在必要的时候注意细节	3.94	
	我总是乐于接受新思想新观点	3.68	
	我愿意为自己的决定承担责任	4.12	
	我擅长做演讲	2.67	
	我在团队中工作得很好	3.41	
	我能够有效地控制自己的情绪	3.60	
学业表现与学习技巧	我可以有效管理我的时间	3.19	3.11
	我对目前自己的学业表现满意	2.83	
	到目前为止,我的学业表现与我的职业期待一致	2.82	
	我有良好的计划和组织能力	3.17	
	我有良好的独立工作能力	3.54	
职业发展学习	我清楚毕业后自己想做什么工作	3.32	3.37
	我清楚我想做的工作的具体要求	3.29	
	我清楚哪里可以找到我感兴趣工作的相关信息	3.18	
	我清楚哪些工作适合我的性格	3.43	
	除金钱外,我清楚自己想从工作生活中获得什么	3.65	

① Graduate Prospects. Prospects Directory Salary and Vacancy Survey [R]. Manchester: Graduate Market Trends, 2005(6): 11-17.

续　表

因素维度	子能力	单项均值	总均值
问题解决能力	我对自己的算术水平满意	3.14	3.17
	我擅长解决问题	3.25	
	我对自己的计算机信息技术能力有信心	3.11	
工作与生活经验	我有很多工作相关经验	2.67	2.96
	我能够跟未来雇主解释我的经验的价值所在	3.25	

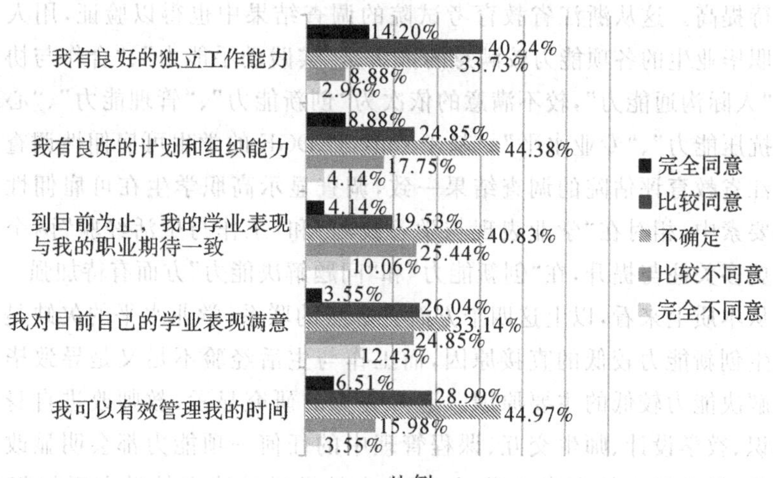

图 2-18　“学业表现与学习技巧”调查结果情况

（三）基于学生可雇佣性的高职新教师教学能力发展核心要素

麦可思、浙江省教育评估院和基于 CareerEDGE 模型的高职学生可雇佣性调查结果均反映：高职学生的可雇佣性整体情况有较大待提升空间。高职学生的可雇佣性偏低，很大程度上与他们的学业表现不符合期待、工作与生活经验缺乏而导致的职业迁移能力和可持续发展能力较弱有关。高职毕业生的可雇佣性很大程度上来源于专业学习成效，是高职院校教育教学的产出性结果。要提升学生的可雇佣性技能，首先要从教师身上寻找解决对策，教师要根据高职学生的可雇佣性现状，采取有针对性的培养策略，这就要求高职教师在自身的教学能力结构上，要具备能有效指导学生提升可雇佣性相关技能的知识和能力。

高职学生可雇佣性的缺失项应该成为高职院校人才培养和专业教学的侧重点和强调项，也为高职新教师教学能力培养在内容上提供了依据。麦可思、浙江省教育评估院和基于 CareerEDGE 模型的高职学生可雇佣性调查在高职毕业生可雇佣现状结论上基本形成了三角互证的结果。从麦可思对全国高职毕业生的调查结果的分析可见，高职学生职业不符合期待的原因来自“不符合兴趣爱好”、“不符合职业发展规划”、“不符合生活方式”等与毕业生个性相关的内在原因；对就业不满意和主动离职的原因也以“发展空间不足”、“收入低”、“工作能力不够造成压力大”、“对单位管理制度和文化不适应”为主。这些说明高职毕业生在创新能力、抗压能力和职业适应性上还有待提高。这从浙江省教育考试院的调查结果中也得以验证，用人单位对高职毕业生的各项能力较满意的依次是“实践动手能力”、“合作与协调能力”、“人际沟通能力”，较不满意的依次为“创新能力”、“管理能力”、“心理素质与抗压能力”、“专业水平”。基于 CareerEDGE 的学生可雇佣性调查结果与浙江省教育评估院的调查结果一致，调查显示高职学生在可雇佣性五大基础要素中，相对在“学业表现与学习技巧”和“工作与生活经验”两个方面需要更多关注与提升，在“创新能力”和“问题解决能力”方面有待加强。

从本质上来看，以上这四个方面有必然的联系，学业水平的欠缺是高职毕业生创新能力较低的直接原因，而工作与生活经验不足又是导致毕业生问题解决能力较低的主要原因。迪·芬克的研究显示，教师改进自身的专业知识、教学设计、师生交互、课程管理中的任何一项能力都会明显改善教学效果，提升学生的有意义学习，而其中教学设计能力是最主要的瓶颈。[①] 要提高学生的学业表现、学习技巧，首先就要提高教学质量。这就要求高职院校教师要从改进自己的知识和能力出发，提升教学技能，加强实践教学，改进教学质量，从而有针对性地改善高职学生可雇佣性中“学习技巧和工作实践经验”较弱的现状，提升学生的学业水平和实际问题的解决能力。

随着近年高职教育的大量扩招，大量引进新教师成为我国高职院校的一种常态。2017 年中国教育统计数据显示，全国高职院校有专任教师 482070 人，其中初级职称 91608 人(19.01%)，未定职级 50849 人(10.55%)。[②] 目前高

① L. Dee Fink. Creating Significant Learning Experiences: An Integrated Approach to Designing College Courses[M]. San Francisco: Jossey-Bass/John Wiley & Sons,2003: 22-23.

② 教育部. 2017 年教育统计数据[EB/OL]. (2018-08-06)[2019-04-09]. http://www.moe.edu.cn/s78/A03/moe_560/jytjsj_2017/.

职院校引进的新教师基本有硕士以上学位，一般在第三年可以评讲师职称，可见占专任教师总数29.56%的初级和未定职称教师基本为刚参加工作1—2年的新教师。这些新教师大部分没有师范教育和教学实习的经历。对于一般高职院校，高职新教师在接受短期的岗前培训之后，就进入课堂教学，教学设计能力更是高职新教师应该首先提升的教学能力项。而高职教育对教师的"双师型"教学能力要求，一方面给高职新教师提出了较高要求，另一方面也为新教师的教学能力发展指明了方向。这些一毕业就进入课堂的高职新教师，除了需要快速掌握理论课教学的基本教学技能之外，还需要尽快提升专业实践课程的教学能力，通过理论教学与实践教学能力的提升，调动学生主动构建知识的内在力量。尤其是在高职学生的原有知识水平和学习能力相对较弱的现实情况下，教师的教学能力尤为重要。这就决定了高职新教师在教学能力发展过程中不仅要注重提升教学设计能力、教学指导能力，更要加强课堂教学的实施与管理能力，以提升和改善教学效果，最终成功将自身的知识和能力转化成高职学生可接受的专业知识和岗位操作能力，提升学生可雇佣性技能。

小结：多维视域下的高职新教师教学能力发展要素模型建构

通过上文高职院校"双师型"素质要求、高职课堂有效教学要求、提升学生可雇佣性要求等不同视域下高职教育对教师教学能力发展维度要求的三角互证，我们有以下分析：

1.高职新教师的教学能力发展要素目标的确立，要基于高职院校对师资专业发展的整体要求、学生的可雇佣性培养要求和实现课堂有效教学等促进高职教学质量提升的基础性方面，以最大程度地满足高职院校人才培养和教育教学的需求为主要考量因素。

2."双师型"的教学能力是高职院校新教师教学能力发展的必然追求，"双师型"的教学能力培养是促进高职院校教育教学质量提升和新教师专业发展的有效手段和必然归宿。尤其对于高职专业课新教师而言，从应聘阶段开始到入职培养，教师以外的职业资格证书和专业实践能力已成为高职院校对他们的必然考察因素。

3.从有效教学角度考虑，提升高职院校课堂教学有效性的途径，除了提升教师知识与能力结构要素之外，教师的共情能力、与学生沟通能力等这些与专业知识与能力相关的"态度情感因素"也是决定教学是否能激发学生参与课堂积极性、得到学生认可的重要因素。对于这些态度因素和教学实践性知识，在缺少有目的培养、自我摸索成长的情况下，高职新教师们需要较长甚至几年的时间才能从教学实践中总结提高。因而，高职院校和高职新教师本人在培养和发展教学能力的过程中，要注意培养和发展新教师的交流沟通能力和情感感受能力，反映在教学能力上可体现于教学实施能力和教学管理能力。

4.课程类型和教学监督是提升课堂有效教学的重要外在因素。实用型课程和实践性较强的课程更能增强学生的参与积极性和学习主动性。因此，一方面，从高职新教师教学能力发展要素角度来看，高职院校要着力培养新教师的教学设计能力和专业实践能力，让新教师的课堂教学更具“理实一体”特征，让教学设计更符合高职学生的兴趣点和关注点，激发学生的参与热情。另一方面，从提升培养效果来看，高职院校可通过教学监督外在因素的促进作用提升新教师教学能力发展的自我意识。

5.高职学生的可雇佣性整体情况偏低与他们的学业表现不符合期待、工作和生活经验缺乏导致的职业迁移能力较弱等有关，高职毕业生有近一半(47%)因“个人空间发展不足”原因而离职①。因此，高职院校在培养高职新教师教学能力时，可将高职学生可雇佣性欠缺项作为确定教师教学能力要求和培养侧重内容的重要依据，重点提升新教师的实践教学能力和教学指导能力。

基于以上高职院校对教师的“双师型”素质要求、高职课程有效教学对教师的教学能力要求、提升高职学生可雇佣性对教师教学能力要求等不同维度的三角互证分析，本书认为高职新教师的教学能力发展可以以前文提出的高职“双师型”教师的教学能力三维模型作为其教学能力发展的近期和中期目标追求，形成高职院校新教师教学能力发展要素模型(图2-19)。

如图2-19所示，本书认为高职新教师教学能力发展首先要以“双师型”教学能力为发展目标。其中，根据高职新教师入职适应速度和教学能力提升速度的差异，可将教学领域各项子能力的发展作为其入职1年内的教学能力发展近期目标，这些能力也是高职院校在新教师培养期应重点培养的；将组织管理领域的协调力和领导力作为入职2年内的中期发展目标。专业能力领域的专业知识、专业技能、态度和组织管理领域的实践力和教学力贯穿高职新教师教学能力发展的始终。其原因在于，源于行业认知的实践力是高职“双师型”教师的教学能力的基本要素和固有个性特征，也是高职新教师——尤其是专业课教师——的教学能力发展不可或缺项和基础。对教学活动领域的各项教学技能的掌握能够促进高职新教师在组织管理领域和专业能力领域的各项能

① 麦可思数据有限公司. Q学院应届毕业生培养质量评价报告(2017)[R]. 2018: 13—29.

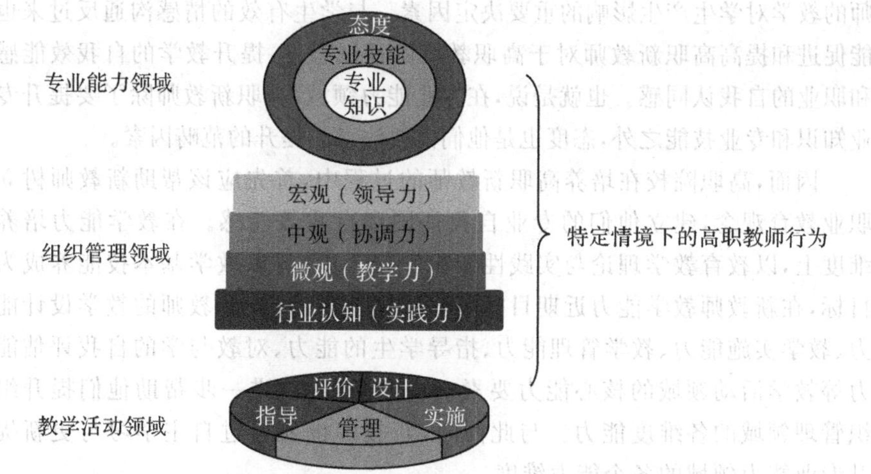

图 2-19　高职院校新教师教学能力发展要素模型

力提升，而组织管理领域的实践力和专业能力领域的专业知识、专业技能与态度反过来也会促进教学活动领域的基本教学技能的提升，特别体现在专业实践课程的教学过程中。高职教育的强实践性特征要求高职新教师既要上好专业理论课又要上好专业实践课，因而对于高职新教师在教学领域的教学基本技能的要求也具有理论和实践的双向性，是理实一体的综合要求。

总体而言，高职新教师可以在教学活动领域、组织管理领域、专业能力领域等三大领域提升教学能力，改善在特定情境下的教学行为。具体而言，高职新教师在入职的 2 年内，可将教学能力发展的近期目标重点放在教学知识层面和教学活动领域，通过一学期的在职师范教育培养、一学期的企业顶岗实践和导师制、学研活动、自我发展学习等系列培养项目和活动的结合，提升理论教学和实践教学能力。在教学知识层面，高职新教师要从提升与自己所任教专业和课程相关的专业本体性知识、专业教学条件性知识、专业与教学实践性知识等方面入手；在教学活动领域方面，提升课程教学前的教学设计能力、课程教学开始后的师生交互能力和课程管理能力等课堂教学基本能力，完成教学领域的设计、实施、管理、指导和评估等基础能力的提升与发展。在此过程中，组织管理领域以行业认知为路径的实践力、微观的教学力等培养和提升贯穿其中，在此基础上，组织管理领域中观的协调力和宏观的领导力等各项高层教学能力也得到逐步提升，逐渐实现新教师教学能力发展的中期目标。而这些能力的起点和终点都体现于高职新教师在专业能力领域的专业知识、专业技能和态度。

此外，从高职课程有效教学视角分析结果来看，了解和关注学生的学习需求、与学生进行有效沟通、对学生的建议做出有效反馈等态度情感因素也是教师的教学对学生产生影响的重要决定因素。与学生有效的情感沟通反过来也能促进和提高高职新教师对于高职教育的积极态度，提升教学的自我效能感和职业的自我认同感。也就是说，在专业能力领域，高职新教师除了要提升专业知识和专业技能之外，态度也是他们需要注意和提升的范畴因素。

因而，高职院校在培养高职新教师的过程中，首先应该帮助新教师树立职业教育观念，建立他们的专业自我认同和自我效能感。在教学能力培养维度上，以教育教学理论与实践性知识学习为中心，以教学基本技能养成为目标，在新教师教学能力近期目标培养阶段，重点培养新教师的教学设计能力、教学实施能力、教学管理能力、指导学生的能力、对教与学的自我评估能力等教学活动领域的核心能力要素。在此基础上，进一步帮助他们提升组织管理领域的各维度能力。与此同时，新教师也要通过自主学习与更新提升专业能力领域的各个能力维度。

在新教师的教学能力发展过程中，教学活动、组织管理、专业能力这三大领域能力呈现互融互促和螺旋推进关系，共同推进高职院校新教师职教能力实然状态上的螺旋式发展。专业能力是高职新教师教学能力得以发展和发展到何种程度的重要决定因素，反过来教师在教学活动领域和组织管理领域的各项能力发展又进一步提升了他们的专业知识和专业技能，影响或重塑专业态度。经过新教师培养阶段之后，高职新教师完成从教学能力新手阶段到胜任阶段的过渡。对于那部分注重自身专业发展的新教师而言，这种作用也可贯穿他们今后的专业发展全过程，促进和实现他们从教学能力发展的新手期到胜任期、成熟期，甚至到专家型的专业成长（如图 2-20）。

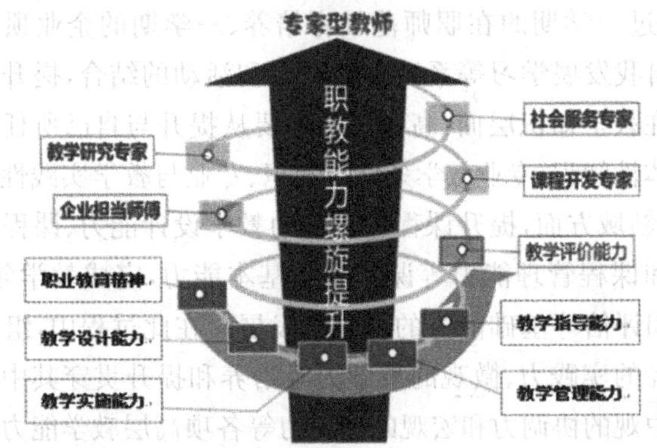

图 2-20　高职院校新教师教学能力发展要素模型①

① 本图借鉴了何百通教授 2017 年在《实践探索与整体推进》报告中的部分观点。

第三章　高职院校新教师教学能力发展现状与内在需求分析

上一章主要探讨了高职院校新教师应该发展什么样的教学能力，从高职院校对“双师型”教师的教学能力要求、高职课堂有效教学达成对教师的教学能力要求、高职学生可雇佣性培养对教师的教学能力要求等方面分析出了高职院校新教师教学能力发展的核心要素，并结合国内外典型教学能力结构模型，建构了高职新教师教学能力发展核心要素模型，为本章高职院校新教师教学能力需求情况调查表的研制提供学理依据。本章讨论了高职院校新教师的队伍结构、教学能力及其培养现状等情况，根据第二章的新教师教学能力核心要素模型构建了高职新教师教学能力需求情况调查问卷，运用问卷星对浙江省 7 所高职院校的新教师进行了教学能力发展内在需求情况的抽样调查，采用 SPSS25.0 软件对数据进行统计分析，以探寻高职院校新教师的教学能力实然表现与现实需求，为高职新教师教学能力发展路径和培养策略的研究提供支撑。

一、高职院校新教师教学能力现状与发展挑战

（一）高职院校新教师队伍结构整体情况

在我国高职院校的师资结构上，青年教师占比高是一种普遍现象。这与我国职业教育近十几年的快速发展有关。纵观中国职业教育发展进程，1996 年全国职业教育工作会议提出积极发展高等职业教育，1996 年 9 月 1 日《中华人民共和国职业教育法》实施，从法律层面正式确立了高等职业教育在我国教育结构和高等教育体系中的地位。高等职业教育进入规模扩张的快速发展期，一大批原来的高中专学校转型升级为专科学历的高职院校。尤其是 2000 年教育部《关于加强高职高专教育人才培养工作的意见》的实施和 2002 年全国职业教育工作会议召开之后，高等职业教育的办学规模迅速

扩张。高等职业教育的学校数量在1999年至2003年间从474所(职业技术学院161所,高等专业学校313所)猛增到908所(职业技术学院711所,高等专业学校197所)。在高等职业教育高速发展的这段时间,之前的部分高等专科学校陆续升格为本科,2010年全国有专科院校总计1246所,其中职业院校1113所,剩下的这些院校本质上也属于高等职业教育领域。从2011开始,教育部在国家教育统计数据中,将这些院校统称为高职(专科)院校,到2017年达到1388所(如图3-1)。①

高职院校的大规模扩张,导致教师的阶段性短缺现象严重,其结果是高职院校在一定时期内大量引进新教师,青年教师占比普遍较高。2017年的教育统计数据显示,全国高职院校的教职工人数达6695211人,其中专任教师482070人;在性别上,女专任教师261755人,占54.30%,高于本科高校(49.83%)、普通高中(53.08%)和普通中专(53.57%);在职称比例上(如图3-2),具有正高级职称的21731人(占总专任教师人数的4.51%),副高级职称123247人(占25.57%),中级职称194635人(占40.37%),初级职称91608人(19.01%),未定职级50849人(10.55%)。② 从职称比例来看,初级和未定职级专任教师的比例达到29.56%,与副高及以上专任教师比例之和(30.08%)接近,中级及以下教师合计占69.93%。按照目前的高职院校人才引进政策,专任教师在学历上一般都以硕士研究生为主,发达地区还有较多的博士研究生。应届硕士研究生一般入校满三年后即可评讲师职称,博士研究生则直接聘为讲师,满三年后可评副教授职称。由此可见,初级和未定级的教师是入职三年之内的新教师,讲师中也有一大部分是任职时间较短的新教师或青年教师,表明高职院校师资队伍中青年教师比例偏高。

高职院校中级及以下职称教师的高占比,可以反映出高职院校师资队伍中青年教师比例较多,女性教师较多。这些青年教师入职时间较短,教学经验和教学能力有待提升,在知识、能力水平等方面存在结构性矛盾。总体来看,在师资结构方面,高职院校新教师群体中存在结构性矛盾,主要表现为以下基本特征:

(1)新教师中女教师比例较高

2017年全国教育统计数据显示,全国高职院校有专任教师482070人,

① 教育部.1999年—2017年教育统计数据[EB/OL].[2019-04-09].http://www.moe.edu.cn/s78/A03/moe_560/s6200/.

② 教育部.2017年教育统计数据[EB/OL].(2018-08-06)[2019-04-09].http://www.moe.edu.cn/s78/A03/moe_560/jytjsj_2017/.

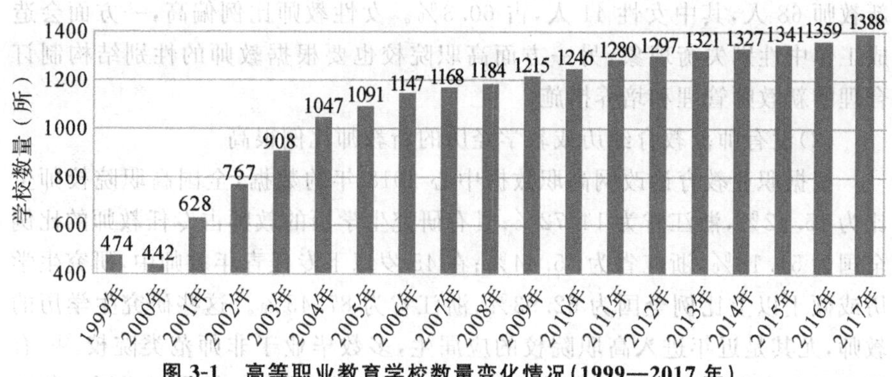

图 3-1　高等职业教育学校数量变化情况(1999—2017 年)

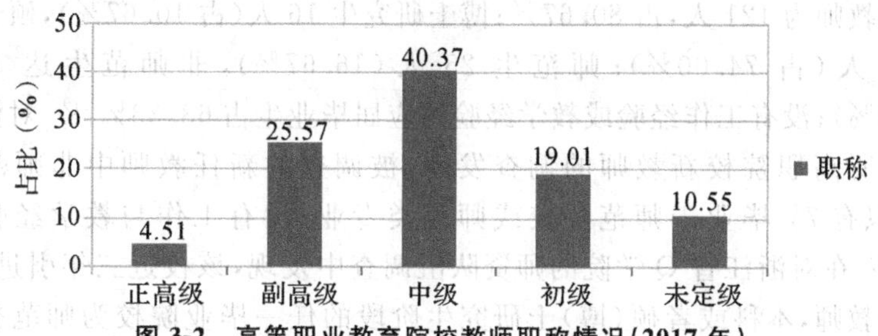

图 3-2　高等职业教育院校教师职称情况(2017 年)

资料来源:图 3-1、3-2 整理自教育部网站公布的 1999—2017 历年教育统计数据。

其中女专任教师 261755 人,占 54.30%。① 吴东照在对江苏省 S 市的 5 所高职院校新教师职业素养调研中发现,在被调查的 161 名近三年新进教师中,女性教师占总人数的 63%,男性教师占比为 37%。② 李娜对北京地区 5 所高职院校的 150 名新教师进行调查,显示女性教师占 62.67%,男性教师占比为 37.33%。③ 王春生等在对山东省滨州市的 3 所高职院校 150 名新教师的随机调查中发现高职院校新教师中的男女比例为 1:2。④ 在对高职院校 Q 学院的专任教师情况进行调查时发现,Q 学院在 2014—2016 年共引进专任

---

①　教育部. 2017 年教育统计数据[EB/OL]. (2018-08-06)[2019-04-09]. http://www.moe.edu.cn/s78/A03/moe_560/jytjsj_2017/.

②　吴东照. 我国高职院校新教师职业素养提升培训的调研与分析——以江苏省 S 市为例[J]. 教育教学论坛,2016(32):81—82.

③　李娜. 基于教师专业发展的高职院校新教师入职培训调查研究[J]. 职教论坛,2016(32):5—9.

④　王春生,赵大梅. 高职院校新教师入职需求的调查与分析[J]. 温州职业技术学院学报,2008,8(4):17—19.

新教师 68 人，其中女性 41 人，占 60.3%。女性教师比例偏高，一方面会造成工作中性别失衡现象，另一方面高职院校也要根据教师的性别结构制订合理的新教师管理和培养措施。

(2)没有师范教育经历或教学经历的新教师比例很高

根据职业教育诊改网高职数据中心 2018 年的数据，全国高职院校师生比为 15.42%，浙江省为 14.72%；具有研究生学历的教师占专任教师的比例全国为 51.18%，浙江省为 75.44%；在 45 岁以下专任青年教师中，研究生学历或硕士以上比例全国为 62.93%，浙江省为 87.45%。这些研究生学历的教师，尤其是近年进入高职院校的应届生，多数毕业于非师范类院校。① 有研究对北京市 5 所职业技术学院的 150 名教师进行调查，结果显示近三年入职的新教师为 121 人，占 80.67%；博士研究生 16 人（占 10.67%），硕士研究生 111 人（占 74.00%）；师范生 25 人（16.67%），非师范生达 125 人(83.33%)；没有工作经验或教学经验的应届毕业生占 63.33%。② 对江苏省 S 市 5 所高职院校新教师的调查发现，被调查的新任教师中非师范生占 93%，只有 7%毕业于师范院校或师范类专业；没有工作与教学经验的占 75%。③ 在对浙江省 Q 学院的师资队伍调查中发现，该校近三年引进 68 名专任新教师，本科或者硕（博）士研究生阶段的任一毕业院校为师范类院校或者师范类专业的仅有 10 人，占 14.7%，其中师范院校教育类专业毕业 2 人，师范院校非教育类专业 4 人，非师范类院校教育类专业 4 人；在教师来源上，68 位调查对象中，有 63 人为应届硕士研究生毕业，占 92.6%，没有教学经历。

(3)学历较高但实践能力较弱

从以上数据可见，目前我国高职院校教师在学历结构上以高学历者居多，有一半以上的专任教师具有硕士以上学位，在青年教师中，比例在 60%以上。许多高职院校在引进新教师时，基本实施了“硕士化”工程，以硕士研究生学历为最低门槛，多数以“985、211 工程”院校毕业的硕士（博士）研究生为应聘基本条件，但在应聘标准中没有对新教师的专业实践能力提出相应要求。这些新教师多数毕业于研究型高校，缺乏实践能力方面的教育，更不

① 职业教育诊改网. 高等职业院校人才培养工作状态数据采集与管理系统. http://zt.gdit.edu.cn/log/login.aspx.

② 李娜. 基于教师专业发展的高职院校新教师入职培训调查研究[J]. 职教论坛，2016(32)：5—9.

③ 吴东照. 我国高职院校新教师职业素养提升培训的调研与分析——以江苏省 S 市为例[J]. 教育教学论坛，2016(32)：81—82.

了解高等职业教育的特点。因此，新教师在入职期不能很快适应高职院校教学岗位的要求，出现了高学历与低专业实践能力的背离现象。

(二)高职院校新教师教学能力的实然状况

梳理有关高职院校新教师职业素养现状的已有研究，结合笔者一年来在Q学院新教师教学能力提升行动学习小组的研习活动中的实践研究观察，发现高职院校新教师普遍教学基本功较弱，尤其是实践教学能力欠缺。这主要和大部分新教师没有接受过师范教育，没有教育教学的相关知识以及缺乏实践经验有关。新教师在教学上的问题主要概括为以下几个方面：

(1)承担工作量大，难以适应多岗位工作。高职院校由于教师数量不足，新教师承担的授课工作量较大。有两份调查研究显示，新教师周课时数在10－16课时的分别占47%、51%，17－21周课时的占27.3%，21周课时或23周课时以上的占9%；新教师表示"缺少闲暇时间用于研修"或"没有充分的时间准备教学而造成教学负担过重"。① 笔者跟踪的Q学院新教师情况相对较好，一般承担一门课程的授课任务，但是多数新教师要担任班主任工作或者兼任其他行政岗位工作。因此，新教师在适应教学岗位的同时，还得适应班主任或其他行政工作，对于刚从学校毕业的新教师而言，多数难以快速适应多岗位的工作要求。工作量大造成新教师没有充分的时间备课和研究教学，缺少闲暇时间用于教学技能研修、提升课堂教学能力。

(2)教学内容把握不准，教学方法单一，教学效果不好。大部分新教师由于是初次接触教学，对教材内容和教学材料不熟悉，对教学内容的重点和难点把握不住，往往用面面俱到的"照本宣课"方式进行教学。高职院校的教学强调学生的实践操作和动手能力的培养，在教学方法上多采用任务型教学、案例教学、基于工作过程的仿真模拟教学等教学方法，以培养学生专业岗位需要的专业能力和技能。新教师往往不能结合高职教育的特点及高职院校学生理论学习接受能力较弱的现状特点，在授课过程中采用教师"一个人讲到底"的方式较多，不能合理地运用不同的教学方法，特别是在典型教学案例的选取与使用、学生小组活动的安排、学习任务的分配、情境教学中角色及任务的分配、小组作业的评价等方面，不能根据高职学生的特点和不同学情进行灵活调整，教学方法和手段单一，致使学生容易对教学产生厌

① 李娜.基于教师专业发展的高职院校新教师入职培训调查研究[J].职教论坛，2016(32)：5—9；王春生，赵大梅.高职院校新教师入职需求的调查与分析[J].温州职业技术学院学报，2008，8(4)：17—19.

倦情绪，不能激发学生的学习兴趣。王春生等的研究表明高职院校新教师普遍感觉自身的经验不足，导致教学困难，其中最突出的是“激发学生的学习动机（60%）”和“有效运用教学方法（59.5%）”这两个方面，然后是“控制课堂纪律（45.4%）”、“评价学生作业（36.6%）”、“确定学生学习水平（31.8%）”和“制定教学工作计划与授课计划（31.8%）”。①

(3)专业理论水平较高，实践经验不足，课堂驾驭能力低。课堂掌控能力是教学能力的重要方面，也是教师必备的教学技能之一。课堂掌控能力可包括教师的信息传递、对学生提问的反馈、授课时间的分配、处理课堂突发事件的教学机智等。课堂掌控能力是教师在教学实践过程中通过经验积累和教学反思而产生的一种实践性知识。高职院校的新教师多数都具备硕士研究生学历，有着较为扎实的专业理论知识，但往往缺少教学实践经验和专业实践能力，在授课过程中，偏理论轻实践，与高职院校学生的已有知识和经验差距较大，因此不能调动学生参与课堂。由于教学经验不足，教师的情绪容易受到学生影响，不能很好地调控课堂，甚至产生放任学生不管的消极情绪。

(4)缺乏教育教学基本知识，课堂教学自信心不足。新教师中非师范类应届毕业生居多，虽然他们的专业理论知识扎实，但没有接受过师范类课程教育，缺少教育学、教育心理学、教学方法等基本的教育教学理论知识学习，没有经历过师范类专业毕业生的教学实习，缺少教学实践经历，在进入教学工作岗位后，站稳讲台的信心不足。在我们的教学能力提升行动学习小组中，有不少教师在学研活动的心得总结中表露了初进课堂教学时的忐忑和不自信。

以下摘自新教师的研讨反思心得：

> “自从进校以来，只有短短的半年时间，但却让我看到很多自身问题，作为一名刚从高校进入工作职场的菜鸟，对于师范教育素养的缺乏和实践能力的不足让我不能自信地站上讲台。庆幸的是，经济管理学院对新进教师开展了一系列的提升教学与科研能力的研讨与培训，尤其是每周三新进教师的例会，成了我们的掘金之旅。”（新教师周老师）

> “我们大多数新教师都是从校门到校门，一是缺乏行业实践经验，二是没有师范教育背景，而作为老师，站稳讲台是第一要务。

① 王春生，赵大梅.高职院校新教师入职需求的调查与分析[J].温州职业技术学院学报，2008，8(4)：17—19.

对这件事，一开始我是无从入手、缺乏指导的。”（新教师曾老师）

“还记得刚来学校任教的那一个多月，每次上课我都自己站在讲台上，虽然我的眼神一直在关注着学生，但是和学生之间的距离始终很远。直到有一次监考，和我一同监考的另一位老师不停地在教室里走动，我心里很羡慕很佩服，因为我甚至不敢走下讲台。我在心底告诉自己，我也一定要试试走下讲台。”（新教师彭老师）

“从刚入校时角色转变过程的懵懵懂懂，到鼓足勇气站上讲台的忐忑不安，再到现在逐步制订职业规划阶段的清晰明确，静心回顾这大半年来的教学工作，我看到了自己的成长和进步。对于我们职业院校的新入职教师来说，面临着从学校到学校的尴尬境遇，处在师范教育的缺失和实践经验不足的困境中……”（新教师郑老师）

（三）高职院校新教师的教学能力培养现状

近年，作为高职院校教师专业化发展的重要内涵，教师的教学能力越来越受到关注和重视。各高校都建立了教师发展中心，加强新教师的教学能力培养，并逐步走向制度化、规范化、法制化，但也还存在一些问题：

（1）主体不明，内容和形式固化。教师教学能力发展的主体应该是教师，但目前，高职新教师教学能力发展往往以学校外推发展为主。形式上以高校教师资格培训和校本入岗培训为主，普遍采用资格证书制度和岗前短期培训形式。组织方式以集体培训为主，缺少个体需求关注。培训内容更注重教育教学理论和职业道德等教学条件性知识的学习，对新教师社会化过程中需要的学校规章政策、工作运行等方面的培训较少，对新教师应该具备的教学技能和专业实践教学能力方面重视不够，缺乏教学能力的在岗延展培养，加上高校“重科研轻教学”的考评机制，导致新教师教学能力发展受到阻碍。

（2）教师自我发展的动因不足，发展途径受限。教学能力发展基本呈现自发和外推两种路径。教学能力发展的目标、内容、进程和结果受教师的发展意识和主观能动性限制。目前，高职新教师过多依靠外部培训，自我更新发展能动性不足，自主化发展呈无序状态，导致培训效果受新教师个体的自我发展意识影响较大，新教师的教学能力个体差异较大，影响团队发展和整体教学质量。

（3）促进机制不够完善，系统规划不足。新教师教学能力培养在实践操作上，重讲座或培训的数量，轻培训的质量和效果；在培训结果上，重新教师对培训任务的完成情况，轻新教师个体对培训内容的需求情况；在活动安排上，重培训活动的开展，轻教师学习文化的学校整体氛围营造；在政策支持和实施过程上，强调制度的纪律约束，弱化对个体的人文关怀；在培训内容上，侧重理论知识的培训，缺少实践能力的训练；在培训形式上，以常规培训为主，欠缺载体的创新；在发展机制上，表现为考评办法不完善、过程监测不到位、激励措施不健全。

(4)教师发展中心的教学咨询功能缺失。教师发展中心多以教师培训为主要工作职责，在政策和制度支持体系上，缺少为新教师提供教学实践与教学学术咨询的功能，对二级学院的教师发展中心缺少政策和经费支持。

教师教学能力发展的最有效途径是内外结合，相互补充。国外经验表明，成功的职业教育新教师的帮扶项目是多元的、广泛的、全面的，不应该是任何一个机构的单独责任，而应该是一项多个相关机构或部门支持者共同协作的工作。

(四)高职院校新教师的教学能力发展面临的挑战

1.高职院校“双师型”教学能力要求对新教师的挑战

环境、实践活动、个性品质和遗传是影响个体能力发展的主要因素。[①]遗传因素是个人能力发展的物质性或先天智力性条件，环境是外界影响因素，个性品质是个体的主观影响因素，实践则是能力发展的基本途径或方法。在这四大要素之中，除了遗传具有相对稳定性之外，实践活动、环境和个性品质都随时处于变化之中，推动着人的能力的发展。作为能力的一种，教学能力也会随着教学主体与客体的认知结构、所处环境和内在关系的变化而变化。同样，高职院校新教师的理论和实践教学的内容和形式的变化，也会促使“双师型”教学能力结构及要求变化。

高职院校的课程设置是基于岗位工作过程的能力要求来开展的，职业能力核心课程兼具理论知识和实践能力培养的双重作用。随着授课类型的变化，对新教师教学能力的内涵和外延的认识与要求也会有扩展，理论课对新教师的知识传授能力要求较高，实践课则对新教师的实践能力要求更高。因此，高职院校对新教师的教学能力要求上表现出较强的动态性和实践性特征。一方面，动态性要求新教师要能够判断在授课过程中对理论知识讲解的深度与

① 宋明江.高职院校“双师型”教师教学能力发展研究——基于行动学习理论的视角[D].西南大学，2015:35.

广度，教师要清楚地知道针对高职院校学生的原有知识水平以及他们今后所要从事的工作岗位，需要哪些方面的理论知识，以及这些理论知识需要讲解到哪个深度。另一方面，教学本身的实践性和"双师型"教学能力的强实践性特征，决定了高职院校新教师在发展自身的教学能力过程中，仅停留在理论层面的学习是不够的，必须借助专业实践学习提升实践教学能力，并在教学实践中加以提升和发展。因此，高职院校新教师的教学能力发展除了需要新教师为学习而实践之外，更要他们在实践中学习，并为了实践去学习。

对于刚从大学毕业、具有硕士学位的大多数高职院校新教师而言，其专业理论知识水平基本能满足理论教学的需要，但高职教育"双师型"教学能力的强动态性和强实践性要求对他们的实践教学能力和有效教学提出了较大挑战。因为灵活处理教学内容、对学生原有认知结构的了解与掌握、掌控课堂和实践能力等这些教学过程中的技能，对新教师而言，原本就是他们教学实践中的最大问题，这些方面又恰恰是高职院校教师教学能力发展的重点。高职新教师不但要深度掌握和合理运用其所教专业领域的知识和技能，更重要的是要学会一种"转化"能力，即通过教与学的主体交互，激发学生主动构建知识的内在力量，将教师自身的知识转化为学生的知识与智慧，这是教师专业特殊性的体现。① 因此，教师教学能力的高低很大一部分取决于教师这种"转化"能力的水平。对于高职院校新教师来说，这种转化能力既包括知识层面也包括专业实践能力层面，这对新教师教学能力发展构成了很大的挑战。

2.高职院校新教师自我专业发展的挑战

教师的专业发展是教师内化的知识、能力、素质、教育体验等不断累积、扩展、更新和充实的过程。陈向明指出，教师专业发展不仅仅是指教师专业的规范化和自主权，更为重要的是要关注到每个教师个体所拥有和需要履行的专业自主发展，这需要教师个体具备知识积累、增长和更新的有效机制；而实践性知识可以成为教师专业发展的知识基础，因为实践渗透着教师的教学理念与教育信念，是教师的教育教学理念在教学实施中的体现和在教学方式上的显现，教师以"在行动中反思"的形式在教学实践中"发现问题、形成假设、采取对策"，而不仅仅是简单地专业知识应用。② 这一方面体

① 孙元涛.教师专业学习共同体：理念、原则与策略[J].教育发展研究，2011(22)：52—57.

② 陈向明.实践性知识：教师专业发展的知识基础[J].北京大学教育评论，2003(1)：104—112.

现了实践性知识在教师教学发展中的重要地位，另一方面也反衬出实践对于教学能力发展的方法价值。

高职院校是教学型高校，以教学育人为第一职能，教学能力是高职院校教师需要具备的第一能力。高等职业教育以培养社会生产和服务一线的高素质技术技能人才为目标，这要求教师首先要有传授技术技能的知识和应用技术技能的能力。因此，在高职院校新教师的专业成长与发展过程中，实践性知识和实践性能力的学习、提升和发展是教师的自我专业发展中的重要方面。这里所说的实践性知识和能力不仅指教学中的实践性知识与技能，更指专业应用中的实践性技能。有研究指出，教学中的实践性知识包括教师的教育信念、自我知识、与学生相处的人际知识、情境知识（反映于教师的教学机智）、教学活动的策略知识和批判反思知识。① 这些方面的实践性知识是所有类型教师在其专业成长中都应该具备的素养。对专业知识的应用与实践能力则是高职教育赋予高职专业课教师或"双师型"教师的第二种实践性知识，也是对高职院校教师的教学能力发展的特殊要求。由此，从高职院校新教师自身专业发展角度看，在入职后如何较为系统地学习与累积这两方面的实践性知识并尽快提高教学实践能力和专业课的实践教学能力，对高职院校新教师也具有很大的挑战性。

二、高职院校新教师教学能力发展需求情况调查与分析

在高职新教师的教学能力培养过程中，首先要明确新教师的教学能力需求情况，然后才可以有针对性地制定培养方案，合理安排培训内容，确定培养策略和实施路径。为了解高职新教师教学能力发展的内在需求情况，以便为新教师教学能力培养的实践方案提供依据，笔者对浙江省高职院校新教师进行了随机抽样调查，以下就调查的情况和结果进行分析。

（一）调查研究设计

1.研究对象

笔者对包括 Q 学院在内的 7 所浙江省高职院校进行了抽样调查，调查

① 陈向明.实践性知识：教师专业发展的知识基础[J].北京大学教育评论，2003(1)：104—112.

对象主要为入职1—3年的高职院校新教师，以入职1年的新教师为主。调查以问卷的形式通过问卷星平台发放，由调查对象通过网络独立完成，回收到问卷187份。被调查院校在类型上包括公办高职院校和民办高职院校，在院校性质上包括国家示范（优质）高职院校、省级示范（优质）高职院校和一般高职院校。在地域分布上涉及杭州、金华、温州、宁波、绍兴、台州、衢州等地，基本覆盖了浙江省发达、中等发达和欠发达地区。浙江省的高职教育总体在全国处于较高水平，对师资的要求也相对较高，而且样本在院校分布和地域分布上较合理，因此具有较好的代表性。研究对象的具体情况分布如表3-1所示。

表3-1 研究对象的具体分布情况

类别		人数	比例
性别	男	72	38.5%
	女	115	61.5%
入职年限	1年	161	86.1%
	2年	14	7.49%
	3年	12	6.41%
受教育程度	博士	4	2.14%
	硕士	152	81.28%
	学士	31	16.58%
毕业学校性质	985或211师范类高校	26	13.9%
	985或211综合性高校	56	29.95%
	普通师范类高校	27	14.44%
	普通综合性高校	78	41.71%
工作学校性质	国家示范（优质）高职院校	89	47.59%
	省级示范（优质）高职院校	19	10.16%
	一般高职院校	79	42.25%
任教专业	文科专业	108	57.75%
	理工科专业	49	26.2%
	医科专业	30	16.04%

2.研究工具

本次调查问卷在参考了徐继红①、宋明江②等人相关问卷设计的基础上，根据文献分析和高职新教师教学能力发展核心要素模型(图 2-19)修改编制而成。问卷由调查对象基本信息和自我评价式问卷主体两部分构成。依据第二章构建的高职新教师教学能力发展核心要素模型，根据高职新教师课堂驾驭能力低的特点，问卷将调查的重心放在高职新教师教学能力的近期发展目标，即教学活动领域和专业能力领域，综合考虑组织管理领域。问卷主体包括教学知识、教学技能、教学态度、教学发展 4 个一级维度，下设 11 个二级子能力维度(见表 3-2)，共计 34 个自我评价题，题目有正反向两种提问方式(详见附录)。其中，教学知识维度包括教育学知识和学科知识；教学技能维度主要包括教学领域的五项子能力，即教学设计、教学实施、教学管理、教学指导、教学评价；教学态度维度包括高职新教师对待和从事高职教育的教育信念和敬业精神；教学发展维度则主要调查高职新教师的自我职业生涯规划和教育研究创新情况。问题以矩阵量表题的形式呈现，采用李克特(Likert)量表正向计分方式，1－5 依次表示“完全不同意、比较不同意、不确定、比较同意、完全同意”。问卷回收后，采用问卷星 SPSSAU 在线分析、SPSS25.0 统计分析软件对数据进行统计和分析。

表 3-2　高职新教师教学能力发展需求调查维度

能力维度	子能力维度	题目序号
教学知识	教育学知识	1－4
	学科知识	5－8
教学技能	教学设计	9－11
	教学实施	12－13
	教学管理	14－17
	教学指导	18－19
	教学评价	20－22

① 徐继红.高校教师教学能力结构模型研究[D].长春：东北师范大学，2013：164—168.

② 宋明江.高职院校“双师型”教师教学能力发展研究——基于行动学习理论的视角[D].重庆：西南大学，2015：163—164.

续 表

能力维度	子能力维度	题目序号
教学态度	教育信念	23—24
	敬业精神	25—27
教学发展	生涯规划	28—31
	研究创新	32—34

3. 问卷适切性

(1)信度

笔者采用 Cronbach α 系数方法测度，直接采用问卷星 SPSSAU 软件在线分析服务功能进行分析。通常而言，信度系数在 0.8 以上说明信度非常好，0.7—0.8 之间较好，0.6—0.7 可接受，低于 0.6 时不可信。① 经过检验，问卷的整体 Cronbach α 系数 0.992，CITC 介于 0.764—0.954 之间（如表 3-3）；各维度间 Cronbach α 系数分别为 0.983、0.981、0.970、0.989、0.961、0.842、0.949、0.972、0.984、0.956。由此可见，问卷总体信度和各维度信度系数均大于 0.8，绝大部分大于 0.9，说明研究数据信度质量高，分析项之间具有良好的相关关系，从总体上看该调查问卷的内在信度非常好，一致性较高。

表 3-3 问卷整体信度表

Cronbach 信度分析			
名称	校正项总计相关性（CITC）	项已删除的 α 系数	Cronbach α 系数
Q1	0.832	0.992	
Q2	0.87	0.992	
Q3	0.818	0.992	
Q4	0.832	0.992	
Q5	0.908	0.991	
Q6	0.902	0.991	

① 杨晓明. SPSS 在教育统计中的应用（第 2 版）[M]. 北京：高等教育出版社，2012：320.

续 表

名称	校正项总计相关性(CITC)	项已删除的α系数	Cronbach α 系数
Q7	0.816	0.992	
Q8	0.882	0.991	
Q9	0.871	0.991	
Q10	0.901	0.991	
Q11	0.914	0.991	
Q12	0.934	0.991	
Q13	0.926	0.991	
Q14	0.898	0.991	
Q15	0.934	0.991	
Q16	0.868	0.991	
Q17	0.88	0.991	
Q18	0.894	0.991	
Q19	0.764	0.992	
Q20	0.909	0.991	0.992
Q21	0.855	0.992	
Q22	0.872	0.991	
Q23	0.954	0.991	
Q24	0.929	0.991	
Q25	0.954	0.991	
Q26	0.942	0.991	
Q27	0.939	0.991	
Q28	0.905	0.991	
Q29	0.937	0.991	
Q30	0.821	0.992	
Q31	0.785	0.992	
Q32	0.855	0.992	
Q33	0.868	0.991	

续　表

名称	校正项总计相关性(CITC)	项已删除的α系数	Cronbach α 系数
Q34	0.861	0.992	
标准化 Cronbach α 系数：0.992			

(2)构念区辨力

在构念区辨力方面，依照邱皓政的建议，采用模型竞争法对问卷进行检验。① 本次采用 AMOS24.0 结构方程模型软件检验问卷的构念区辨力，结果如表 3-4 所示：

表 3-4　构念区辨力竞争模式摘要

组别	限制模式 χ^2	未限制模式 χ^2	$\Delta\chi^2$
教学知识与教学技能	147.19	126.05	21.14*
教学知识与教学态度	21.08	0.19	20.89*
教学知识与教学发展	30.33	0.28	30.05*
教学技能与教学态度	175.25	148.76	26.49*
教学技能与教学发展	146.43	111.14	35.29*
教学态度与教学发展	33.90	0.49	33.41*

*：$P<0.05$

模型竞争法是比较限制模型与未限制模型之 χ^2 值，二模型的 χ^2 相减，若大于 3.84($P<0.05$)，则表示两个维度之间具有构念区辨力。表 3-4 中，教学知识、教学技能、教学态度、教学发展两两之间的六组模型的 $\Delta\chi^2$ 都大于 3.84，都达到显著差异($P<0.05$)，表示这些潜在变量之间构念具有区辨力，内在结构适配度可接受。

(二)调查结果与分析

1.高职新教师教学能力发展需求的总体情况

笔者从教学知识、教学技能、教学态度、教学发展 4 个一级能力维度，教育学知识、学科知识、教学设计、教学实施、教学管理、教学指导、教学评价、教育

① 邱皓政.结构方程模型的原理与应用[M].北京：中国轻工业出版社，2010.

信念、敬业精神、生涯规划、研究创新11个二级能力维度方面，对高职新教师教学能力发展培养的需求情况进行调查，从而考察和发现高职院校新教师教学能力发展的总体需求情况（表3-5）和各分项需求情况（表3-6）。

表3-5 高职新教师教学能力发展整体需求情况

描述统计					
维度	N	最小值	最大值	均值	标准偏差
教学知识	187	1	5	4.48	.845
教学技能	187	1	5	4.52	.746
教学态度	187	1	5	4.59	.755
教学发展	187	1	5	4.43	.771
有效个案数（成列）	187				

表3-6 高职新教师教学能力发展各分项需求情况

描述统计					
维度	N	最小值	最大值	均值	标准偏差
教育学知识	187	1	5	4.44	.903
学科知识	187	1	5	4.53	.850
教学设计	187	1	5	4.54	.811
教学实施	187	1	5	4.57	.812
教学管理	187	1	5	4.54	.793
教学指导	187	1	5	4.50	.784
教学评价	187	1	5	4.48	.776
教育信念	187	1	5	4.59	.804
敬业精神	187	1	5	4.59	.762
生涯规划	187	1	5	4.44	.777
研究创新	187	1	5	4.43	.811
有效个案数（成列）	187				

从表3-5可以看出，高职新教师在教学态度和教学发展方面整体呈现良好的状态，均值分别达到4.59和4.43，具有较好的教学态度和教学发展意识。这也体现于表3-6的各分项能力上，高职新教师对教育信念和敬业精神

的自我评价最高,均值都达到 4.59,表现为新教师们有较好的责任感和敬业精神,愿意在教学上投入时间和精力。另外,表 3-5 可见,高职新教师在教学知识和教学技能方面提升需求较高,均值为 4.48 和 4.52,说明总体而言,高职新教师们认为自身的高职教学知识和教学技能不足,需要重点发展。从表 3-6 的分项能力上可以看出,高职新教师教学能力发展需求排名前三项是教学实施(均值 4.57)、教学管理(均值 4.54、赞同率 94.25%)和教学设计(均值 4.54、赞同率 93.94%),这说明高职新教师们需要在这些教学基本环节上提升能力,从而使教学能力得到整体发展。

总体而言,高职新教师在教学态度和教学发展上表现较好,但在教学知识和教学技能上需要提升,其中对教学技能的提升需求最高,具体需要提升的能力从高到低依次为教学实施>教学管理>教学设计>教学指导>教学评价。

2. 高职新教师教学能力发展需求的各项具体情况

在分析了高职新教师教学能力发展需求的总体情况之后,还需要了解高职新教师在 11 个子维度的各项具体情况,以下就各项进行具体分析。

(1)关于教育学知识

总体来看,表 3-7 中,90.25%的被调查高职新教师认为需要教育学方面的学习提升,有 90.91%的人表示需要了解最新的职业教育改革理念,89.84%的人表示需要了解课程设计原理。这说明绝大部分被调查的高职新教师缺乏教育教学的基本知识,不清楚高职教育改革的最新理念。其中最需要引起注意的是,这些新教师多数不了解高职教育学生的特点,有 90.38%和 89.84%的被调查对象表示需要了解高职学生的特点与个性差异、学习习惯与学习能力。

表 3-7 高职新教师教育学知识需求情况表

题目/选项	完全不同意	比较不同意	不确定	比较同意	完全同意	均值	标准偏差
我需要了解最新的职业教育改革理念	5 (2.67%)	6 (3.21%)	6 (3.21%)	55 (29.41%)	115 (61.5%)	4.44	0.910
我需要了解课程设计的原理	6 (3.21%)	6 (3.21%)	7 (3.74%)	52 (27.81%)	116 (62.03%)	4.42	0.949

续 表

题目/选项	完全不同意	比较不同意	不确定	比较同意	完全同意	均值	标准偏差
我需要了解高职学生的特点和个性差异	7（3.74%）	5（2.67%）	6（3.21%）	48（25.67%）	121（64.71%）	4.45	0.962
我需要了解高职学生的学习习惯和学习能力	7（3.74%）	5（2.67%）	7（3.74%）	47（25.13%）	121（64.71%）	4.44	0.968
小计	25（3.34%）	22（2.94%）	26（3.48%）	202（27.01%）	473（63.24%）	4.44	0.947

（2）关于学科知识

从表 3-8 可以看出，被调查高职新教师对学科与学科教学法方面知识的需求较高，这项的总体均值较高，有 93.45% 表示了需求赞同。从细分项来看，从高到低依次分别为学科教学内容（94.11%）、学科教学方法（93.58%）、专业相关领域知识（93.58%）、学科评价方法（92.52%）。这个结果也表明这些新教师大部分在大学本科和研究生学习期间没有进行过学科教学法方面的学习。

表 3-8　高职新教师学科知识需求情况表

题目/选项	完全不同意	比较不同意	不确定	比较同意	完全同意	均值	标准偏差
我需要学习所教学科的教学内容	7（3.74%）	1（0.53%）	3（1.6%）	47（25.13%）	129（68.98%）	4.55	0.875
我需要学习所教学科的教学方法	7（3.74%）	2（1.07%）	3（1.6%）	47（25.13%）	128（68.45%）	4.53	0.894

续　表

题目/选项	完全不同意	比较不同意	不确定	比较同意	完全同意	均值	标准偏差
我需要学习所教学科的评价方法	6 (3.21%)	3 (1.6%)	5 (2.67%)	52 (27.81%)	121 (64.71%)	4.49	0.888
我需要学习所教专业相关领域的知识	7 (3.74%)	1 (0.53%)	4 (2.14%)	49 (26.2%)	126 (67.38%)	4.53	0.882
小计	27 (3.61%)	7 (0.94%)	15 (2.01%)	195 (26.07%)	504 (67.38%)	4.53	0.885

(3)关于教学设计

表 3-9 显示，高职新教师在教学设计能力方面的需求均处于较高层级，总体上有 93.94%的被调查对象表示有教学设计方面的提升需求。具体来看，高职新教师对如何根据教学目标和学生水平开展课程教学内容设计和教学项目开发等能力方面需求最高，均值达 4.59，94.65%的人表示了需求赞同。其次是根据专业目标和学生学习需求制定教学目标，均值为 4.53，93.58%的被调查者表示有学习需求。再次是“互联网＋教学”设计与改革能力，均值为 4.51，93.58%赞同需要提升此项能力。

表 3-9　高职新教师教学设计需求情况表

题目/选项	完全不同意	比较不同意	不确定	比较同意	完全同意	均值	标准偏差
我需要学习如何根据专业目标和学生学习需求制定恰当教学目标	6 (3.21%)	3 (1.6%)	3 (1.6%)	49 (26.2%)	126 (67.38%)	4.53	0.876

续 表

题目/选项	完全不同意	比较不同意	不确定	比较同意	完全同意	均值	标准偏差
我需要学习如何根据课程目标和学生水平，设计课程教学内容、开发教学项目	5 (2.67%)	2 (1.07%)	3 (1.6%)	45 (24.06%)	132 (70.59%)	4.59	0.814
我需要提升运用信息技术开展“互联网＋教学”设计与改革的能力	6 (3.21%)	2 (1.07%)	4 (2.14%)	53 (28.34%)	122 (65.24%)	4.51	0.864
小计	17 (3.03%)	7 (1.25%)	10 (1.78%)	147 (26.2%)	380 (67.74%)	4.54	0.851

(4)关于教学实施

表 3-10 的数据显示，高职新教师在教学实施能力上的提升总需求均值达 4.57，有 94.65%的被调查新教师有学习提升需求。具体项目虽然在均值上有细小差距，但都有 94.65%的人表示需要提升“采用适当教学方法和组织课堂活动的能力”以及“与学生开展对话与辅导的能力”。

表 3-10　高职新教师教学实施需求情况表

题目/选项	完全不同意	比较不同意	不确定	比较同意	完全同意	均值	标准偏差
我需要学习如何依据教学目标和教学内容，采用适当的教学方法和组织课堂活动	5 (2.67%)	3 (1.6%)	2 (1.07%)	43 (22.99%)	134 (71.66%)	4.59	0.827

续　表

题目/选项	完全不同意	比较不同意	不确定	比较同意	完全同意	均值	标准偏差
我需要提升在教学中与学生开展对话与辅导的能力	5 (2.67%)	4 (2.14%)	1 (0.53%)	51 (27.27%)	126 (67.38%)	4.55	0.844
小计	10 (2.67%)	7 (1.87%)	3 (0.8%)	94 (25.13%)	260 (69.52%)	4.57	0.835

(5)关于教学管理

表3-11可见，94.25%的被调查高职新教师表示需要提升教学管理能力，且各问题项的均值相当。94.65%表示需要提升教学中建立公平公正班级氛围的能力，94.12%有学习“应对和处理课堂偶发事件的技能”需求，94.65%认为需要学习“监控课堂纪律、促进学生参与课堂”方面的技能，93.59%的人表示自己可以通过寻求他人的帮助来提高课堂管理成效。结果表明，高职新教师多数有课堂管理能力提升方面的需求，而且他们也乐意并能够寻求他人的帮助，这种开放的学习心态将有利于教学能力培养项目的顺利开展。

表3-11　高职新教师教学管理需求情况表

题目/选项	完全不同意	比较不同意	不确定	比较同意	完全同意	均值	标准偏差
我需要提升在教学中建立促进学生学习的公平公正的班级氛围的能力	6 (3.21%)	2 (1.07%)	2 (1.07%)	49 (26.2%)	128 (68.45%)	4.56	0.849

续 表

题目/选项	完全不同意	比较不同意	不确定	比较同意	完全同意	均值	标准偏差
我需要学习如何应对和有效处理课堂偶发事件的技能	6 (3.21%)	1 (0.53%)	4 (2.14%)	48 (25.67%)	128 (68.45%)	4.56	0.843
我需要学习监控课堂纪律、促进学生参与课堂的技能	6 (3.21%)	2 (1.07%)	2 (1.07%)	53 (28.34%)	124 (66.31%)	4.53	0.850
我能寻求他人帮助,提高课堂管理成效	5 (2.67%)	3 (1.6%)	4 (2.14%)	56 (29.95%)	119 (63.64%)	4.5	0.845
小计	23 (3.07%)	8 (1.07%)	12 (1.6%)	206 (27.54%)	499 (66.71%)	4.54	0.847

(6)关于教学指导

表3-12的数据说明高职新教师在教学指导能力方面呈现不同的需求情况,多数被调查新教师认为需要提升指导学生学习策略的能力,但可以指导学生开展专业技能实践。具体而言,95.72%的人认为需要学习基本的学习策略用于指导学生专业学习,90.37%的人认为自己可以指导学生开展专业技能实践。

表3-12 高职新教师教学指导需求情况表

题目/选项	完全不同意	比较不同意	不确定	比较同意	完全同意	均值	标准偏差
我需要学习基本的学习策略以指导学生进行专业学习	5 (2.67%)	2 (1.07%)	1 (0.53%)	48 (25.67%)	131 (70.05%)	4.59	0.800

续　表

题目/选项	完全不同意	比较不同意	不确定	比较同意	完全同意	均值	标准偏差
我能指导学生开展专业技能实践	5 (2.67%)	1 (0.53%)	12 (6.42%)	65 (34.76%)	104 (55.61%)	4.4	0.852
小计	10 (2.67%)	3 (0.8%)	13 (3.48%)	113 (30.21%)	235 (62.83%)	4.5	0.826

(7)教学评价

从表3-13的数据可以看出，被调查的高职新教师在教学评价能力的需求情况方面，主要的需求集中在对学生的学习情况开展正确评估方面，有94.12%表示需要学习如何对学生的学习情况开展正确评估。在教学反思和自我教学评价方面，被调查的高职新教师表现较好，94.66%的人表示能依据教学目标反思自己的教学过程、教学方法和态度，94.65%的人则表示自己具备正确评价自己教学效果的知识和能力。

表3-13　高职新教师教学评价需求情况表

题目/选项	完全不同意	比较不同意	不确定	比较同意	完全同意	均值	标准偏差
我能依据教学目标反思自己的教学过程、方法及态度	5 (2.67%)	1 (0.53%)	4 (2.14%)	62 (33.16%)	115 (61.5%)	4.5	0.806
我具备正确评价自己的教学效果的知识和能力	5 (2.67%)	1 (0.53%)	4 (2.14%)	72 (38.5%)	105 (56.15%)	4.45	0.804
我需要学习如何正确评估学生的学习情况	5 (2.67%)	3 (1.6%)	3 (1.6%)	62 (33.16%)	114 (60.96%)	4.48	0.838

续　表

题目/选项	完全不同意	比较不同意	不确定	比较同意	完全同意	均值	标准偏差
小计	15 (2.67%)	5 (0.89%)	11 (1.96%)	196 (34.94%)	334 (59.54%)	4.48	0.816

(8)教育信念

表 3-14 显示,高职新教师在教育信念方面表现很好,对教学有责任感并能尊重和体谅学生,两个分项的均值都达到 4.59,"比较同意+完全同意"的选择率均达到 95.18%。

表 3-14　高职新教师教育信念情况表

题目/选项	完全不同意	比较不同意	不确定	比较同意	完全同意	均值	标准偏差
我对于教学工作具有责任感并尽力做好	6 (3.21%)	1 (0.53%)	2 (1.07%)	45 (24.06%)	133 (71.12%)	4.59	0.827
我能尊重和体谅学生,对学生始终如一	6 (3.21%)	1 (0.53%)	2 (1.07%)	45 (24.06%)	133 (71.12%)	4.59	0.827
小计	12 (3.21%)	2 (0.53%)	4 (1.07%)	90 (24.06%)	266 (71.12%)	4.59	0.827

(9)敬业精神

从表 3-15 的结果可以看出,高职新教师的敬业精神较好,96.25%的人愿意投入时间和精力探究教学问题,95.19%的被调查者能够反思自己教学中的优缺点并及时改进教学,95.72%的人愿意与他人分享教学心得与疑惑。

表 3-15　高职新教师敬业精神情况表

题目/选项	完全不同意	比较不同意	不确定	比较同意	完全同意	均值	标准偏差
我愿意投入时间和精力探究教学问题	5 (2.67%)	1 (0.53%)	1 (0.53%)	49 (26.2%)	131 (70.05%)	4.6	0.778
我能反思自己教学上的优缺点并及时改进	5 (2.67%)	1 (0.53%)	3 (1.6%)	48 (25.67%)	130 (69.52%)	4.59	0.794
我乐意与同事分享教学心得或疑惑	5 (2.67%)	1 (0.53%)	2 (1.07%)	52 (27.81%)	127 (67.91%)	4.58	0.788
小计	15 (2.67%)	3 (0.53%)	6 (1.07%)	149 (26.56%)	388 (69.16%)	4.59	0.787

(10)生涯规划

表 3-16 显示，大部分被调查的高职教师能够规划自己的职业生涯并愿意做出一些提升教学能力的行为，如积极寻求校内外培训、建立教学档案等，表示赞同的各项选择率依次为 93.59%、95.19%、89.84%、88.23%。结果也显示，相比自我寻找校外培训(89.84%)，新教师们更愿意参加学校组织的校内教师培训项目(95.19%)。这从侧面反映出新教师们还是更倾向于外部培训式的教学能力发展方式，自我更新发展的主动性还需要提升。

表 3-16　高职新教师生涯规划情况调查表

题目/选项	完全不同意	比较不同意	不确定	比较同意	完全同意	均值	标准偏差
我有自己的职业理想和教学生涯规划	5 (2.67%)	1 (0.53%)	6 (3.21%)	60 (32.09%)	115 (61.5%)	4.49	0.819

续 表

题目/选项	完全不同意	比较不同意	不确定	比较同意	完全同意	均值	标准偏差
我积极参与学校组织的各种校内外教师培训项目	5 (2.67%)	0 (0%)	4 (2.14%)	56 (29.95%)	122 (65.24%)	4.55	0.784
我积极自我寻找校外教师培训项目	5 (2.67%)	2 (1.07%)	12 (6.42%)	68 (36.36%)	100 (53.48%)	4.37	0.866
我有建立个人教学档案、记录教学发展历程的习惯	5 (2.67%)	4 (2.14%)	13 (6.95%)	66 (35.29%)	99 (52.94%)	4.34	0.903
小计	20 (2.67%)	7 (0.94%)	35 (4.68%)	250 (33.42%)	436 (58.29%)	4.44	0.843

(11)研究创新

据表3-17的数据，总体来看，高职新教师的教学研究意识及能力较好，91.62%的被调查者对研究创新能力表示自我认同。具体来看，92.52%的人表示能关注教学问题并开展探讨研究，91.97%的人认为自己了解本专业教学研究的基本方法，90.38%的人可以利用本人或他人的教学研究成果以改进教学。这主要得益于目前我国高职院校对教师的学历要求比较高，大部分新入职的教师都具有硕士研究生以上学历，受过良好的学术研究训练，具有较好的研究能力和基础。从前文受教育程度调查结果可见，被调查对象中有83.42%的人为硕士或博士。

表 3-17　高职新教师研究创新情况表

题目/选项	完全不同意	比较不同意	不确定	比较同意	完全同意	均值	标准偏差
我能关注教学问题，开展研究探讨	5 (2.67%)	1 (0.53%)	8 (4.28%)	62 (33.16%)	111 (59.36%)	4.46	0.831
我了解本专业教学研究的基本方法	5 (2.67%)	1 (0.53%)	9 (4.81%)	68 (36.36%)	104 (55.61%)	4.42	0.834
我善于利用自己或他人的教学研究成果，改进教学	5 (2.67%)	3 (1.6%)	10 (5.35%)	60 (32.09%)	109 (58.29%)	4.42	0.878
小计	15 (2.67%)	5 (0.89%)	27 (4.81%)	190 (33.87%)	324 (57.75%)	4.43	0.848

3. 高职新教师教学能力发展需求情况的差异性分析

为了解不同人群的高职新教师在教学能力需求情况上是否存在差异，笔者用 SPSS25.0 软件对数据进行了独立样本 t 检验和单因素方差分析。结果发现，在性别、入职年限、毕业院校性质、工作学校性质、任教专业上，在 11 个子能力维度均不存在显著性差异。高职新教师对教学实施能力的需求情况在“受教育程度”因素上存在显著性差异(见表 3-18、3-19)。

表 3-18　方差齐性检验结果

方差齐性检验					
教学实施		莱文统计	自由度 1	自由度 2	显著性
Q4E	基于平均值	4.843	2	184	.009*
	基于中位数	2.510	2	184	.084
	基于中位数并具有调整后自由度	2.510	2	160.306	.084
	基于剪除后平均值	4.113	2	184	.018

表 3-19 多重比较判别

多重比较								
因变量		(I)E	(J)E	平均值差值(I－J)	标准错误	显著性	95% 置信区间	
							下限	上限
Q4E	LSD	1.00	2.00	.24342	.40794	.551	-.5614	1.0483
			3.00	-.10484	.42787	.807	-.9490	.7393
		2.00	1.00	-.24342	.40794	.551	-1.0483	.5614
			3.00	-.34826*	.15871	.029	-.6614	-.0351
		3.00	1.00	.10484	.42787	.807	-.7393	.9490
			2.00	.34826*	.15871	.029	.0351	.6614
	塔姆黑尼	1.00	2.00	.24342	.25987	.793	-.8708	1.3577
			3.00	-.10484	.25657	.975	-1.2459	1.0363
		2.00	1.00	-.24342	.25987	.793	-1.3577	.8708
			3.00	-.34826*	.09144	.001★	-.5694	-.1271
		3.00	1.00	.10484	.25657	.975	-1.0363	1.2459
			2.00	.34826*	.09144	.001	.1271	.5694

*：平均值差值的显著性水平为 0.05。

备注：Q4 表示第 4 个子能力维度，即教学实施；E 表示受教育程度；1.00、2.00、3.00 表示组别，分别对应博士、硕士、学士。

从表 3-18 的方差齐性检验结果可见，显著性(Sig)＝0.009<0.05，说明方差具有非齐次性，因此只需要看表 3-19 中下半段塔姆黑尼(Tamhane'T2)判别法的结果。从表 3-19 可见，在第 7 列中第 2、3 组之间的显著性＝0.001(标★处)，远小于 0.05，表示这两组之间具有显著性差异；在第 5 列中，* 表示第 2、3 组的均值差在 0.05 水平上有显著性差异。因此，从表 3-19 中的塔姆黑尼判别法可以看出，硕士和学士之间的教学实施能力需求存在显著性差异。

为寻找这两组之间的差异存在点，笔者将博士、硕士、学士以组别的形式对其教学实施能力需求情况的单项调查结果进行数据分析。结果发现，在被调查对象中，具有博士学位的仅有 4 位，占总被调查人数的 2.14%，均为男性，工作院校性质分布为国家示范(优质)高职院校 3 位、一般高职院校 1 位。因人数太少且分布集中，不具备单独的统计学意义。

因此，就硕士和学士组的原始数据进行了比较分析，结果发现，在教学实施能力的选择频率分布上，硕士组相对分散，学士组非常集中(如图 3-3)。

在均值比较上，学士组的总均值为 4.85，较明显高于硕士组的 4.51，说明学士组在教学实施能力的总体需求方面高于硕士组，100%的被调查对象表示有提升教学实施能力的需求。在单项问题上，学士组在“学习如何依据教学目标和教学内容，采用适当的教学方法和组织课堂活动”和“提升在教学中与学生开展对话与辅导的能力”需求方面的均值分别为 4.9 和 4.81，较明显高于硕士组的 4.53 和 4.49，且学士组 100%表示有需求，而硕士组存在组内差异，均有 6.58%的被调查对象表示没有需求或不确定(表 3-20)。

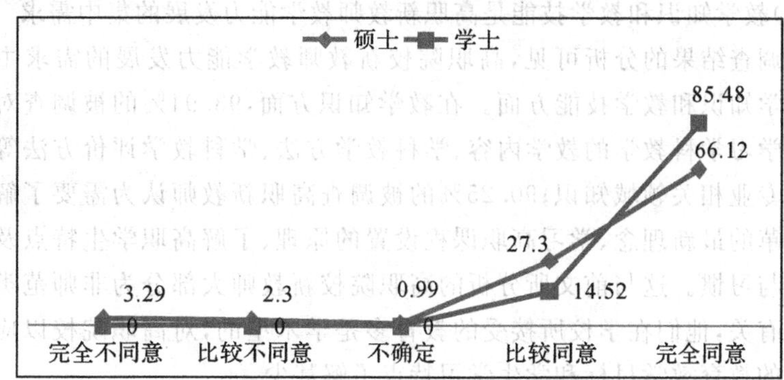

图 3-3 学士和硕士组教学实施能力需求选择频率分布对比图

表 3-20 高职新教师研教学实施能力需求情况差异

题目/选项	组别	完全不同意	比较不同意	不确定	比较同意	完全同意	均值
我需要学习如何依据教学目标和教学内容，采用适当的教学方法和组织课堂活动	学士	0 (0%)	0 (0%)	0 (0%)	3 (9.68%)	28 (90.32%)	4.9
	硕士	5 (3.29%)	3 (1.97%)	2 (1.32%)	39 (25.66%)	103 (67.76%)	4.53
我需要提升在教学中与学生开展对话与辅导的能力	学士	0 (0%)	0 (0%)	0 (0%)	6 (19.35%)	25 (80.65%)	4.81
	硕士	5 (3.29%)	4 (2.63%)	1 (0.66%)	44 (28.95%)	98 (64.47%)	4.49
小计	学士	0 (0%)	0 (0%)	0 (0%)	9 (14.52%)	53 (85.48%)	4.85
	硕士	10 (3.29%)	7 (2.3%)	3 (0.99%)	83 (27.3%)	201 (66.12%)	4.51

(三)调查结论与思考

在以上高职院校新教师教学能力发展需求情况的调查结果和数据分析基础上,可以得出高职院校新教师教学能力发展需求的基本结论及发展培养的内容侧重趋势,可进一步做些思考,为高职新教师教学能力发展的校本培养提供参考。

(1)教学知识和教学技能是高职新教师教学能力发展的集中需求

对调查结果的分析可见,高职院校新教师教学能力发展的需求主要集中在教学知识和教学技能方面。在教学知识方面,93.94%的被调查对象表示需要学习学科教学的教学内容、学科教学方法、学科教学评价方法等学科知识与专业相关领域知识;90.25%的被调查高职新教师认为需要了解高职教育改革的最新理念、学习高职课程设置的原理、了解高职学生特点及其学习能力与习惯。这与前文所分析的高职院校新教师大部分为非师范类硕士研究生有关,他们在学校所接受的教育多是学术型的,对高职院校以应用性为目的的教育教学目标和学生学习特点了解甚少。

在教学技能方面,高职新教师的学习需求情况从高到低分别为教学实施、教学管理、教学设计、教学指导、教学评价等方面的能力。在教学实施能力上,主要表现在“依据教学目标和内容采用适当教学方法”、“组织课堂活动”以及“与学生开展对话与辅导”等能力方面的提升需求。在教学管理方面的最高需求表现在“监控课堂纪律”、“促进学生课堂参与”方面的技能学习,有93.59%的新教师也表示碰到问题时能够寻求他人的帮助以提高自己的课堂教学效果。在教学设计能力上,高职新教师需求最多的在课程内容设计和教学项目开发方面,其次是依据学生学习需求制定教学目标和开展“互联网+教学”的设计与改革方面,这与前面高职新教师对高职学生特点和学习能力与学习习惯方面的需求情况形成了正向相关。教学指导方面,高职新教师的教学能力发展需求主要表现在需要学习基本的学习策略以指导学生开展专业学习。教学评价方面,高职新教师能反思自己的教学并正确评价自己的教学效果,但缺失正确评价学生学习情况的知识和能力。可见,高职新教师在教学技能发展方面的学习需求基本是关于教学目标、教学内容、教学方法、课堂监控、学习策略、学生学业评价等与教育学和学科教学法相关的知识和能力。

从以上调查结论可以发现,高职新教师教学能力发展的需求集中表现在教学知识和学科教学知识方面。这种缺失需要引起我们对我国现有高职院校师资培养框架的深度思考，反思我国高职教育教师职前培养过程中存在的问题。我国目前较缺少专门培养高职教育教师的院校，绝大部分师范院校以培养中小学师资为主要任务，高职院校教师绝大部分毕业于非师范类院校，入职前没有学习教育教学理论知识和教学实践的经验。他们关于教学的经验基本来自自己作为学生时的课堂教学体验，很容易将普通本科院校和研究生阶段以理论知识学习为主要内容的学习范式带入职初期的教学实践中，将高深的理论作为高职院校课堂教学的主要内容，以致学生因为内容太难而不能接受，新教师进而产生教学的挫败感。另一层面，研究结果也提示高职院校在进行新教师的教学能力发展培养时，要以教学知识、学科教学法知识、教学技能等作为培养方案的主要内容。

(2)大部分高职新教师持有良好的教学态度

研究结果显示，绝大部分高职新教师具备良好的教育信念和敬业精神，对教学工作持有良好的态度。有95.18%的被调查高职新教师表示自己对教学工作具有责任感并尽力做好，能够尊重和体谅学生且对学生始终如一。96.25%的高职新教师愿意将时间和精力投入教学问题的探究上，95.19%的人表示能够反思自己教学上存在的优缺点并及时改进，95.72%的人表明自己乐意跟同事分享教学方面的心得与疑惑。

这些调查结果一方面展示出高职新教师在入职期具有很好的职业态度和职业期待，另一方面也反映出新教师们具有良好的学习欲望，希望通过自我反思、与他人分享心得与疑惑等形式提升教学能力与水平。高职院校相关教师培养部门和管理者可以充分发挥新教师在入职期对待教学的热情与积极态度，制订合理的培养计划。

(3)大部分高职新教师具有较好的教学发展意识

在教学发展维度上，调查结果显示，大部分被调查的高职新教师具有较好的生涯规划意识、教学研究意识与创新能力。93.59%的被调查者表示有自己的职业理想和教学生涯规划，88.23%的人有建立个人教学档案、记录教学发展历程的习惯。总体而言，绝大部分新教师会积极参加各种教师培训项目，但相对而言，更多的人选择校内培训项目胜过校外培训项目，调查结果显示在“积极参加学校组织的各种校内培训项目”题项上95.19%的人表示赞同，高于“积极自我寻找校外教师培训项目”的89.84%。在研究创新能力方面，大部分高职教师(91.62%)能关注教学问题，开展研究探讨，了解专业教学研究的基本方法，并善于利用自己或他人的教学研究成果改进教学。

以上结果表明，高职新教师有较好的生涯发展规划意识、教学研究意识与创新能力，这有利于新教师通过自我更新学习提升教学能力，也有利于和他人开展合作学习促进教学能力的共同发展。因此，高职院校在新教师培养的过程中，可以充分发挥新教师的个体积极作用，采用行动学习等方式，在行动研究中让新教师们主动参与和融入教学能力发展培养之中。

(4)高职新教师在教学实施能力的需求上存在组间差异

调查结果显示，高职新教师们在教学能力发展需求上，在教学实施方面，学士组和硕士组之间存在显著性差异。学士组的选择频率分布非常集中，100%的被调查对象有教学实施能力提升需求，硕士组则相对分散。换一个角度来看，学士组的相对集中说明其组内没有差异，而硕士组选择频率的相对分散说明存在组内差异性。其他维度方面虽然不存在显著的组间差异，但从选择频率百分比来看均存在组内差异。这就提醒高职院校的管理者和教师发展中心、人事部门等教师培养机构，在开展新教师教学能力培养工作时，要注意采用分层分类培养，充分发挥校、二级学院、教研室等各个组织以及新教师本人在教学能力发展培养中的主体作用，变以学校为主的一元培养主体方式为多元主体模式，满足新教师集体培训的同时兼顾他们的个体需求，尤其在学科知识及学科教学法方面的培养，可以利用二级学院和教研室的专业优势，提升新教师的专业课程教学能力。

第四章　高职院校新教师教学能力发展路径与培养策略

高职院校新教师从一名教学新手成长为一名能够胜任高职理论教学与实践教学的“双师型”教师，本质上，这是一名新教师的教学能力发展的过程，是新教师不断解决教学过程中碰到的各种现实问题，在各种培训活动、教学实践、专业实践等环节中不断提升自身教学能力、持续发展的过程。上一章分析了高职院校新教师队伍的教学能力及其培养的整体现状，开展了高职院校新教师的教学能力发展需求情况的调查和分析，为高职院校新教师培养策略的研究、培养方案和培养内容的制订奠定理论基础。本章首先从教学能力发展路径的逻辑要义出发，结合高职院校新教师教学能力发展需求情况的调查结果和Q学院的高职新教师教学能力培养行动研究经验，探讨了基于引领的他助发展、基于内生的自助发展、基于合作的互助发展等三种高职院校新教师教学能力发展路径；然后进一步从学理层面研究高职新教师教学能力的培养策略，提出“训—研—行”耦合联动的高职新教师教学能力校本培养的实施框架和实践策略，发挥“他助—互助—自助”的高职新教师教学能力发展的多路径融合优势，以实现高职院校新教师在两年培养期内较快速地形成“双师型”教学能力。

一、高职院校新教师教学能力发展路径

(一)教学能力发展路径的逻辑要义

在不同的使用领域中，“路径”这个词有不同的内涵。在生活领域，路径是指道路，也可以指到达某个目的地的路线，亦可指办事的方法或门路等。发展是事物不断前进的过程，或由低层级向高层级的运动变化过程。在研究新教师教学能力发展问题时，不可避免地会涉及教学能力发展的路径问题。教师教学能力发展路径的研究多指宏观层面的途径，即指达到教学能

力提升目标的途径，指向性较强。本书所讨论的高职新教师教学能力发展的路径主要是从“达到某种目标的途径”这一宏观的意义层面来理解与阐释，从学理上分析促进高职院校新教师教学能力提升的要件和着力点。因此，在本书中，高职新教师的教学能力发展路径主要指促进高职新教师教学能力的形成与提升的道路、方法或门路，具体来讲，是指促进高职新教师教学能力发展的有效活动，比如新教师教学能力培训、教学研讨、教师学习等。

在新教师培养中，用得较多的是以管理者为主导的教师培训方式，主要体现为两种教师成长道路，分别为“培训之路”和“教育之路”。① 教师培训的关注重心是对教师的教育理念与教学知识进行输入，教育之路则强调对教师进行全面教育，包括知能、情感和人格等。这两条教师教学与专业成长道路更侧重管理部门或教师教育者对教师开展的外部培训，学习内容以理论性为主，教师的自我主体作用被弱化，更忽视了教师的实践性知识在教学发展过程中的累积及其价值，削弱了教师本人的实践智慧在其教学发展中所应起到的重要作用。由此，近年在教师教学与专业发展上推崇较多的路径是教师学习之路。其目标主要表现为教师的专业发展应该是理论与实践同时发展，教师既应该成为理论之师，也应该成为实践之师，让理论知识与实践智慧协同参与和促进教师的教学与专业发展。

从教师专业发展取向上看，目前较有代表性的观点认为教师专业发展包括理智取向、实践—反思取向、生态取向三种基本范式。② 理智取向强调通过教师培训和教育的方式获得教师从事职业所必需的学科知识、教育知识和技能，忽视教师专业发展的自我能动性和自主性。实践—反思取向更强调和关注教师专业发展的实然状态，强调教师培养和专业发展过程中教师的主动探索、问题发展和意义建构，注重教师的主体性，表现为内生性发展，但其局限性在于弱化了周围环境对教师专业成长的影响。生态取向超越了前两种取向中以教师本体为关注点的局限性，强调团队的合作，关注教师的专业背景、所在的“场域”及“场域”中的“群体”对教师成长的作用。

以上这些不同角度的教师发展与培养路径中，从活动的主导或控制主体来看，大致包括非教师主导型和教师主导型两个基本类型。非教师主导型一般是指由学校或教学管理部门的管理者充当教师发展活动的控制主体，培训、辅导等发展活动不能根据教师的实际需求开展，实施的内容、过程和结果受到教学管理者控制较多，教师在活动中处于被动接受的状态。一

① 龙宝新.教师专业成长力研究[M].北京：中国社会科学出版社，2014：212.

② 董静.课程变革视阈下的教师专业发展[M].北京：中央编译出版社，2013：26.

般把这种发展活动归为“外控路径”。教师主导型是指在教学发展活动中，教师可以根据自身的个体需求开展活动，参加学习、辅导、课堂观摩，参与教学实践或行动探究活动等，发展活动的目标与内容、实施的过程与结果相对受到教师本身的影响较多，受到外在力量的控制较少。从活动主体角度，一般把这种发展活动归为“内控路径”。随着教师学习之路和教师学习研究的兴起，以教师专业学习共同体为载体、以学习型组织为特征的教师“合作学习与发展”方式兴起，强调通过教师专业学习共同体的学习活动和互助发展达到教师个体和群体共同发展的目标。本书将这种发展方式称为“互助路径”。

高职新教师的培养首先是共性的教学技能培养。高职院校新教师需要具备教师的一般素质和能力，所以高职新教师教学能力发展的路径首先要符合新教师培养的普适性。具体到高职新教师的“双师型”教学能力特殊要求，主要体现在培养内容上要突出实践性和职业性特征。因此，综合吸取以上学界关于理智取向、实践一反思取向、生态取向的教师发展范式和“外控”、“内控”路径的研究成果，结合教师专业学习共同体的“互助发展”方式，延伸到高职新教师的教学能力发展路径上，本书将高职新教师发展路径概括为“基于引领的他助发展”、“基于内生的自助发展”、“基于合作的互助发展”三种主要路径。

“基于引领的他助发展”以理智取向的外控培训和辅导为主，可以解决诸如教育知识和教学技能缺失等共性问题，但不能满足高职新教师的个体特点和不同需求特征，如学科知识和专业实践知识、专业实践能力等“双师型”教学能力的提升。

“基于内生的自助发展”以高职新教师的自我“实践—反思”为主，更多通过高职新教师自身的教学实践、专业实践、自主学习等实践与反思来达到提升教学技能、理论教学能力和实践教学能力的目的。对于刚从研究型大学毕业、没有专业教学经验的新教师而言，单一采用这种教学能力发展路径，自我学习提升的思路如果跳不出原有的知识型学习结构，他们很难通过自助学习的方式提升“双师型”教师所要求的实践教学能力。而且，因为教学经验和教学实践性知识的缺乏，在高职新教师中单独使用这种路径，等于任由新教师们散漫摸索和自由发展，效果不如有经验教师那么明显。

“基于合作的互助发展”路径以高职新教师学研共同体的行动学习小组的学研互动发展为主。这种发展路径对教师的原有知识和经验要求的局限性相对较小，但在高职新教师的学研共同体中，最好融入不同学科专业背景的人员，以确保行动学习小组成员的多样性，增强知识结构的多元性和经验的丰富性。此外，新教师与同事之间的交流，特别是与同专业教学团队中的专任教师和企业兼职教师的交流与合作、互相听课评课等能够促进高职新教师学科知识、专业实践知识、关于所教高职学生的知识、专业课程教学方法、专业课程整体设计与单元设计、关于专业岗位的知识等高职教育需要的理论教学和实践教学有关的知识和技能的提升，本书也将之归入互助发展的路径。

综上，笔者认为对于高职新教师教学能力发展而言，这三种路径各有优势和不足，它们之间的关系是相辅相成、协同共促的，可以综合运用。目前我国高职院校的新教师培养，不像中小学教师那样由教育行政主管部门组织集中规范培养，而是由各高职院校开展校本培养，这样在培养效果上就因各院校的重视程度而存在差异。但随着国家对高职教师教学能力和"双师型"教师队伍建设要求的不断提高，高职院校对新教师教学能力的培养工作越来越重视，在第1年的新教师见习期内会采用不同的培养策略来提升高职新教师的教学能力，本书跟踪的Q学院采取了2年的新教师培养制度。因此，对于高职新教师的教学能力发展而言，可以综合使用以上提出的三种主要发展路径，可按照新教师教师教学能力的发展需求和特点在不同学期或时段交融进行，充分发挥学校、教师、团队的协同力量，这样才能在1—2年的高职新教师教学能力培养期内取得较好的效果。

以下就三种不同的发展路径，结合在Q学院开展的高职新教师教学能力发展2年培养的行动研究经验，针对各路径中的具体有效方式进行阐述。

(二)基于引领的他助发展

高职新教师进入教学工作岗位后，首要任务是提升职业教育的教学能力。从第三章的高职新教师教学能力发展需求情况调查结果可见，高职新教师的需求集中在对教学知识和教学技能的提升上。其中教学知识包括教育学知识和学科知识，教学技能包括教学设计、教学实施、教学管理、教学指导、教学评价等。范良火认为学科的教学知识可包括课程知识、内容知识和方法知识。[①] P. L. 格罗斯曼(P. L. Grossman)提出教学的内容知识主要来自"教师培训、学徒式观摩、课堂经验"，教师可从其求学经历、师范教育阶段的课程和他们教学实践的实际经验中获取教学知识。[②] 高职新教师这种教

① 范良火. 教师教学知识发展研究[M]. 上海：华东师范大学出版社，2013：44.

② P. L. Grossman. The Making of a Teacher: Teacher Knowledge and Teacher Education[M]. New York: Teachers College Press, 1991.

学知识和教学技能提升的共性需求，符合理智取向的教师培养特征，高职院校可以采用集中培训的方式帮助新教师提升高职教育的教学知识和理论教学能力。

在具体方式上，这种理智取向的、外控引领的他助发展路径包括入职岗前培训、在职师范教育、导师一对一指导、名师对话指导等几种主要校本培养形式。岗前培训和在职师范教育，由高职院校相关行政部门和师资培养部门制定一系列高职新教师教学能力发展项目，开展活动，主要解决高职新教师教学能力培养中的高职教育理念、职业技术教育学知识、教学方法、信息化教学等共性问题。导师制一对一指导和名师对话指导，主要针对高职新教师个体开展辅导，主要解决专业课程的教学知识、专业课程的教学方法、实践教学项目设计、新教师教学实践中的个体困惑等问题。但这些培训和培养形式都不是高职新教师主导的，属于由外部引领驱动的他助发展。

1. 岗前培训

1995 年 12 月，我国发布《教师资格条例》，按照学校序列将教师资格分为幼儿园、小学、初级中学、高级中学、中等专业学校、高等学校等类型。① 2000 年 9 月颁布的《〈教师资格条例〉实施办法》提出了教师职业的资格准入，规定需要具备教师资格才能从事教学工作。② 这两个文件对教师资格类型和认定条件做了规定，但并未就高校教师应具备的教学能力做相应规定。

按照目前我国高等院校教师资格认定办法，高职院校新教师是在入职后通过考试取得高校教师职业资格证书和普通话二级乙等以上证书，即认定为具备高校教师资格。高职新教师们首先通过自学或网络视频学习，然后参加高等教育学、大学心理学、教师伦理学、高等教育法规等四门课程的上机考试，通过考试科目后获得岗位培训合格证书。按现有文件规定，岗位培训合格并取得证书即视为高等教育学、高等教育心理学等教育学知识类课程补修合格。③

在高职新教师的岗前培训内容与形式方面，我国教育行政部门也未做专门规定。国家教委 1996 年发布《高等学校教师培训工作规程》，规定高校

---

① 国务院. 教师资格条例[EB/OL]. (1995-12-12)[2019-05-09]. http://zwgk.sxx.gov.cn/4298669/5701871.html.

② 教育部.《教师资格条例》实施办法[EB/OL]. (2000-09-23)[2019-05-09]. http://zwgk.sxx.gov.cn/4298669/5701891.html.

③ 浙江省教育厅. 关于印发《浙江省实施〈教师资格条例〉细则(试行)》的通知[EB/OL]. (2001-12-31)[2019-05-09]. http://rsc.nbedu.net.cn/news/82.

助教培训应以进行教学与科研需要的基本知识和主要技能这两方面内容的教育与实践为主，形式可以有岗前培训、教学实践、在职学历提升、社会实践等。[①] 1997 年国家教委的《高等学校教师岗前培训暂行细则》与《高等学校教师岗前培训教学指导纲要》指出，高校教师岗前培训的内容应该包括高等教育学、高等教育法规、高等教育心理学、高校教师职业道德等高校教育教学的基本知识；培训形式上主要采用集中授课的形式，还可采用专题讲座、教学观摩、讲评、典型报告、课堂教学实践等；考核方式上采用闭卷考试为主，同时也要兼顾学业报告、教学实践锻炼等形式。[②] 这些文件仅以高校教师为对象做了笼统规定，均没有针对高职教育的特殊性，没有考虑高职院校教师资格"双师型"的独特性。

从高职院校新教师教学能力发展视角来看，以考取高校教师资格证为目的的岗前培训不能真正起到推动教学能力提升的外部驱动作用。岗前培训是新教师正式进入教师职业生涯之初的学习活动，应该是有计划、有组织的，从培训内容到培训方式都应经过科学合理的规划和设计。

目前，我国高职院校新教师的岗前培训多以高职院校校本培训的方式开展，以高职新教师入职时的短期集中培训为主，时间通常为 1—2 周，是每位新教师正式入岗之前都要经历的基本环节。本书认为，这种短期的岗前培训，培训内容应该以高职教育的最新改革理念、师德教育、高职课堂教学方法、高职教学研究方法、高职学生的个性特点和学习特征、良好师生关系建立、高职教师职业发展规划等为主，培训形式可以是讲座、工作坊、沙龙等。其目的是给刚从研究型大学毕业的新教师们初步建立高职教育、高职课堂、高职教师、高职学生的概念，让他们经过短期的培训后对高职教育和高职学生有大致的认知，树立"双师型"教师的职业发展观念，对高职教育教学工作建立初步的价值认同。

2. 在职师范教育

从目前我国对师范生的培养制度来看，以面向中小学师资培养的本科生为主，缺乏针对高职院校的师范生培养制度和教师教育机构。虽然目前

---

① 国家教委. 高等学校教师培训工作规程[EB/OL].（1996-04-08）[2019-05-13]. http://old. moe. gov. cn/publicfiles/business/htmlfiles/moe/moe _ 621/201001/xxgk _ 81890. html.

② 国家教委. 关于印发《高等学校教师岗前培训暂行细则》和《高等学校教师岗前培训教学指导纲要》的通知[EB/OL].（1997-01-31）[2019-05-13]. http://www. law-lib. com/law/law_view1. asp? id=64159.

我国有8所高等职业技术师范院校，另有几十所综合性大学设有职业技术教育学专业，但以培养中职师资或职业技术教育研究人员为主，较少有针对性地培养高职教育师资。从而导致目前高职院校新引进的教师基本以研究型大学硕士毕业生为主，基本没有接受过职业教育教学理论知识的学习和教学技能的实习锻炼等职业教育教学能力形塑。高职新教师的教学知识基本来源于自己学生时代的课堂经验，多数未接受过正规的、系统的职业教育学、高职课程教学法、高职专业课程教学的教育。已有研究显示，在职前培养过程中的专业理论课学习和教学实习对促进未来教师的教学知识和教学技能有较大作用，是未来教师获取教学能力的重要途径。格罗斯曼通过对新教师的对比研究发现，受过职前培养和未受过职前培养(每组各3人)的新教师对教学目的、教学内容、教学策略的选择与认识上存在显著差别，职前教学专业课程的学习有助于新教师教学内容知识的学习与发展。① 琼斯(M. G. Jones)与维斯林德(Vesilind)对23名未来教师在大学四年级期间的教学专业知识变化情况进行研究，发现他们在教学实习中期会重新建构其教学知识，其教学灵活性和计划性也变得较快。这些变化主要归因于教学实习中获取的经验，教学实习对未来教师教学知识的发展与教学能力的形成有较大贡献。②

但从目前高职院校新教师的职业状况来看，大部分院校在对新教师进行短期的岗前培训后就让其独立上课，甚至承担好几门课程，有的还担任班主任工作或在学校行政管理部门兼做行政事务。这样就导致了上章所述高职院校新教师教学能力实然状况的出现：一方面新教师因缺乏高职教育教学知识和实践经验而表现出教学效果不好和教学自信心不足，另一方面因为承担了大量的工作而未能把大量精力花在教学能力的提升上，最终导致难以适应岗位工作要求。

因此，本书提出在高职院校新教师完成岗前培训进入岗位工作之时，高职院校应该花一定的时间为新教师们进行在职师范教育，以帮助新教师们尽快掌握有关高职教育教学的基本理论知识、专业课程教学方法、理论教学和实践教学项目的教学设计等职业教育教学能力相关的知识和技能。师资

---

① P. L. Grossman. A Study in Contrast: Sources of Pedagogical Content Knowledge for Secondary English[D]. Los Angeles: Stanford University, 1988.

② M. G. Jones, E. M. Vesilind. Putting Practice into Theory: Changes in the Organization of Preservice Teachers' Pedagogical Knowledge[J]. American Educational Research Journal, 1996, 33(1): 91-117.

相对充足的高职院校或专业，可以在第一学期不给新教师安排独立课务，或者在经验丰富的"双师型"导师的指导下安排一门课程的授课任务。在这一学期内，新教师以完成学校设计安排的各种培训、讲座、课堂观摩、沙龙、辅助导师完成少量的授课、教学试讲及效果研讨等师范教育活动为主，培训内容可以包括师德教育、高职教育教学理论知识、高职课堂教学方法、教学基本规范、高职教师职业素养、学校各部门规章制度等。规章制度培训的目的是帮助新教师了解学校机构运行机制，尽快适应新环境。其间，高职院校也可以和师范院校、高师培训中心或具有较好师资培训能力的兄弟高职院校合作，将新教师们送到这些机构进行专门的培养。高职院校也可以选派新教师参加校外培训机构组织的、与专业教学相关的学习培训活动。从性质上看，高职新教师在职师范教育属于岗前培训的延续和提升，是高职新教师在培养期内接受的教学能力密集性培训。经过一个学期的连续性培训和学习，高职新教师可以完成高校教师职业资格证书需要的相关理论学习，同时可积累相关的高职教育教学理论知识，掌握一定的教学方法和教学技能。

虽然新教师的在职师范教育会给部分师资紧缺院校或专业在短期内带来师资不足问题，但可以通过聘任有一定理论知识的企业技术能手担任兼职教师来解决。教育部一直强调要加大高职院校"兼职教师"队伍建设，提倡聘任既有一定的理论知识又有很强操作技能的企业技术能手到高职院校担任实践类课程的兼职教师。从长期来看，高职新教师的在职师范教育能够让新教师们尽快掌握高职教育的教学知识和教学技能，提升职业教育的教学能力，完成从学生身份向高职教师身份的转换。此外，从对 Q 学院的跟踪研究来看，经过在职师范教育培养的新教师们，能更深入地理解高职教育的理念，提升对高职教学的认知，更出色地胜任教学工作。从在职师范教育在 Q 学院的实施效果来看，它是高职院校新教师教学知识和教学技能来源的重要渠道。有关 Q 学院新教师在职师范教育的效果将在第五章作进一步分析。

3. 导师制一对一指导

高职院校新教师的导师制培养方式，是除了培训之外另一个较有效的基于外部引领的外控路径。研究表明，新教师的关注本质上具有发展性，如果职初期的教师仍聚焦于其岗位适应和存活感的自我关注上，其注意力就很难转移和集中到学生学习需求之上。如何找到合适的方法，帮助新教师扩大他们作为教师角色的视野，对学校管理者和研究者是一种挑战。而在新教师所参与的类型与数量众多的学习中，反响最好的是高度个性化的学习经验类型，比如一对一的技术指导、特殊问题解决、观摩他人教学等。①

导师制是世界各国职业教育新教师培养的常用模式。以德国为例，德国的职业教育教师培养一般要经过职业培训、大学教育、教育学培训三个阶段。在教育学培训阶段，结束了大学教育并通过国家第一次考试的新教师们，要在专门从事职业教育师资培养的职业学校进行为期 21 个月左右的本专业教学以及教育学的训练，然后通过国家第二次考试。在职业教育学校中，学校会为这些新教师安排导师进行一对一的指导。新教师除了要完成一定的授课任务外，每个专业内容模块教学还要接受导师的 2 次听课，每次听课后新教师要与导师开展 2 个课时的评课和分析。导师制的这种一对一指导和分析，可以有针对性地发现新教师教学中的长处和不足，新教师可以经常从导师那里学习有效的教学方法、课堂组织形式等，及时解决教学过程中碰到的具体问题。

类似德国的这种导师一对一培养模式，在我国高职院校新教师培养中也得到较广泛运用。这种导师制一对一指导可以帮助高职新教师有针对性地解决他们授课中的个性问题。高职新教师可以通过与导师一起备课、上课、指导学生学习与职业技能竞赛，较快地发现高职教育的强实践性和职业性要求，有别于他们之前所接受的普通高等教育，认识到理论教学和实践教学在教学设计、教学方法、课堂组织、教学实施、教学评价等各方面的不同，为今后自己独立开展实践性课程的教学奠定基础。

但是，导师制也有其局限性，导师制要取得良好的效果，首先高职院校的导师本人需要具有较好的“双师型”教学能力和指导能力。按照高职专业课教师的“双师型”教学能力发展要求，高职院校的新教师导师首先应该是具有丰富理论教学和实践教学能力的“双师型”教师，才能有效指导新教师开展专业理论课程和实践课程的教学。另外，导师制也需要结合其他的培训形式作为补充。研究表明，导师制是最常用的新教师入职帮扶手段，特定专业的导师对新教师从原始职业转换到教学非常重要，②但如果仅仅靠导师制，长期来看不会有很好的效果，尤其是对于没有接受过正规培训的导师，新教师可获得的帮扶较小，政府和管理部门要为导师提供足够且持续的专

---

① 费斯勒，克里斯坦森. 教师职业生涯周期——教师专业发展指导[M]. 董丽敏，高耀明，等译. 北京：中国轻工业出版社，2005：75.

② The Skills Commission. Teacher Training in Vocational Education [EB/OL]. [2017-04-10]. http://www.policyconnect.org.uk/sc/research/report-teacher-training-vocational-education.

项资金、系统培训等行政支助。① 因此，导师一对一指导只能是高职新教师教学能力培养路径中的一种较有效的他助路径，可贯穿在新教师的在职师范教育和培训之中。

4. 名师对话指导

和导师一对一指导相似，名师对话指导也是针对高职新教师的个体问题开展辅导。不同的是，名师对话指导的指导者不是固定的某个人，而是将整个学校的优质教师资源充分利用，通过沙龙形式让高职新教师们与校内的优秀教师对话，向他们学习，提出自己在教育教学等方面的问题或困惑，听取他们的经验。因此，这里所指的名师并不一定是经过教育行政部门认定的教学名师，而是本校公认的具有丰富理论和实践教学经验的教师，可以首选各级专业带头人、教学名师或教学新秀、具有高级职称的经验丰富教师等。

名师对话指导以小型沙龙的形式，每周或隔周定期举行较好。高职院校教师发展中心可以从各专业中遴选一批优秀教师，确定研讨主题，提前预报公布。新教师们可根据每期的预报主题自由报名，因每次沙龙活动的时间最多为半个工作日，为确保每位新教师都得到细致指导，在沙龙的参与人数上可进行控制。从Q学院的实践经验来看，新教师控制在5位左右比较理想，有较充沛的时间开展讨论和个别指导。

名师对话指导活动的主题可以根据每个指导教师的特长来确定，但应以对高职新教师教学能力发展和专业成长有帮助为宗旨，可以是关于高职课堂教学方法、有效教学、实践教学项目、校企合作课程资源开发、课堂互动、信息技术应用、教学与专业研究前沿等与新教师教学与专业发展相关的内容，也可以是高职学生职业技能竞赛指导、学生学业指导等与教师指导能力有关的主题。每次沙龙活动，可以先由对话活动的指导教师做主题讲座，然后就主题开展讨论和个性化指导。表4-1是Q学院2017—2018年开展的部分名师对话指导活动主题。通过这些活动，新教师们一方面可以学习本校优秀教师的教育教学经验，另一方面可以接触和认识本校的各专业优秀教师，日后碰到问题还可以请教和讨论。

---

① Betty Heath-Camp, William G. Camp. A Professional Development Program for Beginning Vocational Teachers[R]. The Annual Meeting of the American Educational Research Association Meeting. San Francisco, 1992.

表 4-1　Q 学院开展的名师对话指导主题

题目	时间
从教师执教能力要素看课堂有效教学	2017 年 3 月 15 日下午 2:00
高职课程建设与教材改革探讨	2017 年 3 月 17 日下午 2:00
课堂教学中学生信息收集与处理	2017 年 3 月 22 日下午 2:00
从职业技能竞赛角度看学生与教师的发展	2017 年 3 月 24 日下午 2:00
教学资源开发与制作	2017 年 3 月 29 日下午 2:00
兴趣，教学学习的动力	2017 年 4 月 12 日下午 2:00
从学生学习的关注点看课堂有效教学	2017 年 4 月 19 日下午 2:00
开展科研技术服务，促进教学技能提高	2017 年 4 月 28 日下午 2:00
基于职业岗位胜任能力培养的实践教学体系设计	2017 年 5 月 5 日下午 2:00
现代信息技术在教学中的应用	2017 年 5 月 26 日下午 2:30
从课程(教学内容)教学要素看课堂有效教学	2017 年 6 月 9 日下午 2:30
从教师的职业素养看高效课堂的形成	2017 年 11 月 15 日下午 2:00
以注重学生素养发展为侧重点提升课堂教学质量	2017 年 12 月 8 日下午 2:00
学习中心课堂中的教师作用与教学效果改进	2018 年 3 月 14 日下午 2:00
技能竞赛指导教师能力提升与对策探讨	2018 年 3 月 28 日下午 2:00
课堂气氛的调节与控制	2018 年 4 月 11 日下午 2:00
社会服务视角下的高职教师专业发展	2018 年 4 月 25 日下午 2:00
职业教育教学范式的选择与应用	2018 年 5 月 9 日下午 2:00
新任教师如何尽快适应课堂环境	2018 年 5 月 23 日下午 2:00
信息技术在教学中的应用	2018 年 11 月 2 日下午 2:00
青年教师如何成为一名受欢迎的“双师型”教师	2018 年 11 月 16 日下午 2:00
教师教学常规技能提升	2018 年 12 月 7 日下午 2:00
生活空间中的文化创意与艺术设计	2018 年 12 月 21 日下午 2:00

(三)基于内生的自助发展

基于内生的自助发展在取向上是一种高职新教师“行动—反思”的内生发展路径，是新教师本人开展的反思性教学实践和自主学习，通过对教学实践、专业实践、外部培训与辅导、自主学习等行动中的问题开展反思，解决实际问题，是一种教学能力的自主型、自助式发展。叶澜认为教师的专业自主发展是教师能够依据自身情况确立专业发展目标，制定可行计划，选择合适的学习内容，而且具有将目标和计划付诸实施的强烈意愿和具体能力，表现为教师在其专业发展过程中的强烈自主意识。① 白益民提出教师专业发展的“自我更新”概念，认为教师专业发展自主是教师专业自主的一种表现，是教学专业特征的进一步外延。②

影响高职新教师教学能力发展的因素很多，包括政府和学校的政策支持、职前培养、岗前培训、在职培训、所在院校教师文化、教师个体等制度、环境、个人方面因素。虽然这些因素共同作用于高职院校新教师的教学能力发展，但究其根本，教师个体因素是影响教学能力发展的根本性因素。高职教师自己首先需要有较好的自主发展意识和自我发展行动。

高职新教师调查结果显示，高职新教师们普遍认为教学知识和教学技能需要提升，这些教学能力项的提升除了依赖高职院校的集中培养培训外，教师个体因素方面的能动作用也是至关重要的。尤其是高职新教师教学能力发展核心要素中教学活动领域的设计、实施、管理、指导、评价等基本教学能力项，离不开高职新教师本人在教育学知识、高职教育理论、学科教学法知识、专业理论与实践知识、专业实践技能等方面的主动学习与实践。这些能力是高职新教师入职初期需要掌握的基本教学技能，是他们能够顺利而有效地开展专业课的理论与实践教学的基础条件，也是他们成长为一名“双师型”教师的关键根基。这些教学活动领域能力的发展，一方面需要借助短期培训得以快速提升，需要学校相关管理部门、专家等加以引领和促进，另一方面更需要新教师的自主学习、自我实践和自我发展。专业能力领域则更多地需要新教师通过反思自身教学实践和实践教学经验、阅读专业书刊、与专家或同伴交流等完成自我更新式的自助发展。布克对473位密歇根州立大学新入校师范生的有关教师知识来源的调查研究表明，这些未来教师认为“在职训练”、“有指导的教学经验”是其教师专业知识最有价值的来源，其次是“教育心理学课程”、“自己作为学生时的经验”、“自我选择阅读的教育著作”和“教育学的社会—哲学原理课程”。③ 也就是说，内生性的自助式发展是新教师在教学能力形成中

① 叶澜等.教师角色与教师发展新探[M].北京：教育科学出版社，2001：273.

② 白益民.教师的自我更新：背景、机制与建议[J].华东师范大学学报（教学科学版），2002，20(4)：28—38.

③ C. Book, J. Byers, D. Freeman. Student Expectations and Teacher Education Traditions with Which We Can and Cannot Live[J]. Journal of Teacher Education, 1983, 36(1): 9-13.

不可或缺的方式，可以与外部引领的他助发展协调互促。

1. 自身实践的反思

在教师的教学发展与专业成长过程中，教师自身的教学实践及在教学活动中积累的实践经验起着非常重要的关键性作用。教师的专业与教学发展过程不仅仅是其对教育教学的认知和教学技能发生演进和变化的过程，还是教师的个人情感、专业需求、自我价值实现、社会关系等随之变化和发展的过程。M. G. 琼斯与 E. M. 维斯林德认为："教学实习是未来教师实践原有理论与方法知识，在其中体验异常并重构原有知识以解释经验，并自己建立起更和谐的教学观念的过程。"①斯黛菲认为，通过反思、更新和成长，教师会从职业发展生涯的一个时期过渡到另一个时期，实习教师转变为学徒教师主要通过习得技能知识，并在对技能和各种一般性知识的反思中内化其意义。② 反思和更新的过程能够将教师的思想和行动联系起来。对于没有任何师范教育背景和教学实习经验的高职新教师而言，除了接受高职教育知识和教学技能的外部培训与辅导学习之外，他们必须自己参与教学实践，并经常性地对教学实践中出现的优势和问题进行反思，以此来累积教学实践性知识。高职院校在对新教师开展在职师范教育的过程中，可以让新教师在导师的指导下开展少量的教学实践或者辅助导师开展教学实践，起到类似"高职教学实习"的作用，让新教师在教学实践中摸索合适的高职课堂教学设计和教学方法。新教师在教学实践、学习实践和企业顶岗实践等实践行动中反思，从中获得改进教学的思维与想法，在行动中改进教学方法，提升教学技能，得到教学能力的成长，呈现一种"反思—更新—成长"的教学能力自助发展模式(如图 4-1)。

图 4-1 新教师"反思—更新—成长"的教学能力自助发展模式

---

① M. G. Jones, E. M. Vesilind. Putting Practice into Theory: Changes in the Organization of Preservice Teachers' Pedagogical Knowledge[J]. American Educational Research Journal, 1996, 33(1): 91-117.

② 贝蒂·E. 斯黛菲，等. 教师的职业生涯周期[M]. 杨秀玉，赵明玉，译. 北京：人民教育出版社，2012：12.

约翰·杜威在《我们如何思维》中指出，思维缘于困惑与怀疑，对疑惑进行系统、持续探索，是对思维的最基本要求；它将导致思索、考察、搜寻、探究的行为，发现解决疑惑或澄清困惑的新资料；形成一个信念，就应该经过认真思维的过程，有意识地思考这个信念的性质、条件与意义。① 高职新教师对自身理论教学与实践教学中碰到的问题进行思考或者反思，这是一种有意义的思维，是对教学连贯有序、因果分明的一系列思量。这种反思性思维是新教师有意识地对高职教育的性质和意义、对课堂教学和实践教学条件、对自己的教学效果等前后呼应的思考。反思的结果联结在"提升双师型教学能力、促进教学效果改善"这条线索之上，进而又促进其原有专业知识和专业技能的更新，逐步形成他的教学经验和职业教育信念，最终达到教学能力发展和专业成长的目的。

舍恩指出，教学过程中，个体会展示出"行动中的知识"、"行动中的反思"和"行动后的反思"。② 教学行动中的反思是教师对当前教学情境的思考，这种思考更多地表现为对问题或困惑的思量，并将之与以往情境或经验建立联结，对问题进行分析、判断和重构，然后在教学中采取行动，运用新方法。佐藤学指出，相较于资深教师，新教师缺少一种实践性思考方式，它具有以下五个特征：①即兴性思考；②对不确定性及问题表象的敏感与深思熟虑态度；③多元视点的综合分析；④语境化思考；⑤不断重建问题表象的思考方略。实践、认识和作为实践主体的教师的成长是三位一体的，构成同一种过程，在某种意义上是经验的概念化。③ 高职新教师若要培养和提升这种实践性思考方式，就需要在行动中不断地实践，在实践后不停地反思，对教学中碰到的问题表象及其解决办法展开思考，不断进行建构和再建构。高职新教师在接受了学校集中安排的岗前培训、在职师范教育等高职教育的教学理论与方法学习之后，自我参与式的教学实践行动、企业顶岗实践行动以及这些行动后的反思，会促使他们整合原有的普通高等教育知识结构型教学与高职教育的职业技能型教学的新旧概念信息，建构新的高职教育教学经验，产生高职教育课堂教学模式意向上的变革，树立以高职教育职业能力培养为核心的教学理念。而这些有关职业教育的新知识、新经验所构成

① 约翰·杜威．我们如何思维[M]．伍中友，译．北京：新华出版社，2015：11—16．

② D. A. Schön. The Reflective Practitioner: How Professionals Think in Action [M]. New York: Free Press, 1983.

③ 佐藤学．课程与教师[M]．钟启泉，译．北京：教育科学出版社，2003：228—229；242—243．

的实践性教学知识，反过来又构成影响教师教学能力发展的重要因素，使其不断地朝着“双师型”教师方向发展。

高职教育要求教师具有“双师”素质，既能开展理论课教学亦能进行专业实践课的教学。从这个意义上来讲，高职新教师的实践反思的内容包括对教学实践的反思、对实践教学的反思，以及对自身专业技能和实践能力的反思。建构主义理论的知识观认为，知识内在于学习主体，对知识的理解需要学习者根据自身原有的经验背景去主动积极加以建构。而且这种学习是产生于特定情境之中的，学习者通过实践、思考、交流与启发，建立新的结构，形成个体新的知识网络系统。这就表明并强调了高职新教师参与教学实践并以此为自我学习和提升教学能力方式的重要性：以便发展一般意义上的学科教学知识和教学技能，以及高职教育所需的“双师”素质。高职新教师对自身所参与高职课堂教学的实践和企业顶岗实践等的反思，是其将岗前培训、在职师范教育中所学到的高职教育教学知识、教学实践中碰到的实际问题与解决问题的新方法之间建立联结，形成自己特定的有关高职教与学的知识和经验。

前文对高职课堂有效教学影响因素的研究也表明，教学反思是教师提高课堂教学效果的常用手段。新老教师都会对自己的课堂教学进行反思，但新教师在反思过程中思考更多的是教学方法、教学设计等因素，更多的是自我关注，往往容易忽视对学情的分析和对学生学习需要的关注。随着教龄增长、教学经验的丰富与累积，教师在教学时会更多考虑学生的需求、学习接受力以及未来专业岗位技能和实践操作能力的要求，据此来设计教学内容和教学活动。因此，对于高职新教师而言，可以在导师的带领和指导下开展对于自身实践的反思，也可以在同伴学研的过程中开展对自身教学实践和顶岗实践等的反思，以提高问题的针对性和问题解决的有效性，达到促进自我经验更新的目的。

2. 企业顶岗实践

专业课的实践教学能力是高职院校“双师型”教师教学能力的重要组成部分。实践教学能力也是高职教师在入职后亟须掌握和提升的能力，这也是高职新教师在教学能力上高于普通高校新教师的特殊之处。

高职新教师要让自己的课堂成为有效课堂，不可避免地要回答以下两个问题：对于高职学生而言什么知识和技能是有必要的？这些知识和技能的实际使用场域如何？要弄清楚这些问题，高职新教师首先要对本专业的岗位工作任务有所了解。按照高职教育对专业课教师每年不少于1个月企业实践的要求，在新教师入职完成师范教育内容培训后，对高职课堂教学要求有了一定的了解或有了初步的教学实践经验的基础上，高职院校可在第二学期安排新教师以实习人员身份到专业相关的企业开展顶岗实践活动。新教师顶岗实践期间，校方为新教师聘请企业技术骨干担任校外指导教师，全程遵照企业的工作时间和工作任务，校内不安排授课任务，保留相关薪资待遇。高职新教师到企业参加顶岗实践的目的，一方面是通过自己的岗位实践了解本专业的实际工作流程、岗位工作任务和岗位工作应具备的知识和技能，另一方面可以搜集一些专业理论课和实践课的教学资料和真实案例。因此，按照高职新教师的理论教学能力与实践教学能力同步发展的目标要求，企业顶岗实践能够直接提升高职新教师指导学生开展专业技能操练的实践教学能力和指导学生参加职业技能竞赛的能力，也能间接提升新教师有关教学智慧的实践性知识。

有关实践性知识，当代西方基本有"日常生活经验"、"个人叙事"、"反思行动"、"实践智慧"等四种教师实践性知识思想流派。[①] 但无论哪种思想流派，一致将教师的经验世界作为教师实践性知识的主要来源阵地和发生场域。陈向明提出，教师的实践性知识包含教师个体所拥有的教育信念、策略性知识、自我认知、批判反思知识、情境知识、人际知识六大方面内容，具有缄默性、个人化、身体化和不确定性等特征。[②] 对于高职院校专业课新教师来说，其中有关自我、情境、策略、批判反思的知识与他们对自身专业及专业技能的掌握与熟练程度有关，更与新教师们对学生未来工作岗位的工作任务了解度有关。D.J.克兰迪宁(D. J. Clandinin)等认为教师专业知识场景包括不同关系中的人、地点、事件及其间的关系，这些不同的人、地点、事件等会反作用于教师的专业知识产生，与教师个体生活与体验相联系的属于教师个人实践性知识，与教师群体生活及体验相联系的是教师专业知识场景。[③] 如果教师不了解学生未来工作的真实场景和工作要求，他们就很难在专业理论课程与实践课程教学中将教学内容与工作岗位对接，将教学项目与工作项目对接，难以正确地指导学生完成相关知识的学习和技能的操练。高职新教师到企业顶岗实践可以让其沉浸式地融入企业工作环境，一方面

---

① 康晓伟.教师知识学：当代西方教师实践性知识思想研究[M].北京：北京师范大学出版社，2017：56.

② 陈向明.搭建实践与理论之桥——教师实践性知识研究[M].北京：教育科学出版社，2011：67—71.

③ D. J. Clandinin. & F. M. Connelly. Teachers' Professional Knowledge Landscapes[M]. New York：Teachers College Press，1995：4-5.

可以增强教师专业知识场景，提升与企业工作经验相关的教师个人实践性知识，强化专业实践技能和实践教学能力，弥补高职新教师专业实践能力较弱的短板；另一方面，新教师得以更深入地了解和思考在高职教育教学中如何与企业对毕业生知识能力的要求进行结合，提升教学设计的职业岗位针对性。同时还可以搜集和积累企业真实案例和教学素材，完善课程教学内容，加深对相关专业理论知识的理解并积极思考这些理论知识在工作实际中的运用方式，提高课堂教学的有效性。

3. 专业书刊阅读学习

专业书籍与期刊的学习是构筑新教师教学知识的另一重要途径。无论如何界定必须教授的知识，教师自身的学习经验将影响他们对这些知识的态度，并对教师成功地理解教学产生深刻影响；教师的学习能力与他所教的学生的学习方式有着基本联系，要让学生使用某种学习方法，教师自己必须先学会使用。①

人们常说"要给学生一杯水，老师要有一桶水"，但在经济全球化、新知识不断涌现的当今，教师的这一桶水应该成为长流之水。舒尔曼认为教师的教学知识基础应该包括以下七种类别：关于学科内容的知识，一般性教学知识，课程知识，关于教学的知识，学习者及其特点的知识，教学环境的知识，关于教育目标、目的和价值以及它们的哲学与历史基础的知识。② 对于高职新教师而言，本科和硕博阶段的学习为他们储备了有关学科内容的学科本体性知识，进入工作岗位后他们要重点提升的是有关教育学、课程教学论、教育心理学、教育技术、学习者及其特点、教学环境等方面的教学条件性知识和教师实践性知识。从高职教育的特征来看，高职教育既具有职业性特征，又具有高等性。高职新教师需要具备他所教授课程的学科基本知识，还要了解他所教授专业的专业发展趋势和前沿理论。这些知识的获取和增长，除了通过培训、企业顶岗实践等实践及反思之外，跟踪阅读本专业前沿期刊或专业书也是高职新教师提升教学知识的重要形式。

按照建构主义学习理论，学习者通过先前的观念、经验与新环境的相互作用主动建构自己的知识，然后按照自身已有的经验和情感认知，在特定的

---

① 黑恩，杰塞尔，格里菲思. 学会教学：教师专业发展导引[M]. 丰继平，徐爱英，译. 上海：华东师范大学出版社，2009：61—62.

② L. Shulman. Knowledge and Teaching: Foundations of the New Reform[J]. Harvard Educational Review, 1987, 57(1): 1-22.

情境中构建意义。通过专业书刊的阅读，新教师可以间接地与本专业领域专家或教育专家对话，学习本专业专家、教育家的教学经验和研究成果，发展关于专业的知识、关于专业教学的知识及关于职业教育的知识，增强对各种类型知识的理解，梳理把握其中的逻辑关系，提升理论应用于教学实践的能力，促进教学能力的发展。

4.与学生沟通交流

教师的教学能力与水平的高低通常可以通过教学效果反应出来。学生是教师教学的受众和直接体验者，可以真实地感受一个教师教学效果的优劣，以及不同教师在教学效果上的差距。新教师经常与学生沟通交流，可以清晰地了解自身教学知识与技能的运用和传达效果。经常征求并正确对待学生的教学反馈，将有利于高职新教师对学情的了解，不断加深对学生思维特点、心理特点、认知特点、学习能力等的了解与认识。教师可以根据实际情况及时调整授课内容的难易程度和进度，改进自己的教学方法和手段，在与学生的思想碰撞中不断地产生启发和灵感。

在笔者对高职新教师的调查中，谈到与学生沟通与教学时，多数新教师表示会与学生交流上课的效果，而且与学生交流可以改善自己的教学效果。

新教师曾：与学生交流，能更好把握学情，适当调整教学内容和教学方法。

新教师周：能够让自己充分熟知学生课堂上对知识的理解度，能更好地把握授课的重点与难点，及时调整上课进度，提升课堂的有效性。

新教师吕：会和学生交流上课的难度和进度情况，学生反映较难，就放慢进度，尽量让每个学生都能跟得上。

（四）基于合作的互助发展

生态取向的教师专业发展范式研究，改变了仅仅依赖外部培训和教师个人自我更新发展的单纯个体发展模式，转而关注教师间通过合作学习的方式互助发展。教师专业学习共同体这种教师合作学习形式的兴起，为高职新教师教学能力的互助发展提供了很好的途径。这种教师学习方式通过教师个体与群体之间、教师与环境之间的互动内化知识。基于合作的互助发展路径是高职新教师通过合作学习促进教学能力发展的过程，主要是指高职新教师同辈之间、新教师与有经验同事之间的学习研讨、交流沟通和听课评课等教学能力发展的互促活动。本书中，同辈合作学习主要以高职新教师行动学习小组学研共同体的形式开展学研活动，针对他们在师范教育培训、教学实践、企业顶岗、对话名师等学校组织的系列集体培训和个体参与的实践活动中碰到的相似问题或个体问题开展研讨和交流，找到问题解决策略，并再次运用于行动实践。此外，新教师也可和本专业或其他专业有经验教师进行理论课与实践课教学经验的交流、教科研项目的合作，参与新教师之间、新老教师间的听课评课活动等，通过参与这些群体学习活动共同提高教学能力。

1. 新教师同伴学研

按照学习型组织理论，学习在个人、团体和组织的相互作用共同体中产生，在团体学习中，个人可以不断地突破上限，创造个体和组织向往的结果。高职新教师在接受高职院校组织的教学能力提升集中培训、教学实践、企业顶岗实习的过程中有着相似的经历和体验，可以就这些学习和实践活动中碰到的相似或共性问题开展研讨、相互学习，解决培训学习和教学实践中碰到的实际问题。

如前文所述，高职新教师教学能力发展学研共同体是一种高职新教师教学能力提升的学习和研讨环境。新教师以行动学习小组的形式开展定期学研活动，每次学研活动可以确定一个问题主题，让新教师就这个主题展开深入学习，并就自己教学实践中碰到的类似问题开展研讨。按照行动学习理论，学研小组的成员以4—8人为宜，同时要选择一位经验丰富的教师作为行动学习小组的促进者，以引导和促进学研活动的有效展开。在学研主题的选择上，可以是由各位新教师事先讨论商定好的有关高职教育教学的相关内容或促进师生关系的策略等。比如，在教学方法主题研讨上，可以选取项目化教学、案例教学、任务型教学、情景教学、仿真模拟教学等高职教育领域采用较多的教学方法，由1—2位新教师事先收集各种研究方法的资料，在主题研讨活动开始时进行介绍。然后由各位新教师就该教学方法的教学应用以及使用中碰到的问题展开研讨，最后形成问题解决策略。研讨结束后将策略应用到课堂教学实践，在下一轮主题研讨时汇报实践心得。通过这种“提出问题—小组研讨—提出策略—行动实践”互助式行动学习循环，新教师们在学研共同体的每次活动中实现教学能力的点滴发展。有关学研共同体的组建、活动实施等，将在第五章具体分析。

2.与有经验的同事交流合作

随着职业教育内涵式发展的推进，高等职业教育对专业课程的教学内容在综合性、实践性、应用性等方面的要求不断加强，教学方式和教学情境更加多样化、复杂化，教与学的方式不断发生变革，对教学情境的仿真性、岗位真实性要求不断提高，课程教学变得更加复杂多样，对教师的专业知识群和能力聚合性要求也不断提升。随着高职教育专业群建设的不断强化，专业课教学不再是以前那种一门课程教师的个体孤独作业，更是一种跨专业课程体系，乃至跨学科的综合性建构。这表明，近年新进入高职院校的新教师们也不可能像以往的高职教师那样相对自我独立，他们需要打破以前那种相互隔离的状态，而要像中学教师那样合作。因此，在教学能力发展培训的一般路径基础上，高职新教师们要寻求同课程、同专业的教师或专业群中不同课程甚至跨专业的教师的合作与帮助，经常性地与有经验的教师交流、沟通与协作，学习他们的好做法，改进教学方法和策略，提升教学能力。

对于刚入职的新教师而言，教学能力的发展是其适应和站稳岗位的根基。教师间的交流合作，可以让新教师获得有关高职教育教学各个方面的不同观点和有效经验，比如对高职学生学习特点与个性特征的了解、对教学目标的设定与调整、教学内容的把控与理解、教学方法的设计与成效、教学手段的选择与运用等，都可以为新教师解决教学中遇到的实际问题提供思路、启发和借鉴。尤其是与导师制相结合，新教师与其导师或者其他有经验教师之间的交流，可以让新教师更快地获得正确的教学体验和教学技术，并吸收内化为新教师教学技能。合作交流的具体内容和路径可包括共同教学、教学观摩与评课、老教师经验指导、与导师开展行动研究、课例研究、教学故事分享、学生作业研讨、读书俱乐部、课程教学设计与开发等正式与非正式的活动，形成新教师与老教师的教学实践共同体。

3.课堂互听互评

某种程度上，我们可以把教学比喻成课堂的对话艺术。有效的教学是教师与学生之间关于教学内容的思想沟通与有效传递。除了教师间的教学设计、教学方法、教学手段等差异之外，每位教师都有其特有的教学语言艺术和沟通技巧。佐藤学的研究发现，初任教师和资深教师在课堂教学上的最大差别表现在课堂氛围、教学节奏和对于师生动作的看法与感受：初任教师眼中的教学集中于信息的传递与处理过程，资深教师眼中的教学是全身心地参与并时刻处于变化状态的过程。[①] 教师间的听课与评课可以让新教师发现其他教师的优势和自身的不足。

对于高职新教师而言，经常性地参与本专业或者学校范围内的优质课堂的听课与评课活动，可以以学习者的视角直接感受课堂，参与性地学到有经验教师和优秀教师的教学设计、教学方法、教学手段、课堂突发问题的处理方法、教学语言的使用等。同伴课堂互听则可以让他们以新教师的视角直观地看到同伴课堂中那些可能同样存在于自己课堂的不足，感知优秀课堂与新教师课堂之间的差异，进而自觉地去提升教学能力和课堂教学效果。

二、“训—研—行”耦合联动的高职新教师教学能力发展策略

结合上章提出的“基于引领的他助发展”、“基于合作的互助发展”、“基于内生的自我发展”三种高职新教师教学能力发展主要路径，笔者在学理层面提出了“训—研—行”耦合联动的高职新教师教学能力发展和培养策略，并在Q学院的高职新教师两年培养中进行实践研究。“训”主要指以高职教育教学理论与高职教学技能等培训为主要形式的“基于引领的他助发展”路径，“研”主要指以高职新教师行动学习小组学研共同体为载体的“基于合作的互助发展”路径，“行”是以高职新教师的理论与实践教学、企业顶岗等自身实践活动中的行动—反思为主要依托的“基于内生的自我发展”路径。本节主要从理论层面对“训—研—行”耦合联动策略的有效组织形式、行动方式和实践策略展开探讨。下章将就“训—研—行”耦合联动高职新教师教学能力发展学研共同体的活动展开及“训—研—行”策略的实施成效进行分析。

（一）学研共同体：高职新教师教学能力发展的有效组织

在教师专业发展研究上，近年来比较推崇教师学习之路。教师学习是一种基于教师自我更新的教学与专业发展道路，它能较好地发挥教师自身的理论知识及实践智慧，以理论和实践协同的方式参与教师的教学发展。而在教师学习的组织策略上，教师专业学习共同体作为教师学习的有效形式日渐得到学界的广泛认可。

---

① 佐藤学.课程与教师[M].钟启泉，译.教育科学出版社，2016：379.

“共同体(community)”概念最早由德国社会学家斐迪南·滕尼斯(Ferdinand Tönnies)在其社会学著作《共同体与社会》中提出。他认为共同体是指“人们之间在自然情感的意志基础上的亲密关联、守望相助并具有一定排他性的共同生活方式,以血缘共同体、地域共同体和精神共同体为典型代表”。[1] 德国社会学家马克斯·韦伯(Max Weber)认为:“只要社会行为取向的基础是参与者的主观感受共同属于一个整体的感觉,这时的社会关系,就应当称为共同体。”[2]萨乔万尼认为,共同体是因共享的价值与观念而凝聚在一起的群体。[3] 发展至今,共同体已成为个体与集体之间的互动发展过程与态势,而不再仅仅是某一种社会状态或形式。[4] 共同体可以是共同情感、亲密关系的,也可以是人为的、基于规则的,共同体的形成方式从自然形成逐渐走向主动构建。[5] 因此,现代意义上的共同体更是一种归属和互动,更加强调存在于人际之间或成员之间的共通意识、认同感和归属感。

“学习共同体”概念由埃姆·博耶尔(Emest L. Boyer)于 1995 年在《基础学校:学习的共同体》中提出,强调共同体成员创建共同愿望,形成良好氛围,团队的每个成员是平等的关系。教师专业学习共同体的概念最早在杜威提出的“雏形的社会”中有体现,但当时他还没提到“学习型社区”概念,直到 20 世纪西方国家的教育改革才真正开始探索。20 世纪 80 年代,美国重点改革学校教育和教师教育,J. I. 古德莱德(J. I. Goodlad)提出创建“共生伙伴关系”观点,推进了高校和中小学的合作进程,建立教师专业学习共同体。随后,各种“校本学习”研究的开展促进了教师学习共同体的另一种类型的形成,即学校内部的教师团队合作。面对“教师专业学习共同体”这个概念,我们基本可以从“专业”、“学习”、“共同体”这三个概念核心词汇展开理解。专业是指教师在某特定领域的专门知识、专业伦理、集体身份认同和专业自主。[6] 学习则是指引教师构建专业学习共同体的方法论和过程。有研究者认为专业学习共同体的核心要素是“双循环学习(double loop learning)”,这种双向的学习能使人们发现并且纠正既有知识和价值所存在

---

① 转引自董静.课程变革视阈下的教师专业发展[M].北京:中央编译出版社,2013:221.

② 马克斯·韦伯.社会学的基本概念[M].胡景北,译.上海:上海人民出版社,2005:65.

③ 转引自赵健.学习共同体的构建[M].上海:上海教育出版社,2008:4—5.

④ 宋萑.教师专业共同体研究[M].北京:北京师范大学出版社,2015:51.

⑤ 潘洪建.“学习共同体”相关概念辨析[J].教育科学研究,2013(8):12—16.

⑥ 王姣莉.教师专业学习共同体研究述评[J].当代教师教育,2014,7(1):32—38,89.

的错误，创造新的知识、新的规则。① 教师专业学习共同体强调教师个体和群体之间的互动关系和学习态势。共同体为教师的“专业”和“学习”提供了反思实践、合作分享的平台和环境，专业则为教师的学习提供知识基础和身份认同，学习则是教师提高教学知识和能力、不断提升专业性的源泉。

基于对以上核心概念词的理解，研究者们在教师专业共同体的概念内涵上存在以下共识：一、教师专业学习共同体在生产方式上具有自愿性，而不是由外在力量强制形成；二、教师专业学习共同体的最终目标是促进实践改善；三、学习、实践、分享和意义创生是教师专业学习共同体的运作组成。② 教师专业学习共同体在特征上具有学习型组织的特点，主要表现为共同的目标愿景、组织的自发性、专业知识与教育教学经验的共享性、学习氛围的互助性、学习方式的探究性和行为实践的反思性。

本书所指的高职新教师教学能力发展的学研共同体，在本质上是一种以提升高职院校新教师的教学能力为目的、以新教师共同学习与研讨为基本形式的高职新教师专业学习共同体，其实质亦是一种以行动学习为特征的实践共同体。在高职新教师教学能力培养过程中，成立学研共同体有利于高职新教师解决一系列校本培训和辅导、自身教学实践、企业顶岗实践、自主学习等过程中碰到的共性和个性问题，新教师个体学习和群体研讨之间的互动提供了高职教育教学的反思实践、合作分享的平台和环境。

高职新教师的学研共同体是高职院校的新教师们为了实现“提升教学能力”这个共同愿景而创设的一种小组学习和研讨的环境。其目标是在小组的合作学习支持下，在系列校本、外部培训与自我教学实践的基础上，充分发挥学研活动参与者的主体作用，让小组成员在实现教学能力提升目标的过程中相互帮助、相互砥砺，通过“实践—学习—反思—研讨解惑—再实践”的学研过程，致力于共同解决教学实践中碰到的实际问题，提升对高职教育和高职学生的理解，根据高职学生理论学习兴趣和能力不足、喜欢和善于实践操作的学习特点，找到适合高职学生特点的教学方法。佐藤学认为，对于教师实践性知识的提升，因其具有个人经验的个体特性，所以仅仅依靠知识的交流还不够，必须确保实践经验的共享。③ 学研共同体正是为高职新

---

① Jocelyn L. N. Wong. What Makes a Professional Learning Community Possible? A Case Study of a Mathematics Department in a Junior Secondary School of China[J]. Asia Pacific Education Review，2010，11(2)：131-139.

② 董静. 课程变革视阈下的教师专业发展[M]. 北京：中央编译出版社，2013：223.

③ 佐藤学. 课程与教师[M]. 钟启泉，译. 北京：教育科学出版社，2003：229.

教师们提供了交流和共享教学实践经验的环境，通过教学实践问题的交流与讨论分享各自的困惑、经验和成长体会，创造了群体学习和教学能力发展问题讨论和经验共享的机会与平台。在高职院校新教师教学能力发展培养过程中，可以运用和发挥学研共同体这一学习型组织的有效机制，把学研共同体作为新教师教学能力发展培养的有效组织策略。

（二）行动学习：高职新教师教学能力发展的行动方式

自瑞文斯提出行动学习后，它就作为一种解决组织中的复杂问题的工具和方法迅速得到认可，并广泛运用于各种组织的团队建设和能力提升。虽对其概念和内涵的阐释不尽相同，但均认同下列几大元素：真实的员工在实践中解决真实的问题，采取行动，在行动过程中学习和提升能力。行动学习是一个行动实践并在行动实践中学习的过程，在此过程中，小组成员在发现问题、质疑问题和行动中不断学习，在解决实际问题和采取行动中促进组织和个人的发展。

行动学习通常由问题、小组、质疑、行动、学习、教练六个要素组成。① 瑞文斯认为，学习小组是行动学习的核心要素或核心实体，一般应该由4—8人组成，他们基于个人背景在持续完成任务的过程中共同努力进行报告、分析，然后制订现实行动计划。“正规教育是不够的，学习要寓于工作之中，没有行动就没有学习，对经验的反思是最好的学习，相互交流产生学习，与同伴的交流可以促进学习，行动学习重在培养提问洞察力，难题的解决需要洞察性提问，问题必须要鲜活”等是行动学习不可或缺的假设。② 这些是行动学习过程中需要把握的要素。行动学习尤其强调正确的提问，富有洞察性的提问可以让团队清晰地理解问题的本质，好的提问本身就可能孕育着创造性的解决方案。行动学习又需要小组就所要解决的问题切实地采取行动，小组只有进行了学习行动，才可能创造性地解决问题。当行动学习“具备了六个要素，既有学习又有行动时，行动学习的威力就可以达到顶峰。”③

行动学习小组可解决一个或多个问题，故而行动学习项目可以是单问

---

① 迈克尔·马奎特.行动学习实务操作：设计、实施与评估(第二版)[M].郝君帅，等译.北京：中国人民大学出版社，2013：2.

② 雷格·瑞文斯.行动学习的本质[M].郝君帅，等译.北京：机械工业出版社，2016：5—16.

③ 迈克尔·马奎特.行动学习实务操作：设计、实施与评估(第二版)[M].郝君帅，等译.北京：中国人民大学出版社，2013：4.

题式或多问题式的(见表4-2)。在单问题式项目小组中,公司或组织决定小组成员和问题,以解决组织提出的问题为主要目的。在多问题式项目小组中,问题产生于小组成员。每次行动学习会议时,小组成员将各自的问题、任务或者项目带到小组,成员在交流、相互帮助下解决彼此的问题。行动学习小组较好地展现了学习型组织的运作方式,其本身就是一个小型的学习型组织,小组成员可以持续地从他们的行动和互动中找到学习的机会。行动学习小组成员的学习体现"理解知识"、"运用新获得的技能"、"经历并且经受涉及信仰与态度的内在开发,实现个人及专业的发展"三个层级。行动学习在第三个层级上特别有效,因为它能促使参与者反思内在的不和谐,而问题和行动就是引发反思的外部触发点,人们对自己的盲点、弱项、强项有更清楚的认知,并从行动学习中获得反馈与帮助,获取新的知识、技能,实现"突破性学习"。①

表4-2　行动学习项目的两种不同类型

单问题式项目	多问题式项目
学习小组致力于解决单个问题	学习小组致力于解决多个问题
问题由组织决定	问题由小组成员自己选择决定
组织承诺采取行动	小组成员个人承诺采取行动
组员由组织确定	组员自我选择
组员保持不变,直至策略制订或实施	组员离开时会被替换
使用反思性探询流程	使用反思溪探询流程
既关注行动又关注学习	既关注行动又关注学习
小组提出建议并实施	个人实施行动
教练是固定的,最好经过资格认证	教练通常由组员轮流担任

资料来源:迈克尔·马奎特.行动学习实务操作:设计、实施与评估(第二版)[M].郝君帅,等译.北京:中国人民大学出版社,2013:5.

以上所阐述的行动学习精髓及运作形式,对高职新教师的教学能力发展培养有很好的理论和实践指导意义。高职教育的职业性和强实践性特点决定了高职新教师的教学知识和能力构成本身就具有大量的实践性知识。这种实践性知识既包括通常意义上源于个体教学累积的教学实践性知识,

① 迈克尔·马奎特.行动学习实务操作:设计、实施与评估(第二版)[M].郝君帅,等译.北京:中国人民大学出版社,2013:5—19.

也包括高职教师特殊要求的专业实践性知识和实践教学知识。这些实践性知识,尤其是后者,高职新教师只有在对教学与专业不断地实践、反思和再实践中才能提升。因此,高职新教师教学能力的发展培养完全可以行动学习理论为指导,采用行动学习的方式,以学研共同体的形式组建新教师教学能力发展行动学习小组,让新教师在行动中学习,在合作中解决问题,在反思中发展。小组成员通过对个人培训、教学和企业实践经验的总结与反思,通过对他人相关经验的吸收与借鉴而获得"双师型"教学能力的成长性发展。

从高职新教师学研共同体行动学习小组解决的问题类型上看,高职新教师的教学能力发展以高职"双师型"教师需要具备的理论教学能力和实践教学能力提升为主要目标。这种发展目标既是高职新教师教学能力个体发展的要求,也是高职院校"双师型"师资队伍建设的要求。因而高职新教师学研共同体行动学习的问题解决既是一种新教师自我导向学习的个体行为,也是一种高职院校的组织行为。首先,单从高职院校组织层面来看,高职新教师的"双师型"教学能力发展是一个关系到高职院校师资发展和学校整体发展的组织问题和组织目标,是一个单问题式的行动学习项目。其次,从高职新教师个体层面来看,"双师型"教学能力发展是高职新教师的个体问题和个体目标,每个高职新教师的"双师型"教学能力形成的时间和方式,会因个体对高职教育的认知程度、自我发展意识和自我发展能力的内在不同而有区别。而就教学能力发展本身而言,其内涵是复杂的,内容是多元的,方法和路径是多样的;高职教育"双师型"教学能力因对教师的专业实践能力和实践教学能力有特殊要求,因而其内涵的复杂程度和内容的多元程度又高于普通高校的教师教学能力要求。从这些层面来分析,高职新教师教学能力发展项目的复杂性不是一个单问题式行动学习项目可以解决的。

在实际运作中,高职新教师教学能力发展的学研共同体由高职新教师组成。在行动学习小组中,每个新教师成员都有自己关于理论教学或实践教学的不同问题、不同疑惑和不同的帮助需求。每次小组活动会议时,他们各自带着不同的问题来到小组,有些问题可能是共性的(如教学方法的问题),有些是个性的(如学情的问题)。小组成员分享各自的经验,从中得到共鸣,并在其他成员的帮助中解决问题。带着这些问题解决的建议,他们再次回到教学实践,在行动中运用新的方法或技能,然后在下一次小组会议中将新尝试的成功经验或新出现的问题再次带给小组,获得新的帮助。如此循环往复,在"行动—反思回顾—新的计划—新的行动"过程中,新教师从行动经验中不断获得学习和教学能力的发展。在这个过程中,每一位新教师都可以是质疑者和学习者，同样每一位新教师也都可以是提问者和教练。因此，高职新教师学研共同体的行动学习小组项目更多地体现出多问题式的项目类型，行动和学习贯穿项目的始终。新教师在关注行动实践的同时也关注学习，在行动中获得学习机会，实现个人教学发展。

（三）训一研一行：高职新教师教学能力校本培养的实践策略

1."训一研一行"耦合联动的高职新教师教学能力校本培养实施框架

如前所述，"训一研一行"耦合联动的高职新教师教学能力发展实践策略融合了"基于引领的他助发展"、"基于合作的互助发展"和"基于内生的自我发展"的路径，是一种基于融通的高职新教师教学能力校本培养策略（如图4-2），通过"训"、"研"、"行"之间的联动促进高职新教师教学能力的协同培养与发展。

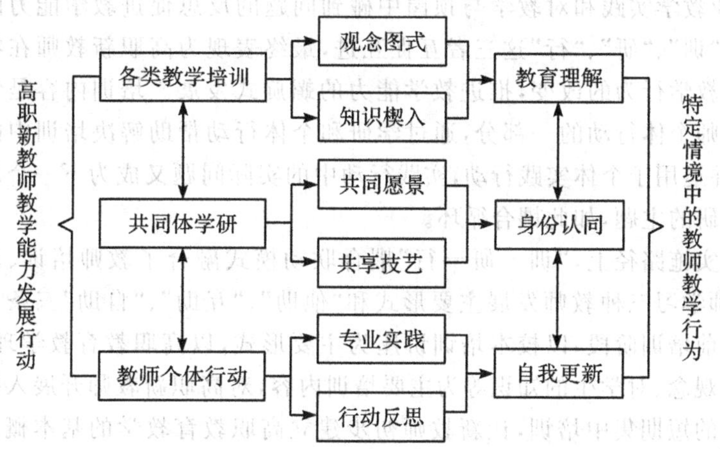

图4-2　"训一研一行"耦合联动的高职新教师教学能力校本培养实施框架图

"训"主要是指高职新教师的岗前培训、入职后的各类校本培训和外部培训、企业顶岗实践中的专业实践能力培训，以"引领的他助发展"路径为主要表现形式。在培训内容上，校本和外部培训以高职教育教学理论、教育心理学、教学方法、师生关系、高校教师职业道德、有效教学等为主。外部培训有利于帮助高职新教师提升对高等职业教育的认知和理解，尽快完成身份转换，产生身份认同。

"研"是指高职新教师学研共同体的学研活动，以新教师群体互动为主要表现形式，为高职新教师构建了教学能力发展的环境领域，体现为"基于合作的互助发展"路径。其主要内容和功能是对新教师在培训和教学实践过程中碰到的困惑和实际问题开展主题研讨，实现新教师个体和群体之间的技艺共享、相互支持和互为保障，达成提升教学能力的共同愿景。

“行”包括高职新教师的个体行动与反思，建构了高职新教师教学能力发展的实践领域，体现为“基于内生的自助发展”路径。一是指新教师个体的行动实践，以新教师在高职课堂教学和企业岗位的个体参与为表现形式，包括教学实践、企业顶岗实践；二是指新教师在行动实践后的反思。

在此框架中，培训、学研和个体行动相辅相成，联动展开。在教学能力发展目标上，通过高职教育理念、教学设计和教学方法的培训，输入观念图式，楔入新知识，形成新教师关于高职教育教学的知识、观念和态度，增进他们对高职教育和高职学生的理解。共同体学研通过新教师间提升教学能力这一共同愿景，促进新教师的合作学习和共享技艺库的建立，让相近学科或专业群的新教师找到集体培训和个体实践中的共同研讨主题，逐步形成高职新教师的自我身份认同和群体认同。新教师个体行动通过企业顶岗实践、专业教学实践和对教学与顶岗中碰到问题的反思促进教学能力的内生发展。“训”、“研”、“行”这三者互促互进，最终表现为高职新教师在特定情境中的教学行为的改变，推进教学能力的螺旋式发展。培训内容是学研主题和教师个体行动的一部分，通过学研和个体行动帮助解决培训中的理论难题，并运用于个体实践行动，实践行动中的实际问题又成为下一个培训项目和学研的主题，如此耦合循环。

在实施路径上，“训－研－行”耦合联动模式融合了教师培训、教师教育、教师学习三种教师发展主要形式和“他助”、“互助”、“自助”三条主要路径。岗前培训阶段，以校本培训讲座为主要形式，以高职教育教学理论、职业教育观念、对学生的知识等为主要培训内容，对高职新教师开展入职前两周左右的短期集中培训，让新教师初步建立高职教育教学的基本概念。入岗第一学期和之后的在职培养阶段，通过校本培训、外出培训、与教师教育机构合作、企业顶岗等形式开展在职师范教育，培养专业实践能力。可以采用专题讲座、导师指导、名师对话、共同体学研、教师个体学习、听课评课、前辈示范、同辈研讨、校际互访、企业顶岗实践等活动形式，以课程设计、教学方法、课堂管理和监控、与学生沟通、教学组织、教学反思、教学评价、企业真实工作岗位的知识和技能等为主要学习或研讨内容。在高职新教师的1－2年培养周期内，通过“岗前－入岗－在岗”不同阶段的“训、研、行”在培训内容上的耦合及在实施方式和时间上的联动，达成培养实效，确立一条由“学校、企业和教师个体”多元主体参与、“培训、学研和行动实践”多维联动的发展路径，激发新教师教学能力发展的多主体动力。高职新教师在培训、学研、自我教学实践与顶岗实践中，会不断地碰到教学难题，对高职教学产生新的认识，通过“教育教学实践难题的刺激”和“新的教育观念图式的楔入”，新教师参与高职课堂教学活动的行动和观念图式得以不断调适，逐渐累积教学知识和教学技能，由未知变成已知，由不会变成会，共同指向新教师的教学能力与素养的提升(如图 4-3)。

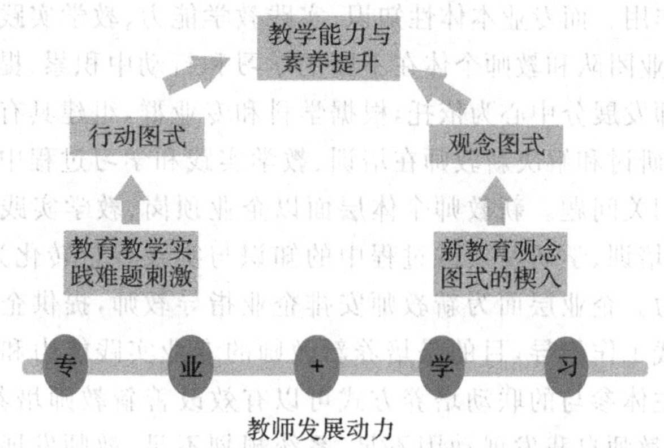

图 4-3　高职新教师教学能力发展动力模型

2.“训一研一行”高职新教师教学能力校本培养的多领域互动

在高职新教师教学能力培养过程中，“训、研、行”三者互为支撑，实现新教师的高职教育理论学习与教育教学实践之间的融通。在这个过程中，高职新教师通过在“训、研、行”各方面合法的边缘性参与(见图 1-4)，经过 1—2 年的培养后，逐渐从教学新手期过渡到教学能力形成期，完成“双师型”教学能力的初步构建，逐步实现高职教育对高职教师“既是知识的传授者和教学的研究者，又是专业的实践者和实践的反思者”等知识和技能的多元要求，顺利完成新教师的身份转换，建立身份认同。在此过程中，高等职业教育的强实践性特征，要求高职新教师必须尽快了解以理论知识学习为主的普通高等教育与以岗位实践操作能力培养为主的高等职业教育之间的类型区别，从关注理论知识学习转向关注知识应用和专业技能，更多地关注“实践中的知识”和“为了实践的知识”的学习，实现其专业理论知识与专业实践能力的整合，进而转化为高职“双师型”的教学能力，适应高等职业教育专业课教师的教学岗位。

“训一研一行”耦合联动的高职新教师培养策略可以有效整合学校、新教师个体、企业等多方主体，形成“学校、学研共同体、教师个体、企业”四元支持、“训、研、行”三维路径联动的高职新教师教学能力培养模式。如此，改变以学校为单一主体的培养形式，培养主体由一元转向多元，充分发挥学校、二级学院、企业、新教师个体的积极作用，各自在不同的维度为新教师的教学能力发展确立目标，发挥不同作用。其目的是改变目前新教师教学能力的延展培养不足、培训效果受教师个体能动性影响较大的现象。学校层面培训一般可以教授普适性的教学条件性知识和对学生的知识，起到外部培训的推进作用。而专业本体性知识、实践教学能力、教学实践性知识与能力，则需要专业团队和教师个体在不断的学习和行动中积累、提升。二级学院可以以教师发展分中心为依托，根据学科和专业群，组建具有共同愿景的学研共同体，研讨和解决新教师在培训、教学实践和学习过程中出现的实际难题和专业相关问题。新教师个体层面以企业顶岗、教学实践和自我学习为切入点，将培训、学研及实践过程中的知识与实践智慧转化为教学技能，发展教学能力。企业层面为新教师安排企业指导教师，提供企业顶岗实习的岗位和实践工作指导，目的是培养新教师的专业实践能力和实践教学能力。这种多主体参与的联动培养方式可以有效改善新教师培养过程中“发展主体不明、教师自我发展动因不足、系统规划不足、教师发展中心教学咨询功能缺失”的现状。

“训一研一行”耦合联动的高职新教师教学能力培养策略，对新教师在所处的个体领域、环境领域和实践领域的教学能力发展起到互动共促作用(如图4-4)，变以往以校本培训为主的单一发展路径为“他助(训)—互助(研)—自助(行)”的多维联动培养路径。此模式中，在个体领域、环境领域和实践领域实施的各种“训、研、行”培养活动，共同作用于高职新教师的教学能力提升，推动新教师教学能力发展与专业成长。各领域间相互创生，形成新的教学能力成长基点。比如，通过个体领域的知识、信念与态度的学习与解构，生发出学研共同体研讨与外部培训的主要内容，学研共同体研讨和外部培训又促使新教师反思自身有关教学的知识、信念和态度；这些成长了的知识、信念和态度最终体现为高职新教师教学能力的发展，而教学能力的发展反过来又会让新教师进一步去反思自身之于教学的知识、信念和态度。也就是说，通过在个体领域、环境领域和实践领域的“训一研一行”互动培养，高职新教师的教学能力呈现螺旋式的上升发展。此模式可以让高职新教师在接受培训、共同体研讨和行动实践中根据自身的教学能力发展目标不断地动态调整学习内容，优化下一步行动任务，在教学能力发展的个体、环境和实践领域共同发挥作用，从教育教学理论学习、问题研讨、企业专业实践等多角度帮扶新教师提升关于高职教育的信念、知识、态度以及专业实践能力，逐步形成“双师型”的教学能力，实现高职新教师教学能力发展培养

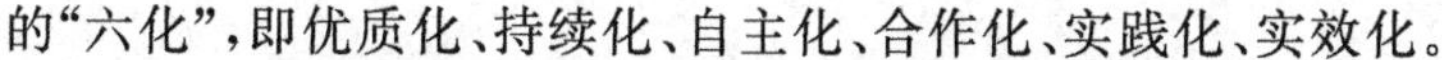

的“六化”，即优质化、持续化、自主化、合作化、实践化、实效化。

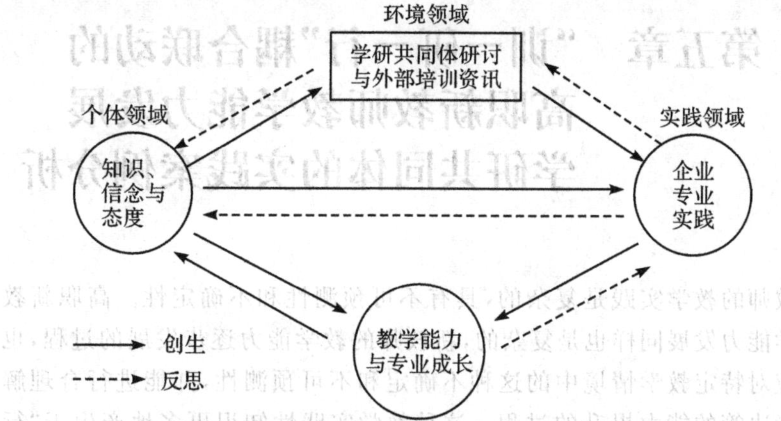

图 4-4　高职新教师教学能力的多领域互动共促发展

第五章　“训一研一行”耦合联动的高职新教师教学能力发展学研共同体的实践案例分析

教师的教学实践是复杂的，具有不可预测性和不确定性。高职新教师的教学能力发展同样也是复杂的，新教师的教学能力逐步发展的过程，也是他们应对特定教学情境中的这种不确定和不可预测性，并能进行合理解释和正确决策的能力提升的过程。这种教学实践性知识更多地产生于“行动中的反思”。对于高职新教师个体来说，这种在反思中点滴增长的知识是在专业教学和企业实践中累积起来的，得经过一个缓慢进步和螺旋发展的过程。这也是高职新教师在教学发展过程中对高职教育的体验和教学实践智慧的综合性展现。这种个人实践性知识通常发展于高职新教师个人的课程教学实践、专业实践操作和实践教学中，与新教师的高职教育理念、大学的学习经历、对职业教育的理解和自己的教学行动过程紧密相关，嵌入和体现在高职新教师入职后的教与学的行动和经历体验之中。一般而言，高职新教师的学习可包括接受性学习（来自外部培训，如入职培训、专家讲座、名师对话活动等）、自我研究性学习（来自新教师的教学行动研究，如课后小结、教师生活史、教学反思随笔等）、交流分享性学习（来自教师的共同体学习，如听课评课、考察观摩、新教师学研等）。本章以浙江省某高职院校Q学院的新教师教学能力发展学研共同体的实践研究为个案，在教育行动中运用“训一研一行”耦合联动的新教师教学能力培养模式，集高职新教师的接受性学习、自我研究性学习和交流分享性学习为一体，探讨新教师在学研共同体的学研活动中所产生的群体和个体变化。

一、学研活动的设计、组织与实施

（一）学研共同体的组建

高职教师的教学发展和专业成长是一个终身学习的过程，这种学习并不完全是教师的个体学习，也是集体学习。以学习的视角来看，高职新教师的学研共同体应该是一种学习型组织，也是高职新教师的专业学习共同体和实践共同体。有研究者指出，学校能否成功，教师专业发展合作关系的有无是其决定性因素；教师的专业成长能否实现，校内教师之间的合作关系有无则是其决定性的要因。[①] 彼得·圣吉将自我超越、改善心智模式、建立共同愿景、团体学习、系统思考作为学习型组织的基本内容，即五项修炼。[②] 学习性是所有学习型组织应具备的基本特征，而且这种学习应该是一种以行动为表征的“做中学”，是学习和工作的有机结合。学习型组织强调通过小组成员的共同学习来实现个人和组织的共同愿景。共同愿景则是学习型组织的成员们共同持有和一致努力实现的目标。团体学习则为小组成员提供了互相督促和整体协同的高效行动力，在团体学习氛围中，可以让团体在更短的时间内获得相对更出色的成果，同时个体也能得到更快成长。本书中，高职新教师学研共同体的共同愿景是新教师的教学能力成长，这既是学研共同体这个学习型组织的共同愿景，也是新教师个体的个人愿景，更是高职院校的组织愿景。反过来看，共同体的愿景和学校的组织愿景有利于积极引导高职新教师形成其个人愿景，进而实现新教师个体成长与学校组织发展的同向一致性。

高职新教师的学研共同体是一个行动学习小组，其目的在于有效地推动个人行动，小组成员经常性地聚集在一起进行研讨和学习，让之后的行动更加有效。要支持小组中每个成员的学习，行动学习过程的重点是个人从行动中学习，促进个人和机构的发展。伊恩·麦吉尔指出，行动学习小组主要有两大功能，一是帮助和支持小组中的个体对他们已经采取的行动开展反思，从经验中学习；二是探询和研讨小组成员当前所碰到的问题或经历的事物，为后续的行动提出可行方案。[③] 关于小组成员的构成或身份、行动学习小组活动方式和时间等问题，伊恩·麦吉尔认为“能从经验中获得益处的任何人”都可以成为行动学习小组的成员，小组成员在 4 人以上，除了促进者之外，小组中还有陈述者和组员两种角色；小组活动通常以单个时间段集合

---

① 刘剑玲.学习化教师组织与教师专业成长[C].//李妍，赵丽，王丽科.国际视野下的教师发展与教师培养研究：理论构建与实践案例.上海：华东师范大学出版社，2013：14—25.

② 彼得·圣吉.第五项修炼——学习型组织的艺术与实务[M].郭进隆，译.上海：上海三联书店，1999：6—10.

③ 伊恩·麦吉尔，利兹·贝蒂.行动学习法[M].中国高级人事管理官员培训中心，译.北京：华夏出版社，2002：21.

组成的会议形式开展，每个成员把自己的项目带到小组会议上，因项目的不同，小组的气氛可能随不同陈述者的发言而有所改变。小组工作的时间范围一般为6个月至1年，小组会议及每次会议的间隔时长要有定期性。① 迈克尔·马奎特(Michael J. Marquardt)认为理想情况下，行动学习小组应由4—8人组成，小组成员间的背景与经验应尽可能多样化，以让参与者能从不同角度思考问题，鼓励和激发新观点。②

笔者所跟踪的浙江省高职院校Q学院自2012年开始摸索高职院校新教师教学能力校本培养工作；2015年开始在实践中探索新教师的两年周期培养工作，并在实践中逐步完善；2016年4月成立院系嵌入型的教师发展中心，与政府、企业及浙江省高师培训中心及省内高职院校教师发展中心形成师资培养联盟，开始整体推进新教师两年培养计划。学校的教师发展中心整体规划全校新教师的两年培养工作，二级学院的教学发展分中心配合学校工作的同时，负责本部门新教师的专业教学能力和实践能力的提升。本书中的学研共同体成员来自Q学院教师发展中心下设的经济管理学院教师发展分中心。按照行动学习理论中的学习小组组建原则，本书中的学研共同体的行动学习小组主要成员为2016年入职的6位新教师，另有2位2015年入职的新教师也主动地参与到学研小组的活动之中，学研共同体学习小组成员具体信息见下表(表5-1)。笔者以活动促进者和观察者的身份参与每次活动。

表5-1 行动学习小组成员信息表

成员	性别	入职时间	专业	学位	毕业院校	所属教研室
新教师黄	女	2015.06	英语语言文学	文学硕士	陕西师范大学	应用英语
新教师坤	女	2015.07	会计审计	会计硕士	大原大学院大学(日本)	会计
新教师彭	女	2016.07	会计	会计硕士	浙江财经大学	金融管理
新教师周	女	2016.07	会计	会计硕士	浙江工商大学	会计
新教师吕	女	2016.07	应用经济学	经济学硕士	湖南大学	市场营销

① 伊恩·麦吉尔，利兹·贝蒂.行动学习法[M].中国高级人事管理官员培训中心，译.北京：华夏出版社，2002：13—28.

② 迈克尔·马奎特.行动学习实务操作：设计、实施与评估(第二版)[M].郝君帅，等译.北京：中国人民大学出版社，2013：3.

续 表

成员	性别	入职时间	专业	学位	毕业院校	所属教研室
新教师蔡	女	2016.07	工业工程	工学硕士	南昌大学	连锁经营管理
新教师郑	女	2016.07	会计	会计硕士	浙江财经大学	会计
新教师曾	女	2016.07	经济学	理学硕士	香港中文大学	金融管理

在学研小组成员构成上，8位新教师专业背景和所接受教育的背景不同，具有不同的经验体验；共同点是入校前均没有接受过师范教育，没有相关教育教学理论尤其是职业教育教学理论方面的知识，在成员人数和经验背景上符合行动学习小组的组建原则要求。这8位新教师均在Q学校的经济管理学院，分别是该学院2015、2016年引进的新教师，来自同一个二级学院，有利于行动学习小组活动的定期性组织与实施。

(二)学研活动的实施阶段

本书跟踪的高职院校Q学院实施了新教师的两年培养方案。新教师入职的第一个学期主要是师范教育阶段，安排各种培训和讲座活动；第二学期主要是企业顶岗实践阶段，所有没有企业工作经验的专业课教师必须到所任教专业的对应企业参加为期半年的企业顶岗实践，熟悉企业的岗位工作流程、搜集实践教学素材；第三、四学期以导师制培养为主。

学研活动基于以上培养阶段的任务开展，活动主要分5个阶段进行，内容包括7大模块：第一模块为新教师岗前培训和学校教学常规文件学习；第二模块为专题讲座学习及心得交流；第三模块为教学方法教研；第四模块为听课评课教研；第五模块为企业顶岗与实践教学教研；第六模块为跟踪研学本专业国内核心期刊；第七模块为教研活动心得交流、总结与反馈。学研活动具体阶段和内容见表5-2。

表 5-2 行动学习小组学研活动阶段与主要内容

阶段	内容	实施部门
第一阶段 (2016 年 8 月)	新教师岗前培训(第一模块)	学校教师发展中心
第二阶段 (2016—2017 学年第 1 学期第 1 周)	新教师教学常规及学校相关教学文件学习(第一模块)	学校教师发展中心、二级学院教师发展中心

续 表

阶段	内容	实施部门
第三阶段（2016—2017 学年第 1 学期第 2—16 周）	1. 教学与科研专题讲座（第二模块） 2. 专题讲座学习心得与体会汇报（第二模块） 3. 案例教学法、情境教学法、任务型教学法、项目化教学方法、课堂的有效互动和激励方法等常用教学方法和课堂组织形式的研讨（第三模块） 4. 新教师授课和评课、新教师听课心得、校公开课示范课听课评课以及新教师授课方式方法改进研讨（第四模块）	学校教师发展中心、二级学院教师发展中心
第四阶段（2016—2017 学年第 2 学期第 1—16 周）	1. 企业案例及教学素材收集与应用、实训教学、项目化教学、双师合作教学项目开发、企业顶岗实践对教学能力的发展的有效性等实践教学相关内容研讨（第五模块） 2. 每位新教师选择一本本专业的核心期刊进行一学期的跟踪研读，最终完成一个教学研究项目方案设计（第六模块） 3. 总结和交流一年的活动心得体会，为下一阶段的方案设计提升提供建议（第七模块）	学校教师发展中心、二级学院教师发展中心
第五阶段（2017—2018 学年）	1. 根据学校导师制助教培养政策为新教师安排导师，进行全程一对一指导 2. 新教师根据前一年培养情况制定导师培养期的个人教学能力提升计划	二级学院教师发展中心

在上表中，高职新教师岗前培训安排在开学前暑期的 8 月下旬，以校本培训的形式开展，培训主题和内容主要包括“教学基本要领：备课、授课、听课、反思”、“职业教育教学理念与教学方法”、“教师师德教育”、“教育科学研究方法与实践”、“建立新型的良好的师生关系”、“教育心理学理论与实践”、“新教师培训分小组交流汇报学习体会”等。学校相关政策文件学习主要包括教务处、人事处、科研处、规划督导处、学生处等与新教师密切相关的教学、科研、班主任管理、培训等方面相关文件的学习和解读，如学校教学督导体系和常规督导工作要求、教学差错事故认定及处理办法、教师教学工作业绩考核实施细则等。专题讲座以校内讲座与校外培训相结合的形式开展，每学期每位新教师可以有几次校外培训的机会，培训信息由学校教师发展中心发布，新教师可根据专业和各自的需求选择培训内容，向学校教师发展中心提交外出培训申请。授课评课环节，一是要求每位新教师积极参与每学期学校范围内的“三进三评”公开课和示范课的听课，并在课后参与各二

级学院组织的评课活动；二是要求每位新教师每个学期要举办两次公开课，由所在教研室的教师对其进行听课和评课。企业顶岗实践是指新教师在入校后的第二学期到当地与专业相关的、有一定规模的企业进行全程式的岗位技能学习，熟悉本专业学生今后岗位工作的具体要求，了解用人单位的人才需求情况，搜集企业真实案例与上课素材等。专业期刊研读环节要求每位新教师选择1—2种本专业的教学与科研杂志跟踪学习，了解本专业研究的前沿动态。导师制环节主要是执行学校的青年教师助讲制度，为每位新教师安排一对一的指导，对新教师在教学、科研和社会服务方面开展全方位的指导，将前期师范培养阶段和顶岗实践阶段学到的知识和技能更好地应用到专业课程的授课之中，帮助新教师解决课堂教学中碰到的新问题。

(三)学研活动的关键环节

新教师学研共同体组织学研活动的过程，也是一个不断地发现问题、提出问题、解决问题的行动过程。学研活动的组织包括学研准备、学研动态开展、反思行动等过程。在这个过程中，学研小组成员的选择、学研问题的类型、行动策略的实施等是不可忽视的关键环节，成员选择要体现多样性、问题要具备真实性、行动策略要具有实效性，这些关系到学研小组行动学习活动的有效性问题(如图5-1)。

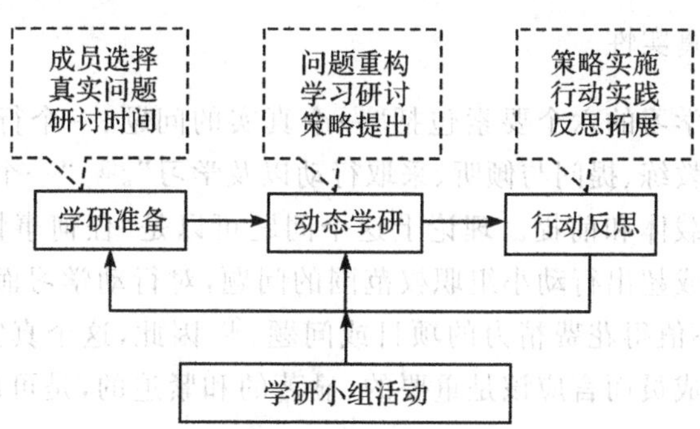

图5-1 学研共同体行动学习小组活动的关键环节

1.小组成员的多样性

行动学习的核心实体是行动学习小组(或称团队)。马奎特提出，行动学习小组成员一般由不同背景和经验的4—8人组成最为理想，可以为小组提供不同视角和新鲜观点，以突破思维的限制。① 小组成员参与问题的解决过程，所解决的问题也是成员个人关心的问题。在小组成员对问题的认识方面，应有一个或多个成员对问题有认识和了解，熟悉问题产生的环境；也要有对问题认识有限或者根本没有了解或认识的成员，这些成员往往会带来新思维，提出新颖问题，让熟悉问题的人“跳出盒子”看问题，提升问题的多样性。多样性的视角可以为小组提供更多可能的解决方案。在小组的角色上，有问题的描述者、行动学习的教练、问题的发起人、小组成员等不同的角色。在多问题式的小组中，在行动学习会议的商定时间内每个小组成员都可以担任以上角色。问题描述者对问题的描述要尽量做到简洁扼要、清楚明了，小组成员可以对描述者进行提问以获得对问题的重构。行动学习教练的主要任务是帮助小组学习，协调和管理小组会议时间，安排会议整体框架，在整个项目中可以由一人担任也可以由小组成员轮流担任。②

本书的学研小组中，2015 年和 2016 年进校的新教师分别构成了不同背景和经验的行动学习小组成员，2015 年的新教师对高职的教学环境和高职学生特点有一定的认知，可以帮助 2016 年的新教师提供一定共性问题的解决方案，2016 年的新教师可以为学习小组带来新的思维和新颖问题，帮助 2015 年的新教师打破思维的盒子和固有的心智模式，“跳出盒子”寻找解决问题的策略，发现行动策略所必需的信息。

2. 问题的真实性

构成行动学习的六个要素包括“一个真实的问题、一个行动学习小组、一位行动学习教练、提问与倾听、采取行动以及学习”。③ “一个真实的问题”是行动学习的载体和前提。理论上这个问题可以是“任何事情”，但那些特别琐碎的项目或超出行动小组职权范围的问题，对行动学习而言，就是没有实际意义的、不值得花费精力的项目或问题。④ 因此，这个真实的问题对于行动学习小组成员而言应该是重要的、显著的和紧迫的，是可以在小组职权

---

① 迈克尔·马奎特. 行动学习实务操作：设计、实施与评估（第二版）[M]. 郝君帅，等译. 北京：中国人民大学出版社，2013：3.

② 迈克尔·马奎特. 行动学习实务操作：设计、实施与评估（第二版）[M]. 郝君帅，等译. 北京：中国人民大学出版社，2013：43—50.

③ 迈克尔·马奎特. 行动学习实务操作：设计、实施与评估（第二版）[M]. 郝君帅，等译. 北京：中国人民大学出版社，2013：1.

④ 伊恩·麦吉尔，利兹·贝蒂. 行动学习法[M]. 中国高级人事管理官员培训中心，译. 北京：华夏出版社，2002：15.

范围之内解决的，能为整个学习小组提供学习的机会。也就是说，对行动小组来讲，有一个或多个成员对这个问题或者问题的背景有一定的知识或者熟悉度，而且解决这个问题对一个或多个小组成员是有意义的或重要的。

本书中，这个问题首先是高职新教师的教学能力发展问题。教学能力发展这个问题的解决对于高职新教师而言，既具有共性的解决策略，又具有个体差异性，因此，是一种多问题式的行动学习。在多问题式的行动学习方式下，每次小组会议时，每个小组成员既可以是本人问题的描述者和发起者，也可以是其他小组成员的提问者和问题解决策略的提出者。本书中的每次学研活动小组会议均安排了主题，由1—2人对主题进行描述，其他成员以问题发起人的角色提出与主题相关的、教学中碰到的实际真实问题，在学研共同体中进行研讨和学习，之后小组成员提出问题的解决策略，下次会议时由原问题的发起者反馈他在教学实践中实施后的效果。小组有专门的小组长和记录员，会议主题是由小组成员事先商议大致确定的教学中碰到的真实问题。每次小组会议由小组长统筹安排时间，由记录员记录每次活动的描述主题、小组成员的提问、问题的解决方案和行动策略等主要内容，同时要求各小组成员写下自己每次会议后的心得。这样的行动过程可以保证每次会议要解决的教学问题主题明确，在有限的时间内解决高职新教师教学实践中出现的共性问题，同时又能解决小组成员的个性问题。

3.行动策略的实效性

行动学习是一种发展性的活动。发展，作为一个自觉的活动，是指人们有意识地进行思考、积极地开展经验反思并从反思经验中学习；发展是既有持续性又有阶段性的，是一种螺旋式上升的运动过程。行动学习主要是促进深层学习，为个人提供向前发展的工具；行动学习小组的主要任务是支持深层学习，将学习和行动联系起来，使学习和发展得以实现，[①]最终促成个人或组织的发展。

问题的解决方法可以是分析性方法（线性思考）或综合性方法（系统思考）。分析性方法认为问题总是有正确的解决办法，强调小组应在对现状的仔细分析基础上，以逻辑的方式确定问题产生的原因，并提出正确的解决策略。综合性方法则相信问题可能有多个正确的答案或合理的解决方案，因而伴随着行动而产生的学习和行动中的思考具有同等的重要性，行动学习的目标既是解决问题，又是利用这个机会进行学习。系统思考为看到整体

---

① 伊恩·麦吉尔，利兹·贝蒂.行动学习法[M].中国高级人事管理官员培训中心，译.北京：华夏出版社，2002：160—168.

画面和事物之间的相互联系提供了框架，这也是行动学习之所以有威力的关键所在。[①] 多样化的小组成员利用反思性探询去解决复杂问题的过程，是小组成员通过一层层的质疑，透过现象看到根本原因，反思和探索各种观点的过程，是一种系统思考的综合的方法。

在提出问题解决方案之后，采取行动成为任何行动学习小组的工作重要组成部分。每次会议之后小组要就将采取的行动达成共识，确定实施策略的人员，并在下一次会议开始时进行汇报，使行动策略具有实效性，以保证小组成员参加小组会议和学习的动力不被减弱，让行动学习具有持续性。如前文所述，本书跟踪的小组，在设计活动时就综合考虑了策略实施的实效性问题，通过“小组成员协商确定主题—描述者描述问题—提问者提出自身教学中的类似问题—成员学习研讨—重构问题—提出解决策略—问题发起者实施行动—行动后反思—下次会议时汇报效果—新的问题提出”这个实践循环过程，确保了策略的有效实施和行动学习的有效开展。

二、学研中新教师教学能力的个体发展

学研共同体中的新教师通过校本培训、导师制等外控路径（他助形式）和自我学习更新（自助形式）提升教学能力的同时，也依托行动学习小组开展同伴互助式（互助形式）的教学能力提升路径。那么，这种培养策略以及学研共同体的小组行动学习有没有让高职新教师的教学能力发展变化呢？笔者对高职院校Q学院已经完成了两年培养的2016年、2017年进校的新教师进行了自评式问卷和开放式问题问卷调查。以下结合两种问卷的调查结果、学研小组成员每次活动后的心得体会，以及第三章中有关高职新教师教学能力发展需求情况的调查结果，就“训一研一行”联动培养模式对学研小组成员教学能力的个体发展情况展开探讨与分析。

（一）高职教育及教师角色的深化理解

职初期是教师在学校系统中的社会化时期，这一阶段的关注集中在自我作为新教师的工作胜任和岗位存活能力，只有解决了这两个问题，新教师才能够进

① 迈克尔·马奎特.行动学习实务操作：设计、实施与评估（第二版）[M].郝君帅，等译.北京：中国人民大学出版社，2013：86—89.

入后面的成熟发展阶段，关注教学策略与学习效果。① 岗前培训（高职教育改革理念、高职教育学生特点、高职教育教学法等方面）能帮助新教师尽快适应高职教学，完成角色转换，更好地对新的教学环境和教学要求做出良好反应。

高职新教师教学能力需求情况调查显示，90.25％的新教师对高职教育改革理念、课程设计原理、高职学生特点及个性差异、高职学生学习习惯和学习能力等有关高职教育的教育学知识有需求。学研共同体中的新教师在经历“训一研一行”联动培养之后，新教师个体在职业教育信念上有没有发生变化？发生了怎样的变化呢？下表（表5-3）呈现了学研小组中8位新教师培养前后的自评式问卷调查结果以及教学能力发展变化情况。自评式问卷采用李克特量表正向计分方式，1—5依次表示“完全不同意、比较不同意、不确定、比较同意、完全同意”。

表5-3 学研小组成员对高职教育了解的自我评价情况表

成员	自我评价项	入职时	培养后	差值
新教师黄	了解职业教育改革理念	1	3	2
	了解课程设计的原理	1	4	3
	了解高职学生的身心发展特点	1	4	3
	了解高职学生的学习习惯和学习能力	1	3	2
	了解学生的个别差异	1	4	3
新教师坤	了解职业教育改革理念	2	5	3
	了解课程设计的原理	2	5	3
	了解高职学生的身心发展特点	2	5	3
	了解高职学生的学习习惯和学习能力	2	4	2
	了解学生的个别差异	2	5	3
新教师彭	了解职业教育改革理念	1	4	3
	了解课程设计的原理	1	4	3
	了解高职学生的身心发展特点	1	4	3
	了解高职学生的学习习惯和学习能力	2	4	2
	了解学生的个别差异	2	5	3

① 费斯勒，克里斯坦森. 教师职业生涯周期——教师专业发展指导[M]. 董丽敏，高耀明，等译. 北京：中国轻工业出版社，2005：59—61.

续　表

成员	自我评价项	入职时	培养后	差值
新教师周	了解职业教育改革理念	2	5	3
	了解课程设计的原理	2	5	3
	了解高职学生的身心发展特点	3	5	2
	了解高职学生的学习习惯和学习能力	3	4	1
	了解学生的个别差异	3	5	2
新教师吕	了解职业教育改革理念	1	4	3
	了解课程设计的原理	1	3	2
	了解高职学生的身心发展特点	1	4	3
	了解高职学生的学习习惯和学习能力	1	4	3
	了解学生的个别差异	2	4	2
新教师蔡	了解职业教育改革理念	1	4	3
	了解课程设计的原理	2	4	2
	了解高职学生的身心发展特点	1	4	3
	了解高职学生的学习习惯和学习能力	1	3	2
	了解学生的个别差异	1	4	3
新教师郑	了解职业教育改革理念	1	4	3
	了解课程设计的原理	1	4	3
	了解高职学生的身心发展特点	2	4	2
	了解高职学生的学习习惯和学习能力	2	4	2
	了解学生的个别差异	2	4	2
新教师曾	了解职业教育改革理念	1	4	3
	了解课程设计的原理	1	4	3
	了解高职学生的身心发展特点	1	4	3
	了解高职学生的学习习惯和学习能力	3	5	2
	了解学生的个别差异	2	4	2
均值		1.58	4.15	2.58

表5-3可见，学研小组成员对高职教育改革理念、高职课程设计原理、高职学生学情等教育教学的基本知识方面的自评，从入职前到培养后都发生

了比较明显的变化，8 位教师入职前的所有项均值为 1.58，培养后达到 4.15，差值达 2.58。对高职教育理念认知的提升有利于高职新教师产生并建立职业自我认同感，帮助新教师尽快完成角色转换。对课程设计原理的掌握有利于新教师提升课程设计能力，对高职学生学情的了解则有利于新教师进行课程教学内容的选择，把握教学难易程度，更有效达成教学目标。

另外，在开放式问卷中，8 位新教师的作答，也显示新教师们对第一阶段的校本师范教育培训和学研活动的充分认可，认为自己的教学能力得到了提升。归纳而言，新教师的入职岗前培训等陆续开展的师范教育活动以及学研活动，给新教师个体主要带来以下几方面的改变。

(1)对高职教师职业的理解更深刻

提升对高职教师职业的正向理解，有助于新教师的职业认同感的快速建立，能够帮助高职新教师加快在新学校的社会化过程。在高职新教师教学能力培养过程中，帮助新教师了解高职教育和高职教师的使命、责任与权力，应该成为新教师培养的内容之一。新教师们的体会各有不同，但都表示对高职教师的职业内涵有了更深的理解。

树立了良好的师风师德，对教师职业的责任和意义有了更深的理解，明确了今后的发展目标。(新教师黄)

新教师教学能力培养学研活动的内容十分丰富。通过一个学期的培训，我对高职教育、对高职教师的职业岗位和内涵有了更好的理解和认识。让我对怎样理解教师，怎样理解高职教育，怎样理解师生关系，如何做智慧型的教师有了更进一步的思考。(新教师坤)

第一学期的师范教育一方面让我明确了身为一名高职院校教师的基本职责，有效地弥补了在角色转换中师范教育知识的缺乏；另一方面也让我意识到身为一名年轻教师应做好自己的职业规划，确立自己的职业目标。(新教师郑)

(2)角色转换更顺利

学研活动中的 8 位新教师入职时都是刚从高校毕业的学生，对高校教学和教师角色的认知基本只是来自自身作为学生的体验。但普通高校的教学与高职院校的教学在定位、内容和要求上存在区别，他们凭自身学生时的体验很难快速适应高职教育的课堂教学和课堂管理。尽快实现角色的转换会为他们的身份认同和价值判断提供并确立基础，获得职业价值感的支撑，在身份认同中实现新教师的主体性价值。对没有任何师范教育背景的高职新教师而言，在岗前培训阶段开展校本培训，或到师范院校开展回炉式的师范教育，将能够帮助他们较快地实现角色的转换。

> 从高校毕业生直接进入高职教育体系的教育教学队伍，对师范教育缺乏准确的认知。通过师范教育，树立人文观念，明确自身角色定位。（新教师周）
>
> 师范教育有针对性地对我们新入职的教师进行培训，让我们能更好地进入教师这个角色，上课不是简单地站上讲台，要有一个完整的课堂设计。（新教师吕）
>
> 每周新教师学研活动中的体验比较深刻，经历了从懵懂到熟练的发展过程。（新教师彭）

(3)对高职教学的认知和理解有提升

对高职教学特点的认知和理解是高职新教师胜任教学的前提。高职教育以应用性为主要目标，教学方式上更强调“理实一体”或“做学结合”，故在教学设计、课堂实施、课堂管理等方面均有职业教育的个性特点。通过第一阶段的师范教育，新教师们是否在高职教学认知和教学设计方面发生变化呢？每个新教师的收获虽有不同，但都有所感悟和提升。

> 师范教育让我对教学设计、教学过程有了基本的认识，为后续教学实践打下了初步基础。（新教师黄）
>
> 在第一学期的师范教育中学到了很多教学方法，印象最深刻的是以学生为主体的观念，我觉得师范教育对我的教学能力提升有一定帮助(新教师彭)。
>
> 掌握了教育教学理论，教学不是简单的教，教学活动自始至终要密切关注学生的心理活动，以心理学为依托，才能促使教学课堂的高效性。（新教师周）
>
> 在师范教育中学到了如何分析学情，如何分析教材，如何根据行业新发展来调整课程的重难点，如何进行一堂课的设计，课堂中教师应如何注重仪容仪态等；师范教育让我学会了如何根据学生已有的知识来设计导入环节，如何设计课堂活动来活跃课堂气氛，如何观察学生课堂反应来调整课堂进度，如何进行课后反思以便更好地提升教学能力。（新教师吕）

就个人而言，师范教育为教学能力提升提供了基础条件，当中所学习的教学方法和教学手段等内容对于教学能力的提升是很有帮助的（新教师郑）。

学习了基本的教学方法，并在前期课堂设计和授课实践中得到锻炼和提升。（新教师曾）

从以上自我描述中，可以看出新教师们在培养周期内在职业认同、角色转换、高职教育教学理念等方面都产生了变化。身份是个体或群体的一种标志，教师作为一种“身份”标记，包含制度性的“权力”与心理性的“认同”。① 新教师在进入高职院校后，就已经被制度性赋权，心理性的身份认同则需要自己去建构，意味着新教师要将自身置于做一名高职院校教师的归属感和在一个新环境的归属感之中。快速地实现从学生身份向教师身份的角色转换、建立自我身份认同，是高职新教师在高职教育系统和所在学校系统实现社会化转变的开始，能够帮助新教师更好地解决胜任和存活问题，更快地迈向教师职业生涯的能力建构期。

（二）专业实践能力的重新塑造

这里所说的专业实践能力主要是指高职专业课新教师的实践教学能力和专业实践技能。高职教育的课堂教学在教学内容上要求更接近学生就业岗位工作项目流程，对理论的要求比普通本科院校要稍低，但对实践操作能力的要求会更高。对于高职院校的新教师而言，成为既能上好理论课又能指导好实践课的“双师型”教师，是其教学能力发展的方向和目标。

高职新教师的教学能力发展需要相应政策的支持。近年教育部不断出台各种文件加强职业教育以及“双师型”教师的培养，把专业实践能力的培养放在了突出地位。2019 年教育部等四部门出台的《深化新时代职业教育“双师型”教师队伍建设改革实施方案》文件指出，要突出“双师型”教师的个体成长与教学团队建设的结合，提高职业教育教师的专业实践能力和教育教学能力，聚焦专业教师的双师素质构成，强化新教师的入职教育。② Q 学院有新教师两年培养制度，规定新教师入职后的第一个学期为师范教育阶

---

① 曲正伟.教师的“身份”与“身份认同”[J].教师发展研究，2007(4A)：34—38.

② 教育部等.关于印发《深化新时代职业教育“双师型”教师队伍建设改革实施方案》的通知[EB/OL].(2019-09-23)[2019-11-16].http://www.moe.gov.cn/srcsite/A10/s7034/201910/t20191016_403867.html.

段，第二学期为企业顶岗实践阶段。在企业顶岗时期，专业课新教师不需要承担校内的任何教学或者其他工作任务，全程在企业进行岗位实践且享受校内的一切待遇。学校为新教师配备校内和企业指导教师，要求每周撰写顶岗实习周记。这些首先从制度层面保证了新教师可以安心在企业顶岗实践，同时有校内外导师对新教师的顶岗实践跟进指导，能够提高实践效果。

从对新教师的问卷调查结果来看，企业顶岗实践对高职新教师的专业实践能力起到了再次塑造的作用，让新教师们对专业理论知识和知识的应用有了更实际的理解，一方面为没有实践工作经历的新教师们提供了“知识落地”的平台，另一方面也提升了高职新教师的教学知识和教学技能。具体而言，顶岗实践对新教师教学能力提升起到的作用和效果主要体现为了解了企业的用人情况、拓宽了专业知识、丰富了教学资源、对接了教学内容与岗位要求、提升了专业认知、提高了实践教学的指导能力等。这些方面在以上 8 位教师的问卷中都有不同程度提到，比如：

> 通过企业顶岗可以将企业内容融入课堂教学中，采用企业真实的案例背景，能提升课堂的仿真度。（新教师周）
>
> 在企业顶岗实践中接触了行业最新实践，了解了行业中的用人情况。在企业顶岗中收集到了最新的行业实践素材，可以转化为教学案例和教学实训项目，不仅丰富了课堂，还提高了学生对未来将从事的行业和岗位工作的认知度，提高了学生的动手实践能力。（新教师吕）
>
> 以后在上课的过程中，可以以沃尔玛和东方商厦为教学素材，让学生对连锁企业的各项工作有一个全面清晰的认识。此外，通过此次顶岗实践，我认为应该多让学生进企业实习，实践才能出真知，这样他们在进入社会时才能更好地适应。（新教师蔡）
>
> 第二学期的企业顶岗实践，让我对企业实务有了一定了解，能够将自己以前对专业的理论认识转化到具体的实务处理中。从教学能力影响上来看，企业顶岗实践拓宽了自身的专业认知，丰富了自身的实践经历，为日常的教学活动提供了丰富而生动的企业实例，有助于教学目标的真正实现。（新教师郑）
>
> 了解了企业业务实践和岗位要求，为课程设置和教学内容的修改提供了参考。在教学能力方面，一是积累的教学素材，能在上课过程中更好地将理论和企业实践结合在一起，让学生更容易了解所学知识的价值以及在工作实际中的运用方式；二是自身加深

了对相关专业的理论知识，并对高职教育如何和企业实践结合有更深入的思考。（新教师曾）

企业顶岗实践可以让高职新教师们看到企业一线岗位的现状，了解行业的最新发展动态，知道岗位对专业实操技能的实然要求，看到他们在大学和研究生阶段所学到的课本知识与工作实际之间存在的差距。尤其是工科，大学注重的是基础研究，但企业更偏重应用研究，更注重研究的实效性，企业顶岗实践可以为新教师们提供产学研融合的思路，在教学中更加有针对性地提升学生的动手操作能力和实际问题的解决能力。

除了学研共同体中的8位教师外，笔者还对Q学院2016年和2017年进校的其他教师做了问卷调查，结果发现，企业顶岗实践对高职新教师教学能力——尤其是专业实践教学能力——的提升作用，在工科和医科的新教师身上尤其明显。几位医科专业教学背景的新教师都提到，通过在医疗机构的顶岗实践，了解了最新的医疗技术、设备工艺与发展趋势，以及医药行业对相关专业人才的知识结构、职业能力与素养的要求，积累了临床经验，为平时教学积攒了大量案例和素材，在教学中能与临床相结合，丰富了课堂教学，为制定专业人才培养方案、整合教学内容提供了依据，使教学更有针对性与适应性，以便学生毕业后迅速适应工作岗位要求。

（三）围绕教学技能的主题研讨

本书中，学研共同体行动学习小组的一个重要环节是教学实践问题研讨会。研讨会安排在每周三下午的教研活动时间，地点为Q学院教学楼的某一固定多媒体教室。每次安排一个主题，主要研讨教学方法和新教师们在教学实践中碰到的实际问题。每次由1－2名教师做主题介绍，然后由小组成员提出他们在教学实践中碰到的相关问题，其他小组成员给出建议，最后大家商讨可以执行的合理化策略，并在接下来的课堂教学中逐一尝试，在下一次研讨会中反馈效果。高职新教师教学能力发展需求调查结果显示，在课堂教学实践上，新教师的需求主要集中在“根据专业目标与学生水平设计课程教学内容、开发教学项目”、“依据教学目标选择适当的教学方法和组织课堂活动”、“提升教学中与学生开展对话与辅导的能力”、“监控课堂纪律、促进学生参与课堂”、“运用信息技术开展教学设计与改革”、“如何正确评价学生的学习情况”等教学设计、教学实施、教学管理和学生学业评价方面。学研小组研讨会以这些主题为重点，具体内容与安排如表5-4所示。

表 5-4　学研小组研讨会内容主题安排表

活动主题	主持人	描述人	时间
第三阶段(2016—2017 学年第 1 学期第 2—16 周)教学方法教研(第三模块)			
如何增强与学生之间的课堂有效互动	笔者	全体新教师	10 月 26 日 14:00—15:30
案例教学法(一):如何结合高职学生日常生活和学习挖掘生活中的案例	新教师黄	新教师周、郑	11 月 9 日 15:00—16:30
案例教学法(二):如何选择、改编和有效使用已有案例及新闻、视频等资料	新教师郑	新教师曾、彭	11 月 16 日 15:00—16:30
课件制作方法和技巧探讨与交流	新教师周	新教师吕、蔡	11 月 23 日 15:00—16:30
情境教学法(一):教学情境的选择与设计	新教师蔡	新教师黄、郑	12 月 7 日 15:00—16:30
(省教育厅教学巡查,学研活动暂停一次)			
情境教学法(二):角色的分配与扮演、小组考核方法	新教师彭	新教师吕、周	12 月 14 日 15:00—16:30
任务型教学法研讨:任务的布置、小组展示有效组织	新教师吕	新教师蔡、曾	12 月 21 日 15:00—16:30
学生作业考评与激励方法研讨	新教师曾	新教师郑、彭	12 月 28 日 15:00—16:30
第四阶段(2016—2017 学年第 2 学期第 1—16 周)专业实践教学研讨(第五模块)			
慕课和微课内容选择和录制研讨	新教师周	新教师曾、彭	3 月 8 日 15:00—16:30
关于翻转课堂在课堂教学中的应用研讨	新教师彭	新教师黄、郑	3 月 15 日 15:00—16:30
企业案例及教学素材的收集与应用(一)	新教师曾	新教师周、蔡	3 月 22 日 15:00—16:30
企业案例及教学素材的收集与应用(二)	新教师蔡	新教师吕、郑	3 月 29 日 15:00—16:30
基于职业能力培养的高职专业课程课内实训教学研讨	新教师黄	新教师曾、彭	4 月 12 日 15:00—16:30
基于工作过程的项目化教学(一):项目的选择与设计	新教师吕	新教师黄、郑	4 月 19 日 15:00—16:30

续 表

基于工作过程的项目化教学(二):学习成果展示与评价	新教师郑	新教师周、蔡	4月26日 15:00—16:30
校企“双师”合作教学项目的开发研究	新教师彭	新教师吕、郑	5月3日 15:00—16:30
企业顶岗情况汇报与经验交流:企业顶岗实践对促进教学能力发展的有效性(一)	笔者	新教师黄、郑、曾、彭	5月24日 15:00—16:30
企业顶岗情况汇报与经验交流:企业顶岗实践对促进教学能力发展的有效性(二)	笔者	新教师周、郑、吕、蔡	5月31日 15:00—16:30

那么,学研活动的主题内容对小组成员的教学能力发展是否有推进作用? 体现在哪里呢?

笔者对8位新教师的教学技能维度的自评问卷结果进行了数据统计,采用8位教师的各项均值来体现(如表5-5),发现小组成员在学研活动培养前后均值的差值在2.05—2.61之间,按影响程度从高到低排序依次为教学管理、教学设计、教学指导、教学评价、教学实施。

表 5-5 学研小组成员教学技能自我评价情况表

维度	教学设计	教学实施	教学管理	教学指导	教学评价
入职时均值	1.56	2.04	1.84	1.67	1.75
培养后均值	3.94	4.09	4	3.96	3.88
差值	2.38	2.05	2.61	2.29	2.13

此外,从每次学研会议的小组成员提问来看,高职新教师们初进课堂阶段遇到最多的问题是课堂纪律的监控和学生参与课堂的管理问题:由于高职学生的学习主动性和自主学习能力相对本科学生而言要差些,对教师的课堂管理能力要求就相对高些,这对刚进入教师岗位的高职新教师而言是一个不小的挑战。而教学实施主要涉及教学方法的合理使用、教学活动的灵活组织、对学生学习的引导等,对教师的教学经验和教学智慧等教学实践性知识的要求较高,需要高职新教师们在教学实践中慢慢积累,逐步提高和发展。这从第三章对高职新教师教学能力发展需求情况的调查结果也可窥见:在教学技能方面,高职新教师的发展需求从高到低依次为教学实施(4.57)、教学管理(4.54、94.25%)、教学设计(4.54、93.94%)、教学指导(4.5)、教学评价(4.48)。从表5-5来看,学研活动对学研小组成员在教学技能各方面的提升与发展都有推进作用。正如新教师郑在其学研心得总结中

所写：

> 在我们的学习型组织里，成员大都来自不同的专业，在研讨中能够突破自身专业的局限，寻求教学的共性与规律。这种交流能让每一位成员接触到先进的教学理念和有效的教学方法，并逐渐应用到实际的教学中。

(四)关注教学实践的行动反思

行动学习是一个不断在行动中实践、在实践中反思、在反思中持续改进的过程。高职新教师通过学习教学案例、参与教学实践、反思自身教学实践、研讨教学实际问题等方式，对自己的行动和经验进行反思质疑，提出具有建设性的问题解决策略，这种勤于自我反思的方式是新教师们提升教学能力的一个重要途径与手段。反思的内容可包括自己的职业教育理念、教学设计、教学方法、教学效果、师生交互等等各方各面，在不断琢磨、不断对比、不断反省中找出问题，确定知识和能力的提升要点，拟定改进方案。行动学习小组的作用就是通过小组成员间的相互支持和相互提问来激发反思，鼓励创新。

在学研小组的行动学习研讨中，每个小组成员都能借助团体的力量去反思个人的实践与经验，从多层面思考改进教学的手段，努力提升教学能力和教学效果。每位新教师的学习侧重项不同，在学研过程中对自己教学能力提升的关注点和描述要素也不尽相同。

有的新教师会将自己作为学生时的经历与自己所任教的高职学生进行比较，反思两者的不同，从而找到改进教学效果的途径和方法。如，新教师郑在学研小组活动的心得反思中说道：

> 同自己的学生经历相比，我们职业院校的学生有其自身的特点，表现为学习自主性较差、注意力不集中、求知欲望不强等。在这样的现实条件下，我们应该适当放低对学生的期待和要求，努力保持一种"一切归零"的心态，把重点放在学生在自己授课课程学习前后是否有变化，这种变化并不仅仅限制于知识的积累，而更有可能是思维方式的转变或者专业素养的提升。那么为了看到这种变化，要把更多的时间和精力放在日常的教学工作中，包括教学活动的设计、课堂的呈现技巧和学习效果的有效反馈。相比较于自

> 己刚入职时的迷茫状态,我的收获最明显的就体现在自己“财务管理”的授课中,以学生生活中的理财活动出发,努力创设贴近生活、贴近实际的情境,进行与学生之间的有效沟通,这就是我对所学在教学中的具体运用,之后我看到了学生认真的模样,也真实地体会到了作为一名教师的职业幸福感。

有的新教师更关注教学方法的使用,会反思教学方法在本科学生与在高职学生中的不同适用性,选择更适合高职教育和高职学生特点的教学方法。如,新教师蔡表示:

> 在教学方法方面,我认识到了我们高职学生更适合的教学方法并不是传统的讲授法,而是案例教学法、情景教学法和任务教学法等。我们要改变以前教师灌输知识的理念,要鼓励学生自己发现知识,让学生成为课堂的主人。

还有人从教学定位与教学设计角度进行反思,认为要对学生和教师进行准确定位,然后从教学设计上着手去改善和调整,以“四两拨千斤”的杠杆作用去改善教学效果。如,新教师曾反思:

> 这学期的研讨带给我的思考主要是两个问题:一是我们如何定位我们的学生,二是我们该如何定位我们教师。面对高职学生,这个群体我之前的经历中并不太了解,因此在教学过程中时常遇到设想和实际效果反差明显的情况。后来我在课堂上尝试改善调整,我的感觉是教学设计的调整往往有四两拨千斤的作用,有时只是一个不起眼的改动,但是课堂效果却大为改观。作为新教师,如果在教学设计上花更多心思,那课堂效果也会有更多改善。

类似的行动后的反思以及反思后的成长心得还有很多。总体来看,学研小组的新教师们通过不断的学习、频繁的反思、持续的行动改进,在教学能力发展的不同层面和不同维度提升的程度虽有不同,但对高职教育的定位、高职学生的特点、高职教学的特性、高职教师的要求等方面都有了更深的理解和更好的认识。学研小组的新教师们的教学效果也逐渐得到了学生的认可。

三、学研中新教师教学能力发展的群体描述

莱夫和温格(Lave & Wenger)认为,在专业团队学习中,新手成员在实践共同体中通过"合法的边缘性参与"可以逐步获得共同体身份,同时也在参与活动中带入自己的经验,丰富与发展共同体。① 行动学习过程中的高职新教师学研共同体,既是高职新教师的学习共同体,同时也是一个高职新教师的实践共同体。学研共同体活动带给学研小组的变化状况主要指向学研小组成员的个体参与和群体互动。新教师们除了在学研小组的活动中会受到群体影响而产生个体的教学能力发展之外,个体也会在培训、讲座、专业书刊学习、与同事和学生交流、跟导师学习与交流等等一系列外在环境的介入与内在环境的改变中影响和促进其他小组成员教学能力的发展,继而促进整个群体的发展。

(一)追求的共同愿景

高职新教师学研共同体中的成员们通过培训、学研、行动实践构筑了"他助—互助—自助"教学能力发展路径,为了"发展教学能力"这个共同的愿景或事业,在学研活动中相互介入,逐步构建共享的技艺库,在个体领域、环境领域、实践领域中不断创生技能和反思经验(见图 4-4),共同促进教学能力的群体发展。依据建构主义学习理论,知识是通过个体经验和探索去发现和建构的,有效学习产生于具体的情境,是学习者根据自身已有知识及经验网络,对外部环境中的信息进行主动选择、分析和处理,积极建构意义和生成新经验的过程。学研共同体中高职新教师之间共同学习和研讨、对话和参与,每个新教师个体和他人之间就会建立一种新的经验联结,并成为推动他人建构新的经验的动力。这样,新教师个体与个体之间、个体与群体之间、新教师与经验之间就实现了多维互动、共创共享共成长的关系。

在学研活动小组成员的活动心得中,可以看到新教师们对这种共创共享共成长的经验体会与印迹:

> 我们制定了六大模块的学习计划,我们相互交流、相互学习。

① 转引自陈向明.搭建实践与理论之桥——教师实践性知识研究[M].北京:教育科学出版社,2011:183.

在一次次学研沙龙活动中,我学到了许多教育教学方面的知识和技能。有一次研讨中,周老师讲案例教学法在教学中的应用,我发表的意见是这个方法在我的课上用不到,结果吕老师说这个方法任何课堂都可以用。这句话如醍灌顶,让我的思维突然就打开了,我开始明白备课存在于生活中的点点滴滴,比如看到某个新闻案例就会马上联想到课程内容。(新教师彭)

在活动期间,最让我印象深刻的就是小组关于学生的吐槽。我们的学生有他们不同于研究生和本科生的特点,针对他们的特点适时调整教育教学方案,打心眼里爱护我们的学生,做一个会"爱"学生的老师,才是教学能力发展的基础。(新教师坤)

每周一次的小组研讨,每位成员的积极思考,在思想的碰撞交汇中,往往有意想不到的收获。从主题的选择到研讨活动的进行,再到在教学中的具体应用,每个阶段,每个过程,每个环节,我们都能够收获很多。我希望在这个学习型组织里每位成员能够共同进步,早日成为优秀的高职院校教师。(新教师郑)

现在思考最多的问题是怎么把课上好。在研讨交流的过程中,发现大家都提到学生对新鲜的事情都会充满兴趣,这也要求我们不断汲取新的知识,不断充电,多总结反思,将一些生活中的案例事件与我们的课进行较好的融合。希望自己能够成为一名不断更新、教育教学活动充满创造的老师。(新教师蔡)

总的来说,作为一名新教师需要学习的还有很多。在之后的学习中也希望可以根据专业的方向选择个人的教学方向,并在这一领域深入钻研,并结合自己的科研方向,做专做精,走一条适合自己的个性化的职业道路。(新教师曾)

从新教师们的心得体会可以看出,发展自身的教学能力已经不是学研共同体中新教师们的最终愿景,小组成员所追求的共同愿景已经从"让自己尽快适应岗位教学"上升到"成为一位会爱学生的老师",成为"优秀的高职院校教师"。在短时间内,学研小组成员不仅完成了从学生到高职教师的角色转换,而且为自己的职业生涯规划了较高的目标,这是学研共同体在行动学习开始时没有计划和预料到的,是超出预期的。但从另一个角度来看,在开展高职新教师培养时,学校不仅要关注新教师的教学能力和知识的提高,更要激发新教师们对高职教育的热爱、对学生的关爱、对本职工作的信心和勇气,让新教师们从一开始就树立远大的职业理想,保持积极、接纳、乐观、包容的心态来从事职业教育事业。这也是新教师学研活动所应产生的教育感召力和行动效果。

(二)问题情境的互相学习

行动学习小组通常是通过关注小组中每个成员的问题,集中小组的集体智慧,使得学习过程持续发生。行动学习的乐趣主要在于在每一次的会议中,小组成员能够感受到自己在帮助他人,同时得到他人的帮助。① 小组成员通过对各自问题情境的相互介入和相互学习,达到共同提高的效果。在整个“训一研一行”的教学能力发展校本培养过程中,除了来自学研小组本身内部环境的影响,小组成员还合法地参与校内外的培训与讲座,参与导师制的培养,融入企业顶岗的实践工作,开展课堂观摩与评课,以及在教学实践中的自我反思学习,在此过程中,新教师们会得到专家、校内专业导师、合作企业导师、同伴甚至学生的帮助或启发。这些都会让新教师对特定的问题情境以及问题情境中的教学产生新的观点,构建新的经验,然后把这些新的观点、经验带入小组,从而突破个体的自我知识水平、价值观念、对教育教学实践的理解水平等的局限性。小组成员共同讨论各自教学情境中的问题、困惑及解决策略,借助行动学习小组的组织力量和团体智慧来解决各自的实际疑惑与难题,在商讨和对话中形成小组共享的解决方案,这些问题情境也就成为小组成员共享的教学案例。小组成员在对问题情境的不断研讨中,不断提出自己的见解,扩大理论视域,增强独立思考能力,获得教学成长。

新教师学研共同体的小组学研是一种以“同伴教练、同伴指导”为特征的教学合作形式。从跟踪研究来看,除学研小组中的同伴交流这种教学合作形式之外,导师的一对一指导、听课与评课、与同事和学生交流教学问题,也是高职新教师进行教学合作、在问题情境中学习的重要形式,是高职新教师解决特定教学问题的有效补充手段和路径。

(1)导师一对一指导

高职新教师在入职初期的教学实践中会碰到很多教学技能性问题,比如教学方案如何设计、教学内容的难易程度如何确定、选用什么样的教学方法比较有效等等,这些问题都需要和有经验的教师进行研讨。导师制是各个国家、各个学校采用比较多的一种教学合作形式和新教师教学能力培养

① 伊恩·麦吉尔,利兹·贝蒂.行动学习法[M].中国高级人事管理官员培训中心,译.北京:华夏出版社,2002:8—9.

范式。高职新教师的教学导师一般都是由院系安排教学和实践经验比较丰富的教学成熟型或专家型教师，对新教师开展一对一的“传帮带”，帮助新教师们掌握专业课程的教学方法，传授教学实践和实践教学经验，通过为新教师开示范课、听新教师授课等形式，和新教师一起研究备课、授课、课堂管理等问题，针对新教师的授课问题提出有针对性的解决建议，帮助新教师提升教学能力。

在对高职新教师的开放式问卷调查中，针对导师制培养阶段新教师重视的教学能力提升方面的调查结果显示，新教师在这个阶段更多地重视自身的学科知识、教学设计、教学方法、教学管理、教学研究创新等方面的学习和能力提升。新教师们在课后会去反思自己的课堂，反思的内容以“学生课堂上的反应是否符合预期、上课内容是否突出重难点、学生是否能接受、课程设计和安排是否合理、教学目标是否实现”等为主。导师对新教师的影响或帮助主要体现在榜样示范作用和答疑解惑作用。比如新教师坤在问卷回答中写：

> 在导师制实施中，导师的榜样示范作用尤为突出。子曰：“其身正，不令而行；其身不正，虽令不从。”有时我们新教师自己摸索半天也不得其解，而导师一个行动胜过一千句、一万句教导。从汪老师的教学设计、课堂教学管理、对学生的教学指导、他的教学态度上，我学到了严谨治学的敬业精神，指导了我自己的授课。

新教师黄描述：

> 在学科知识方面，对国际贸易课程和单证课程有了新的认识，系统地了解了国际贸易实务的流程，通过自学和导师指导，从无到有建立了基础的知识，促进了已有英语系列课程知识和高职教育环境、学生的融合；教学设计方面，通过导师知道和了解了项目化教学的概念和实施，知道如何在课堂中落实项目化教学，同时也了解了高职课堂的生态及高职学生学情。

榜样，是一种无形的教导。高职新教师们在与导师一对一指导的教学合作和引导中获得学科知识、教学知识和管理知识，提升教学技能，促进教学能力的发展。

(2)名师对话指导

名师对话指导对于高职新教师的指导作用不像导师一对一那么全方

位,但可以让高职新教师们博取百家之长。名师对话指导活动遴选的指导教师都是学校公认的有一定影响力和丰富经验的教师,且每位指导教师的专业背景和专长不同,可以让新教师们学习这些教师的教育教学经验,并从不同的角度解决他们实际工作中碰到的疑难问题。

此外,根据自己的实际需求和对话主题,高职新教师可以自主选择沙龙研讨活动,更好地发挥新教师本人的参与热情和自主发展意识。从实施效果来看,有些新教师就非常喜欢参加这种活动,对这种名师对话指导活动非常认同。如新教师蔡认为自己在名师对话指导活动中收获满满:

> 我对对话名师活动印象比较好,参加了6次,只要有我感兴趣的主题,时间不冲突,我就报名。从这个活动中了解了如何上好一门课,知道了如何调动学生的积极性,让学生主动学习、爱上学习,能够更好地开展实践教学项目。通过与名师的对话,小班化的辅导,也能更加有针对性地帮助我更好地解决教学困惑,改进教学方法。我的教学能力、与学生的互动能力、上课对课堂的把握都得到一定提高,且能够更加熟练地掌握信息化教学。此外,教学能力评级也得到了提升,由原来的C提升到了B,感觉收获满满!

新教师曾表示自己的收获主要在课堂实施方面:

> 我参加过两次对话名师活动,可以比较有针对性地解决我们个人的教学问题,学到了一些课堂教学设计和课堂把控的方法,以及在课堂上、课堂外如何与高职学生更好地相处,比如从哪些方面可以进一步了解学生和帮助学生等。

新教师吕的收获则更多体现在对于高职教育和高职教师的理解上:

> 通过两次对话名师活动,我更快、更明确地了解到人才培养是高校四大功能的核心,科学研究、服务社会和文化传承创新应该围绕人才培养而开展。作为新任教师,将来欲成为一名卓越的高职教师,应有强烈的事业心和责任感;要主动缩短适应期,加快成长期;积极主动去了解学生,与他们建立亦师亦友的关系;同时更要虚心学习,与时俱进。

(3)听课与评课

对学研小组8位成员的跟踪研究以及对Q学院2016年和2017年入职的高职新教师的问卷调查发现,参加听课和评课活动是高职新教师们入职后开展较多的教学能力提升方式之一。除了乐意参加校本培训和讲座之外,听课和评课也是新教师经常主动参加的教学能力发展活动。

除一位新教师因产假未参加调查外,笔者对Q学院2016、2017年进校的全部36位专任新教师和学研共同体中2位2015年进校的新教师进行了问卷调查。在“除了学校和二级学院组织的培训,您自己还做了哪些事情以提高自身的教学能力?”这个问题上,结果显示有27位新教师(占总数的71.1%)提到听课,包括听校内导师和其他老师的课、听其他院校的相似网络课程或观看优秀教师的教学竞赛视频等。在学研小组的8位新教师中,有7位认为听课是他们提高自身教学能力的自我选择方式之一。

新教师们表示,参加听课活动可以让他们从其他老师的授课中较快地掌握教学的基本要素和各环节的基本要求,参与评课活动可以较快总结出适合高职学生的教学方法,可以临摹优秀教师的教学设计,将优秀教学方法运用于自己的教学实践。新教师彭在学研心得中提到的做法基本可以代表高职新教师们对待听课评课的态度:

> 每次去听课,我都会认真记录下值得我学习的地方,每次有老师来听我的课,我更会把听课老师的意见建议一一记下,争取下次改进。

(4)与同事和学生交流

学研小组中新教师群体的同辈交流研讨可以让他们找到教学实践中存在的共性问题,发现有些问题情境中并不是他们的个人能力导致的教学问题,有利于新教师建立教学的自信心,共同研讨寻到符合新教师特点的解决办法,形成良好的情绪和职业认同感。与同事交流则有利于新教师从具备一定教学经验或丰富经验的教师那里获得对所教课程与教学的认识,借助他人的有效经验可以更加有计划地安排自己的课堂教学和学生的学习,提高自我认识,博取百家之长,完善自己的教育教学。与学生交流可以让高职新教师们走近学生,了解高职学生的特点,站在高职学生的视角反思自己的教学设计和教学内容的可接受度,调整教学难易度和进度,采用合适的教学方法,调动学生的课堂参与积极性和学习兴趣,促进新教师从生存关注转向学生关注。

那么高职新教师们平时是否会主动和同事、学生交流，交流的问题情境主要是哪些？对他们的教学能力发展起到什么具体作用呢？

笔者对高职新教师的教学能力需求情况调查结果显示，96.25%的被调查者愿意投入时间和精力探究教学问题，95.72%乐意与同事分享教学心得或疑惑。对Q学院38位教师的开放式问卷调查结果显示，所有新教师都会主动和同事及学生交流，与同事交流的内容主要是教学设计和教学效果，和学生交流的主要内容是教学效果。与同事的交流可以让新教师们了解教学设计的合理性，知道如何应对教学中的不同情况，提高课堂教学掌控能力，获得好的经验和做法，能快速地改进教学设计，提升教学效果。和学生的交流可以让新教师们更好地把握学情，了解学生对知识的理解度，反思自己的教学过程，调整教学进度和教学方法。

比如，新教师吕表示：

> 通过和同事学生的交流，可以获得自己关注不到的地方。上课不是站讲台上讲就可以的，必须是学生能听得进去、能听得懂、能接受。通过交流可以有针对性地进行课堂设计。

新教师黄认为：

> 通过跟同事交流教学设计或教学效果，让我了解符合本校学生实际的教学方法，知道如何应对教学的不同情况，提高了课堂掌控能力，丰富了教学方法，也会促进自己的教学反思。

新教师蔡则表示会经常以研究者的姿态去交流，发现教学设计中存在的问题：

> 交流教学设计的时候，会以一个研究者的姿态和角度去讨论每次课的设计，能够发现其实在教学设计上有很多非常值得学习和研究的问题。在和同事的交流中会发现自己设计中的问题，他们会帮助我分析问题出现的原因和提出改进的方法，我会总结及反思并记录，这样可以不断提升教学设计能力和实践经验。自我摸索很容易封闭自己，与人分享则可以使教师之间形成开放、互信、支持的“学习共同体”，能够进一步提高自己的教学水平。

问题情境的相互学习过程是高职新教师与同辈、与同事、与导师的教学合作过程。“教师教学合作的心理机制主要包括倾听、交流、协作、分享和整合。”①高职新教师们耐心倾听他们的教学建议，交流教学效果，互助协作，分享教学经验和学习心得，在此过程中整合他人之长，改进己之所短，发挥了群体在新教师教学能力发展中的功效和力量，统整了个人、环境、实践等诸多领域资源和要素，在学研小组成员中形成互相弥补、互相衬托、互相支撑的学习型组织氛围和知识共享机制，促进教学能力的协同发展。

（三）教学研究中的技艺共建

佐藤学认为，优秀的教师不仅仅在于教育技术应用和教学过程决策上的出色，还需具备以下能力：深刻领会教育内容、用生动的案例展示教育内容中的知识、理解知识背后的道理、设定合适的课题激发该知识的学习、引发学生的多样思路交流、使学习逼近该教育内容。② 这就要求高职新教师们在教学过程中要开展反思性实践研究，在教学中反思，在反思中研究，在研究中提升教学能力和教学效果。反思性教学是教师与学生一起从事“反思性思维即探究活动”的教学实践，教学研究也借助以“反思”和“反省”为方法的案例研究得以推进。③ 高职新教师学研共同体的学研活动过程既是小组成员们开展学习活动的过程，也是小组进行教学研究的过程。小组里的高职新教师们通过对自己课堂问题的质疑、提问、研讨和反思，提出改善或解决问题的策略，这个过程就是新教师们开展课堂教学研究的过程。在整个学研小组活动过程中，每次研讨会都进行了录音或者录像。这些音像资料以及学研主题 PPT 为新教师们构建了教学能力发展的技艺成长共享资源库（见表 5-6），成为新教师们可以更好地理解、反思和研究教学问题的资源。

表 5-6 学研小组的活动资料概览表

素材类型与内容	数量	使用方式
研讨活动录音或录像	2.35G	发给每位小组成员

① 傅建明. 教师专业发展——途径与方法[M]. 上海：华东师范大学出版社，2007：88.

② 佐藤学. 课程与教师[M]. 钟启泉，译. 北京：教育科学出版社，2003：390.

③ 佐藤学. 课程与教师[M]. 钟启泉，译. 北京：教育科学出版社，2003：391.

续 表

素材类型与内容	数量	使用方式
PPT(课堂学习任务的布置和小组展示有效组织;案例教学法:各类新闻案例的改编、任务型教学法;创设有效教学情境,激活高职学生课堂;教学 PPT 制作技巧分享与探讨;作业的多元化考评与激励方法;情境教学法在财务管理课程中的应用;案例教学法在管理类教学中的应用;“基础会计”中的情景教学法;教师文化的构建与教师专业发展;教育智慧——教师从事教育工作的根本凭借;“教”,是为了不“教”——青年教师成长的目标诉求;教师心理健康与心理压力调适;校外培训心得分享;学研总结汇报等)	28 个	发给每位小组成员

其次,专业书刊研读也是高职新教师学研小组提升教学研究能力的活动之一。尤其是对专业期刊的跟踪研读,高职新教师们可以由此掌握学科最新研究动态、专业教学与教学研究的方法,有助于他们开展反思性教学和反思性实践研究。根据调查问卷结果,高职新教师认为专业期刊研读可以给自己充电和思考的时间,收获和作用主要体现在教学和科研两方面,其中教学能力的提升主要表现为可以学习新理论、创新教学方法、获得新的教学技巧、更新专业知识和教育理念。但也有少数学研成员表示因为跟读的是学术性比较强的期刊,和面向应用的教学内容交集较少,对教学能力的直接帮助较少,主要的帮助和作用是对自身科研能力的提升。比如:

> 看专业期刊对我的教学能力很有帮助。通过看专业期刊,上课知道运用何种方法,更加以学生为中心进行课堂教学改革。在这期间,我成功申报了校级教改项目,并完成了结题。(新教师蔡)
>
> 学习专业期刊可以了解本专业前沿理论和实践,对课堂设计有很大的帮助。而且可以获得最新的教学方法和教学技巧。(新教师吕)
>
> 教学方面,通过专业期刊的阅读,对比教学上的不足,紧跟时代前沿,学习最新理论,创新教学方法。科研方面,通过专业期刊熟知研究热点,模仿研究方法、思路,提升科研能力。(新教师周)
>
> 对教学能力提升有限,专业期刊内容多为学术前沿,和面向应用的教学内容交集比较少,主要是对自身科研能力有提升。(新教师曾)

从以上几位新教师的表述中可见,专业期刊的跟踪研读对新教师的教学和研究能力提升总体起到促进作用。但是,在专业期刊的选择上,要根据新教师自身的需求特点和能力缺失项来确定跟踪研读的期刊，可以选择本专业领域中2—3本不同类别的期刊，而不仅仅局限于1本。

另外，通过“训一研一行”高职新教师教学能力发展两年培养，学研小组成员在教学实践问题的学研过程中，也同时开展教学研究、微课比赛、指导学生技能竞赛等工作。以下是学研共同体的8位教师两年培养期内（截至2018年6月）参加的各类培训项目数量，以及取得的各种教科研成果或荣誉（见表5-7）。这些成果也构成了高职新教师们教学能力与教学研究的共享技艺库，在学研活动中可以分享各自的培训收获、教科研心得和学生竞赛指导工作经验等，尤其是教科研课题的申报和研究，提升了高职新教师们的教学问题意识和研究能力。

表5-7 学研小组成员培训和成果一览表

成员	参加培训项目数	立项课题或发表论文	本人获奖或指导学生获奖
新教师黄	10	校级科研一般项目1项 校级教改项目1项 发表论文1篇	指导学生获省互联网＋国际贸易综合技能竞赛三等奖1项
新教师坤	18	校级科研一般项目1项 校级教改项目1项 发表论文1篇	2016—2017学年优秀班主任
新教师彭	26	校级科研重点项目1项	
新教师周	16	校级科研重点项目1项 发表论文1篇	
新教师吕	20	校级科研一般项目1项 校级教改项目1项 发表论文1篇	指导学生获校营销策划大赛一等奖1项、校创新创业大赛二等奖1项
新教师蔡	35	校级科研一般项目1项 校级教改项目1项 发表论文1篇	学风建设月优秀工作者
新教师郑	18	校级科研一般项目1项	指导学生获省大学生财会信息化竞赛三等奖2项
新教师曾	18	市哲学社会科学项目1项 校级科研重点项目1项	校微党课比赛一等奖、指导学生获省是大学生技能竞赛三等奖1项、2016—2017学年优秀班主任、校微课比赛三等奖

从上述有关学研共同体的群体和个体发展情况可见，学研共同体中的高职新教师在群体活动中会表现出群体共性和个体差异。这种差异提醒高职院校师资培养部门和管理者：在制定新教师培养方案时，要考虑到并敏感地应对每一位新教师身上的优势与不足，实现教师学习的个性化需求，凸显每一位教师的见解与学习感受差异，让这些差异彼此产生碰撞，激发高职新教师们的自我更新学习潜能，充分发挥新教师的个体能动性，通过个体与个体的交响，实现高职新教师教学能力的个体与群体协同发展。

四、“训一研一行”联动培养实施成效的调查分析

前面主要以质性分析的方式对学研共同体行动学习小组的学研活动以及“训一研一行”耦合联动培养模式对高职新教师的教学能力发展的促进作用和培养成效进行了剖析。以下就学研共同体中的 8 位新教师以及 Q 学院 2016—2017 年进校的 36 位教师，总共 38 位教师，对他们在入职时和培养后的教学能力发展情况自我评估问卷调查结果进行分析，从整体的视角探讨高职新教师校本培养的实践效果。自评式问卷采用李克特量表正向计分方式，1—5 依次表示“完全不同意、比较不同意、不确定、比较同意、完全同意”，采用 Excel 和 SPSS25.0 软件对数据进行统计和分析。

（一）学研小组成员的数据统计分析

首先，对高职新教师学研共同体学习小组 8 位教师在教育学知识、学科知识、教学设计、教学实施、教学管理、教学指导、教学评价、教育信念、敬业精神、生涯规划、研究创新等 11 个子能力维度的入职时和培养后的自我评价的整体情况（见表 5-8）进行数据统计和对比分析。

表 5-8　学研小组成员自我评价整体情况对比表

能力维度	入职时均值	培养后均值	差值	子能力维度	入职时均值	培养后均值	差值
教学知识	1.69	4.05	2.36	教育学知识	1.60	4.13	2.53
				学科知识	1.78	3.97	2.19

续　表

能力维度	入职时均值	培养后均值	差值	子能力维度	入职时均值	培养后均值	差值
教学技能	1.76	3.97	2.21	教学设计	1.56	3.94	2.38
				教学实施	2.00	4.09	2.09
				教学管理	1.84	4.00	2.16
				教学指导	1.67	3.96	2.29
				教学评价	1.75	3.88	2.13
教学态度	3.06	4.27	1.21	教育信念	3.04	4.29	1.25
				敬业精神	3.08	4.25	1.17
教学发展	2.19	3.93	1.74	生涯规划	2.38	3.85	1.47
				研究创新	2.00	4.00	2.00

表5-8可见，整体来看，在入职时，学研共同体行动学习小组的高职新教师们在教学能力上较好的方面是教学态度，均值达到3.06，其次是教学发展，均值为2.19；较弱的是教学知识和教学技能，均值分别为1.69、1.76。从具体的子能力维度来看，新教师们入职时较好的前三位能力依次是敬业精神、教育信念、生涯规划，均值分别为3.08、3.04、2.38，最弱的三项能力是教学设计、教育学知识、教学指导，均值分别为1.56、1.60和1.67。而且在涉及教学知识和教学技能的所有7个子能力维度上相对都偏低，均值都在2及以下，教学研究创新能力不高，均值为2。这些结果说明这几位新教师具有良好的职业态度和一定的专业发展自我意识，但是在教学知识和教学技能上需要培养和提升。这与之前对浙江省高职院校新教师的教学能力发展需求情况调查结果吻合：高职新教师在教学知识和教学技能方面的提升需求最大。

培养后，学研小组成员在教学能力上整体提升程度从大到小排序依次为教学知识、教学技能、教学发展、教学态度，培养前后的差值分别为2.36、2.21、1.74、1.21。从子能力维度上来看，提升程度从大到小排序依次为教育学知识(2.53)、教学设计(2.38)、教学指导(2.29)、学科知识(2.19)、教学管理(2.16)、教学评价(2.13)、教学实施(2.09)、研究创新(2.00)、生涯规划(1.47)、教育信念(1.25)、敬业精神(1.17)。从前后对比来看，学研共同体小组成员通过"训－研－行"耦合联动培养策略的校本培训、学研活动、企业顶岗、行动反思等系列培养活动，提升最大的前三项是教育学知识、教学设计和教学指导能力，也正是小组成员在培训前自我评价最低的三项。

用SPSS25.0软件对学研共同体小组成员培训前后数据进行配对样本T检验，结果见表5-9、5-10、5-11。表5-9可见，培养前后均值相差较明显，表明学研共同体8位新教师的教学能力在培养前后有着明显的差别。从表5-10中可以得到培养前后的相关系数为0.412，相应的概率值为0.31，由于0.31>0.05，所以相关性不显著。在相关性不显著的情况下，可以使用配对t检验的结果，也可以使用独立样本t检验。本书继续采用了表5-11给出的学研共同体小组成员教学能力发展培养前后的配对样本t检验的结果。从表中可见，由于培养前后的新教师教学能力发展t检验的概率为0.000，小于0.05，更达到了小于0.001的显著水平，所以可以认为"训一研一行"耦合联动的培养策略对这8位高职新教师的教学能力提升有着非常显著的作用。

表5-9 学研小组配对样本统计量

配对样本统计

		平均值	个案数	标准 偏差	标准误差平均值
配对1	before	2.0388	8	.43033	.15214
	after	4.0200	8	.30105	.10644

表5-10 学研小组配对样本的相关性分析表

配对样本相关性				
		个案数	相关性	显著性
配对1	before & after	8	.412	.310

表5-11 学研小组配对样本t检验结果

配对样本检验

		配对差值					t	自由度	Sig.（双尾）
		平均值	标准 偏差	标准误差平均值	差值95%置信区间 下限	差值95%置信区间 上限			
配对1	before-after	−1.98125	.41115	.14536	−2.32498	−1.63752	−13.630	7	.000***

（二）全体新教师的数据统计分析

"训一研一行"耦合联动的高职新教师教学能力发展培养策略对学研共

同体小组内的新教师是有效的。那么,对较大范围的校本培养而言,效果如何呢?笔者用同样方法对高职院校Q学院2016—2017年进校和学研共同体的全部38位新教师培养前后的自评调查问卷数据进行了统计分析。38位教师的具体信息情况如下(表5-12):

表5-12 全体参培新教师情况分布表

类别		人数	比例
性别	男	12	31.6%
	女	26	68.4%
入职年份	2015年	2	5.3%
	2016年	19	50%
	2017年	17	44.7%
受教育程度	博士	1	2.6%
	硕士	37	97.4%
毕业院校性质	综合性985或211高校	20	52.6%
	普通综合性高校	15	39.5%
	国(境)外高校	3	7.9%
任教专业	文科专业	18	47.4%
	理工科专业	8	21.1%
	医科专业	12	31.5%

首先用SPSS25.0软件对培养前后的数据进行配对样本t检验,结果如表5-13、5-14、5-15所示。

表5-13 全体参培新教师配对样本统计量

配对样本统计

		平均值	个案数	标准偏差	标准误差平均值
配对1	before	3.1171	38	.91221	.14798
	after	4.6871	38	.59120	.09591

表 5-14　全体参培新教师配对样本的相关分析表

<table>
<tr><td colspan="5">配对样本相关性</td></tr>
<tr><td></td><td></td><td>个案数</td><td>相关性</td><td>显著性</td></tr>
<tr><td>配对 1</td><td>before & after</td><td>38</td><td>.791</td><td>.000</td></tr>
</table>

表 5-13 可见，全体参培新教师培养前后均值相差较明显，说明培养策略有效果。由表 5-14 可知，培养前后的相关系数为 0.791，相应的概率值为 0.000，小于 0.05，说明相关性显著。在相关性显著的情况下，只能使用配对 t 检验。表 5-15 给出了全体参培新教师教学能力发展培养前后的配对样本 t 检验的结果：

表 5-15　全体参培新教师配对样本 t 检验结果

<table>
<tr><td colspan="10">配对样本检验</td></tr>
<tr><td rowspan="3" colspan="2"></td><td colspan="5">配对差值</td><td rowspan="3">t</td><td rowspan="3">自由度</td><td rowspan="3">Sig.（双尾）</td></tr>
<tr><td rowspan="2">平均值</td><td rowspan="2">标准 偏差</td><td rowspan="2">标准 误差平均值</td><td colspan="2">差值 95%置信区间</td></tr>
<tr><td>下限</td><td>上限</td></tr>
<tr><td>配对 1</td><td>before-after</td><td>−1.57000</td><td>.57269</td><td>.09290</td><td>−1.75824</td><td>−1.38176</td><td>−16.899</td><td>37</td><td>.000</td></tr>
</table>

表 5-15 可见，由于培养前后 t 检验的概率为 0.000，小于 0.05，达到小于 0.001 的显著水平，所以可以认为全体参培高职新教师在接受培养前后的教学能力提升效果是非常显著的。

在对数据进行了 SPSS 分析后，笔者用 Excel 对各个教学能力维度培养前后的自评问卷结果进行了数据分析，结果见表 5-16。

表 5-16　全体参培新教师自我评价整体情况对比表

<table>
<tr><td>能力维度</td><td>入职时均值</td><td>培养后均值</td><td>差值</td><td>子能力维度</td><td>入职时均值</td><td>培养后均值</td><td>差值</td></tr>
<tr><td rowspan="2">教学知识</td><td rowspan="2">2.54</td><td rowspan="2">4.39</td><td rowspan="2">1.85</td><td>教育学知识</td><td>2.38</td><td>4.39</td><td>2.01</td></tr>
<tr><td>学科知识</td><td>2.73</td><td>4.39</td><td>1.66</td></tr>
</table>

续 表

能力维度	入职时均值	培养后均值	差值	子能力维度	入职时均值	培养后均值	差值
教学技能	2.56	4.32	1.76	教学设计	2.36	4.25	1.89
				教学实施	2.63	4.36	1.73
				教学管理	2.65	4.34	1.69
				教学指导	2.57	4.34	1.77
				教学评价	2.61	4.28	1.67
教学态度	3.12	4.46	1.34	教育信念	3.10	4.45	1.35
				敬业精神	3.13	4.46	1.33
教学发展	2.95	4.27	1.32	生涯规划	3.04	4.27	1.23
				研究创新	2.82	4.26	1.44

从表5-16的数据看，38位新教师入职时的教学能力总体情况和前面学研小组成员的8位教师有共通之处：教学态度和教学发展相对较好，均值为3.12、2.95；教学知识和教学技能相对较弱，均值为2.54、2.56；在子能力维度上，表现较好的前三项和最弱的三项也相同，较好的依次是敬业精神、教育信念、生涯规划，最弱的三项能力是教学设计、教育学知识、教学指导。

培养后，教学能力整体提升程度从大到小排序依次为教学知识、教学技能、教学态度、教学发展，培养前后的差值分别为1.85、1.76、1.34、1.32。从子能力维度上来看，提升程度从大到小排序依次为教育学知识(2.01)、教学设计(1.89)、教学指导(1.77)、教学实施(1.73)、教学管理(1.69)、教学评价(1.67)、学科知识(1.66)、研究创新(1.44)、教育信念(1.35)、敬业精神(1.33)、生涯规划(1.23)。提升最大的前三项依然是教育学知识、教学设计能力和教学指导能力。但与学研共同体的结果相比，在后面几个教学能力维度上的排序略有不同，培养前后差值也相对较小。

是什么造成以上的细微区别呢？Q学院这38位高职新教师都已经完成了该校新教师教学能力发展两年培养周期的培养任务，都经历了岗前培训、企业顶岗实践、导师制等环节的培养。唯一不同的是，学研共同体中的8位老师在培养过程中开展的学研活动是有组织的，每次活动有固定的时间、固定的地点、确定的主题，并且有行动学习促进者、问题的描述者和提问者。其他新教师虽然也组建了小组，但是从实际情况看，学研活动没有长期性和规律性。这也说明，在高职新教师的教学能力发展培养中，增加有规律的、规范的行动学习，短期内对高职新教师教学能力发展培养的效果会更加明显，“训一研一行”耦合联动的高职新教师教学能力发展培养策略的效果也更突出。

这种规律的常规性学研和无规律的非常规性学研的成效差别，从Q学院对2016年新任教师的师范教育培训考核结果也可以看出来(见表5-17)。表5-17显示了Q学院新教师经过岗前集中培训、高校教师岗位培训、教育技术培训、网络培训、校外主体培训和小组学习研讨之后的学时统计和考核结果。岗前集中培训内容包括教育法规、师德师风、职业教育理念、教师职业素养、教学基本规范及要领等，以专家讲座、小组讨论、座谈讨论、集体备课、试讲互评等形式开展。高校教师岗位培训要求新教师完成4门教育理论课程(高等教育学、高等教育法规、大学心理学、大学教师伦理学)的网络学习，并参加、通过上机考试。网络培训由浙江省高等学校师资培训中心的“天天微信课”学时认证系统提供。教育技术培训主要内容为微课设计与制作、Flash课件制作应用、PPT高级应用、数码照片拍摄与制作、信息技术在教学中的应用等。另外，新教师们每周要求完成至少2节听课任务，观察课堂规范和形态。

表5-17　Q学院2016年入校新教师师范教育考核结果对比

部门	新教师	培训学时	考核评分	平均分	总平均分
艺术设计学院	刘老师	287	85.67	83.96(非常规性学研小组)	84.98
医学院	梁老师	282	90.07		
医学院	周老师	266	89.67		
医学院	李老师	301	86.27		
医学院	史老师	288	83.60		
信息工程学院	江老师	262	81.57		
机电工程学院	任老师	258	77.50		
机电工程学院	王老师	256	89.00		
机电工程学院	朱老师	262	85.90		
公共基础部	吴老师	282	83.83		
公共基础部	邹老师	266	75.67		
社会科学部	郑老师	262	78.83		

续 表

部门	新教师	培训学时	考核评分	平均分	总平均分
经济管理学院	曾老师	278	86.00	87.00（常规性学研小组）	84.98
经济管理学院	郑老师	266	91.67		
经济管理学院	周老师	260	89.67		
经济管理学院	吕老师	304	83.50		
经济管理学院	彭老师	272	82.15		
经济管理学院	蔡老师	280	89.00		

上表中的培训学时为新教师们参加学校组织的校内外培训的学时，他们之间的差距不大，多数位于260—290学时之间。考核评分是新教师们在第一学期的师范教育结束后参加由学校教师发展中心组织的培养考核结果。从平均分可以看出，常规性学研小组的平均分为87.00，高于18位新教师的总平均分(84.98)，且远高于非常规性学研新教师的平均分(83.96)。可见，增加了常规性学研活动的培养策略，对高职新教师的教学能力提升效果更显著。

第六章　结论、建议与展望

本书旨在从高职教育的"双师型"教师素质要求、高职院校课堂有效教学和学生可雇佣性培养三角互证角度构建高职新教师教学能力发展的核心要素模型。依据对高职新教师的教学能力发展需求调查结果的数据整理与分析，从学理层面对高职院校新教师的教学能力发展路径和策略进行探讨，提出"训—研—行"耦合联动的高职新教师教学能力发展的校本培养策略，并在实践中进行跟踪研究。本书既是笔者在高职院校多年工作的理论反思，又是对教育学相关专业知识的实践凝练与聚焦。通过几年的探索，对现有研究成果的梳理、大量的调查研究、实际工作的资料积累与感悟，笔者以为要提高高职院校内涵发展与特色改革，核心问题是教师的能力素质问题，而教学能力是教师职业能力结构中的关键要素。高职院校规模化发展时间相对较短，青年教师比例相对较高，新教师的教学能力发展培养问题成为目前高职院校比较关注的现实问题，因此笔者选择了这一主题来研究。通观整个理论和实践研究过程，虽然取得了一些有一定价值的研究结论和实践成效，但也存在不足。鉴于此，本章对研究的主要结论、建议和对后续研究的思考加以整理，以期高职新教师教学能力发展及其培养问题的现实存在、理论解释及实践诉求得到进一步研究，成为高职教师教学和专业发展研究的新起点。

一、主要结论

(一)高职新教师教学能力的核心要素

高职新教师是高职院校未来发展的主要生力军。加强对新教师教学能力的培养，让他们尽快实现角色转换，满足高职教育教学的要求，是各高职院校师资培养的重点工作之一。明确高职新教师教学能力发展的核心要素，能够帮助新教师、师资培养部门和管理人员有的放矢，开展精准培养。

基于不同视角对高职院校教师教学能力本质内涵的理解和认识，笔者从“双师型”教学能力要素、影响高职院校课堂有效教学要素、高职学生可雇佣性培养对教师教学能力要求要素三方面开展了三角互证研究。通过文献搜集、访谈、问卷调查等形式，以扎根理论研究为依据，以 NVivo11 软件为辅助分析工具，对数据进行逐级编码，对问卷结果进行分析，提炼出高职教育对专业课教师的基本教学能力要求，构建了高职新教师教学能力发展核心要素模型(图 2-19)。高职新教师的教学能力发展主要包括“三大领域十二个层面”。三大领域是教学技能层面的教学活动领域、教学支持层面的组织管理领域、个人素质层面的专业能力领域。其中，教学活动领域包括教学的设计、实施、管理、指导和评价五个子能力层面，组织管理领域包括行业认知层面的实践力、微观层面的教学力、中观层面的协调力、宏观层面的领导力，专业能力领域包括专业知识、专业技能和态度。在新教师的教学能力发展过程中，教学活动、组织管理、专业能力这三大领域能力互融互促、螺旋推进，实现高职新教师教学能力的螺旋式上升发展。

(二)教学知识和教学技能是高职新教师的集中需求

确定高职新教师教学能力发展核心要素之后，在参照他人研究的基础上，笔者设计了高职新教师教学能力发展需求调查问卷表，对浙江省 7 所高职院校近三年入职的高职新教师进行随机抽样问卷调查，院校性质涉及公办院校和民办院校，国家示范院校、省示范院校和一般院校。回收 187 份问卷表，其中入职 1 年的为 161 份(占 86.1%)，采用问卷星 SPSSAU 在线分析软件、SPSS25.0 软件、AMOS24.0 结构方程模型软件等对数据进行统计分析。

结果发现，大部分被调查高职新教师持有良好的教学态度，自身的教学发展意识也较强，而教学知识和教学技能是高职新教师教学能力发展的集中需求。具体表现为(1)高职新教师整体具有较好的教学态度和教学发展意识，呈现良好的状态，均值分别达 4.59 和 4.43；(2)总体而言，高职新教师在教学知识和教学技能方面提升需求较高，均值为 4.48 和 4.52，需要重点发展；(3)从各分项能力上看，高职新教师教学能力发展需求排名前三项是教学实施(4.57)、教学管理(4.54)、教学设计(4.54)，说明高职新教师们在教学基本环节的能力提升上需求较高；(4)在教学知识方面，高职新教师需求较高的是学科知识及学科教学法知识，主要涉及所教学科的教学内容、教学方法、教学评价方法以及专业相关领域的知识，需要花费较多的时间和精力在课程内容的准备上，尤其是比较前沿和应用性较强的课程，其次是有关高职教育改革理念和高职学生学习特点和个性差异的知识;(5)在教学技能上,高职新教师总体提升需求较高,具体需要提升的能力按均值和赞同率从高到低依次为教学实施、教学管理、教学设计、教学指导、教学评价。

(三)高职新教师教学能力发展需求存在组间与个体差异

对高职新教师的调查数据进行独立样本 t 检验和单因素方差分析的结果表明,在性别、入职年限、毕业院校性质、工作学校性质、任教专业上,教育学知识、学科知识、教学设计、教学实施、教学管理、教学指导、教学评价、教育信念、敬业精神、生涯规划、研究创新 11 个子能力维度均不存在显著性差异。但是,高职新教师对教学实施能力的学习和提升需求在"受教育程度"这个因素上存在 Sig. =0.001 的显著性,表示硕士组和学士组之间在教学实施能力需求方面存在显著性差异。在对原始数据进行仔细比较分析后,发现这两组在教学实施能力需求的选项上,学士组的选择频率很集中且赞同率非常高,100%表示赞同;相对而言,硕士组的集中程度没这么高,也有部分新教师表示没有需求或者不确定。

除了教学实施能力在"受教育程度"因素上存在组间差异之外,对调查数据的统计结果显示,每个子能力维度的均值和选择频率不完全相同,有高有低,这说明每个子能力维度的需求也存在组内或个体差异。这表明高职新教师的教学能力在现实情况和发展需求两个层面上有不同的实然存在和提升诉求。

(四)学研共同体是行动与反思、参与与互动的有机融合

在组织实施中,高职新教师教学能力发展学研共同体,以行动学习理论为主要理论指导,遵循建构主义学习理论、学习型组织理论和教师职业生涯发展理论的基本原则,以实践性、学习性为主要定位。在高职新教师中开展以教学知识和教学技能等知识和教学实践问题为研讨主题的学研活动,在个人参与和群体互动中提出小组成员在校本培训、教学实践中碰到的疑难问题,在反思和质疑中重构问题,找到问题的解决办法,然后在教学实践中开展行动实践,下次研讨时反馈行动实践效果。

通过对 Q 学院 8 位新教师学研活动的跟踪研究发现,促进高职新教师教学能力发展的学研共同体是行动与反思、学习与实践、参与和互动的有机融合。从学研小组成员的体验来看,学研小组的行动学习活动从三个维度影响着高职新教师们的教学能力发展状态:一是新教师个体的已有经验和

学研参与状态，二是学研小组新教师之间的群体互动状态，三是学研小组活动本身贴近高职新教师教学实践和教学问题的状态。这三个维度的因素在新教师学研共同体的活动中呈现交互作用，在不同层面影响和促进高职新教师教学能力发展的水平和效果。在新教师行动学习小组的学研活动实施过程中，要强调新教师个体的沉浸式参与和群体的互动式合作交流，不断在行动中质疑，在质疑中反思，在反思中实践，凸显学研共同体促进高职新教师教学能力发展的价值追求、教育意蕴和实际效果。

（五）学研活动促进个体与群体教学能力发展的共生互长

学研共同体行动学习小组的实践研究发现，学研共同体能够有效地促进高职新教师个体与群体教学能力发展的互促共长。高职新教师作为学习者参加学研共同体的行动学习活动，通过学研主题的研讨学习、对教学实际问题的追问反思、对解决策略的行动实践，在学研中不断认识自己、挖掘潜能、建构能力，不仅可以审视自己的已有知识和已有经验，也可以规划自己的职业发展方向，确定自己作为高职教师的教学和专业发展目标。学研活动，就其性质而言，本身就是一种有效的行动学习过程。学研的具体活动过程涉及的内容和专题研讨，不仅关注了高职新教师的教学知识与技能系统，更体现了高职新教师对于教学知识和教学技能的不断学习、不断尝试和对已有经验的不断反思与改造。小组的学研活动在设计、组织和实施过程等方面体现出行动学习和学习型组织所提倡与关注的环节要素，通过个体与群体的学习、互助与交流，实现高职新教师个体与群体教学能力发展的互促互进、共生互长。

但是，研究中也发现，具体到学研小组中的每一位新教师，由于教育背景、学科特点、个人生活环境、学生时期的教学体验、个性特点等多种因素综合作用，其关于高职教育教学知识的已有经验不同，加之在学研活动中的参与程度和学研活动外的自我更新发展程度不同，必然导致新教师个体在学研过程中的不同感受和教学能力发展的不同表现。因此，在实现学研活动对学习小组群体教学能力的发展性推进功能之时，学研活动对新教师个体教学能力发展的具体作用和实现程度也具有差异性。这种差异性的存在也从一个侧面反映出新教师个体在教学能力发展上所表现出的主动性、参与性和积极性，在某种程度上，会影响其自身的学习效能和教学发展程度。由此，也让我们认识到，高职新教师教学能力发展的学研活动需要不断加强教师群体之间的对话、交流与合作，在关注新教师群体发展的同时，也要尽可能多地关注到每个新教师个体教学能力的实然状况和不同需求，让学研共同体成为促进每位新教师教学能力发展的合力组织，让学研活动成为高职新教师学习知识、分享经验、激发思考、建构能力的教育活动。

（六）校本培养有效策略指向“训一研一行”的多路径联动

本书的最终目的是为高职院校新教师教学能力发展及其培养提供一定的理论思考和实践策略。校本岗前培训是高职院校培养新教师的主要方式，但是单一的岗前培训对新教师的教学能力发展起不到持续改进作用，不能有效改变新教师教学方法单一、实践教学能力不足的现状。单一的培训方式也会因为培训内容固化、新教师教学能力发展主体不明、系统规划不足而导致培养途径受限、新教师自我发展动因不足、培养效果不好等问题。由此，本书也对高职新教师教学能力培养的路径和策略做了理论探讨和实践探索，从校本培训、导师一对一培养、企业顶岗实践培养、学研共同体小组行动学习、教师教学合作、新教师自我更新发展等教学能力发展的外控和内控路径探索“训一研一行”耦合联动的高职新教师教学能力发展的校本培养策略。

入职初期，高职新教师关注得更多的是自己能否适应高职教育教学工作的要求，并找到自己的职业追求和自我价值，教学能力培训需求的共性较多。高职新教师教学能力发展需求调查结果显示，需求主要表现在教学设计、课堂组织、课堂活动、教学策略、课堂管理、课堂监督与评价等课程教学与课堂支持方面。这些培训需求大致相似。在入职时期，校本化的培训可以针对高职院校自身教育教学发展的需要和学生的特点，开展集中性的岗前培训，帮助新教师们提高教育学和学科教学的知识和能力。针对新教师在教学发展上存在个体差异的现实情况，通过为新教师配备有经验教师，实现导师制的一对一指导，帮助新教师解决在教学实践中碰到的个体问题。对于专业实践教学知识和能力，企业顶岗实践可以为新教师提供很好的专业实践、实践课程素材和真实教学案例收集的机会，实现“双师型”教学能力的提升。高职新教师学研小组的学研活动则关注高职新教师在教学能力发展过程中的主体能动性和自主选择权，为新教师创设了个体学习和群体互动的时间和空间，让新教师有足够的时间和动力去反思教学、探究问题、分享经验、应用新理念。学研活动让新教师去关注高职教育教学中真实的问题和情境，提供了一种问题探究式的、情境性的学习，通过新教师的实质性参与去改进教学，通过新教师个体和集体的智慧去生产可以即学即用的有效教学知识，在行动中提升教学能力。

这种“训一研一行”耦合联动的高职新教师校本培养策略发挥了学校、

企业、新教师个体、专业团队等多方主体在新教师教学能力发展中的作用，通过高职新教师在个体领域、环境领域、实践领域的各种活动和实践、行动与反思，实现新教师教学能力发展的多领域互动互促模式。有研究表示，国外教师培训在特点上主要体现为重视需求的变动性、关注活动的个体性、强调活动的变革性、重视教师的参与性，OECD 表示当代世界教师培训呈现出的四大重要趋势为促进教育改革、学科取向、校本化、自主选择。[①]“训一研一行”耦合联动的高职新教师校本培养策略可以较好地体现这种国际教师培训的特点和趋势。

二、对高职院校新教师教学能力培养的建议

综合前文的相关理论论述、对高职新教师教学能力发展需求情况的调查分析以及所开展的相关实践探索，关于有效开展高职院校新教师教学能力发展培养问题，得出以下几点启示和建议：

（一）多元聚合：完善高职新教师培养培训的一体化体系

本书从对高职新教师教学能力发展需求情况调查和学研共同体的小组行动学研中发现，高职新教师教学能力发展与提升的需求主要集中在对高职教育教学知识和教学技能方面，存在较普遍的共性。这也说明目前我国职业教育的师资培养在各阶段衔接培养的伸展性和延续性不足，在体系上没有形成大学阶段的职前培养、入职阶段的岗前指导、在职阶段的岗后提升的“岗前一入岗一在岗”一体化教育和培养培训框架体系，高职教育教师的培养制度和培养体系不能有效地精准服务于高职教育的内涵式发展和高职教师的延续性专业发展。

我国高职教育的师资培养框架可以参考德国等职业教育发达国家的师资培养模式，在培养内容、培养机构、管理体制等方面实现一体化建设。在培养内容上，按照高职教育教师专业化发展标准，在分阶段培养的基础上统筹设计高职教育师资培养内容：大学阶段的职前培养以专业性和师范性养成为重点，入职阶段以岗位和环境熟悉的胜任性指导为关键，在职阶段的职后培训以教学技能和教学专业的提升性发展为侧重，进行一体化设计和考核。在此过程中，要结合和兼顾高职教师在生涯发展不同阶段的教学适应、

① 龙宝新.当代国际教师教育研究[M].北京：科学教育出版社，2016：174—186.

教学胜任和教学发展需求，围绕高职教师教学能力与素质要求，在职前培养阶段对未来高职新教师们开展全面的专业学习和专业训练，加强职业教育教学理论和学科教学法的学习，提高高职教育师资的职前培养质量；在职后培养阶段，可以根据新教师的个人专长和个体专业发展目标，确立不同的培养目标，根据新教师的发展层次和个性化发展的不同需求，设置多样化的培养方式和培养内容，让新教师们可以选择符合个体发展需要的培养方式和内容，提高培养的针对性和有效性。

在培养机构一体化建设方面，可以建立具有我国本土特色的高职教师专业发展标准，形成一定数量的高职教育师资的专门培养培训机构。各教学机构按照标准实施分阶段培养，让师范类院校、应用性高等院校、职业院校和具有资质的社会培训机构协同参与高职教师的各阶段一体化培养，建立和形成多种培养机构联合培养的职业教育教师培养培训机构网络。职前培养可以由专门的职业教育师范院校承担，职后培训可以由普通应用型院校、高职院校、大中型企业、符合条件的职业教育机构或培训机构等承担，形成高职院校“双师型”教师的培养培训体系。管理体制一体化是要建立顶层设计部门、各级教育行政主管部门、相关师资培养机构、高职院校等各相关主体参与的统一协调的领导、管理、咨询和指导机制，实施各种政策、规划、经费、组织、协调等的制定和管理工作，保障高职教育师资培养政策的正确决策和体系的科学运行。

（二）政策保障：确保高职新教师教学能力发展的增效赋能

从整体来看，高职教师的教学能力发展需要得到社会多领域的关注、支持和保障，是一项系统性工程。就高职新教师教学能力发展来看，除了政府和教育部门的相关政策保障外，还需要各个高职院校根据自己学校的实际情况，完善相关政策，提供制度、经费、考核、评价等政策机制保障，充分发挥校级教师发展中心、二级学院教师发展中心、专业教学团队和新教师本人的能动性和积极性，为促进高职新教师教学能力发展的各个组织和个体赋权增能。一方面，高职院校可以根据教师职业生涯发展阶段的特点建立高职新教师阶梯化、系统化的培养方案和路径，提升培养的针对性，让新教师明确自己的教师生涯发展规划，在较短的时间内完成高职新教师的角色转换和入职期的岗位适应，从新手教师阶段迈向能力建构阶段，较快地实现教学能力的整体发展和系统提升。另一方面，高职院校可以建立扁平化的组织结构，将新教师教学能力培养管理的重心和相关责权进行重新分配和调整，激发二级学院教师发展中心和专业团队在新教师教学能力培养过程中的创造性作用和新教师本身的参与活力。对于新教师教学能力培养而言，二级学院和专业团队更能发挥学科教学知识和学科教学方法培养的作用，新教师可以从专业团队的教师们身上学到更多的有关本学科和本专业的教学知识、教学方法和教学问题解决策略，也可以更快地融入专业教学团队，获得教学支持，多方协同提升新教师教学能力培养的效能。

（三）校本为基：建构高职新教师教学能力发展的共享技艺库

目前，我国教师培训服务的市场化与专业化程度持续提高，但培训服务的质量和有效性水平还是不能被广泛认可，仍旧参差不齐。教学知识和教学技能的提升是教师实践性知识逐步累积与发展的过程，因而提升高职新教师教学能力培养的有效路径是将新教师嵌入教育教学的实际工作中，实现培训内容与教师工作要求、教学技能学习与教学实践应用之间的对接。高职新教师教学能力发展的过程既是新教师们期待自我教学与专业成长的过程，也是新教师们与其他教师、与学生、与周围教育环境互动的过程，是一种以持续多样的学习促进教学能力提升的过程。高职新教师校本学研共同体的建设和活动的组织实施，可以让新教师们跨越理论学习与实践学习的边界，将纯粹的理论培训、真实情境中的实践、实践中的学习有机结合。新教师个体与群体对共同关注的教学实际问题的交流、互动、共享，产生对教学能力提升的相互介入和相互促进功能。此外，高职院校要积极搭建校本化的新教师教学能力发展共享技艺库，聘请校内外专家开展新教师的教学帮扶工作，形成校际与校内、线上与线下等多渠道的新教师培养资源共享平台，实现新教师与老教师间、新教师与新教师间的集体沟通和合作分享的集体教研。通过集体学研活动，新教师不仅可以学到教育教学的理论知识，更重要的是能够从自我实践和他人实践中学习和领悟实践性知识，从群体互动的思想对话和经验碰撞中受到启迪。

（四）启发自觉：实现高职新教师教学能力的自主发展

高职新教师教学能力的发展状况会受到外因的影响，但更多的是来自内因的影响。无论多好的培养方案，如果没有高职新教师们的主动积极参与，都不可能取得良好的培养效果。教学能力的提升需要高职新教师个体自觉主动地去实现。高职新教师教学能力自主发展的过程是新教师个体自觉主动地完善自己、提高自己的过程。发展首先不是一种来自外部的追求，而是主体内部一种自发自觉的主动状态。只有高职教师们具有自觉的教学发展意识，外部的培养和培训才能发挥其应有的作用。

对高职新教师教学能力发展需求的调查结果可见，大部分新教师具有自己的职业理想和教学生涯规划，但也存在个体间的差异。95.19%的新教师表示能够积极参与学校组织的各种校内外培训项目，但表示能够自我寻找校外培训项目的教师相对少些，占被调查对象的89.84%。可见，并不是所有高职新教师都会积极主动地去创造自我教学成长的条件。

因此，从高职院校角度来讲，在新教师培养活动的方案、内容和支持政策的设计和实施过程中，要多采用参与式的培训内容和活动方案，创设安全、尊重的培训氛围，让新教师走进真实感受的问题情境，启发新教师的教学发展自觉，提升自主发展能力，让新教师在教学实践、顶岗实践等个人实践中丰富知识、优化技能。高职院校应该成为促进高职新教师成长的场所，应该是促进新教师自主发展的场所，应该是能让新教师们实现自己职业理想和自我价值的场所。从高职新教师自身来讲，应该要提升自己对教学能力发展的自主意识和自主能力，通过不断的学习和实践来创设自己的教学和专业发展平台，真正发挥教师个体的内在机制在教学能力发展上应起到的作用，以“追求教学卓越”的目标导向驱使个体的持续发展。

三、不足与展望

(一)研究不足

由于研究的时间、条件、水平和视野的局限，以及研究过程中一些其他因素的干扰，本书在深刻性、学理性等方面还存在不足，需要在今后的工作和研究中不断探索、实践和完善。

1.研究的深刻性和合理性有待进一步提高

本书以国内外有关教学能力、职业教育教师教学能力与发展培养的相关文献为基础，将建构主义学习理论、行动学习理论、学习型组织理论、教师生涯发展理论等主张相融合来作为理论基础，建立分析框架；通过理论层面研究构建了高职新教师教学能力发展核心要素模型，提出了“训一研一行”耦合联动的高职新教师校本培养策略，并在实践中进行了研究和探索。但由于基于学研共同体行动学习小组的学研资料收集和分析本身需要一个较长的时间、精力和能力的投入过程，加上对于相关理论的领会与内化还不够深刻,导致本书的分析框架和高职新教师教学能力发展核心要素模型还不够成熟和完善。鉴于高职教育对教师教学能力要求本身的复杂性和多元性,模型建构的科学性也需要进一步探讨,理论的研究与建构有待在后续研究中进一步完善。

2. 调查研究的抽样较少

受时间和能力等因素限制,笔者仅对浙江省7所高职院校的新教师进行了抽样问卷调查。虽然在院校类型上涉及公办、民办、国家示范、省示范和一般高职院校,在地域上涉及杭州、金华、温州、宁波、绍兴、台州、衢州等多个地区,在院校类型和地域分布上具有一定的代表性,但相比全国范围来讲,涉及的高职院校和地域面还不够广。在策略的行动实践研究中,采用的是个案研究的方法,虽然研究取得了一定的成效,但仅是一个起步,是一种局部的探索和分析,研究的成果和讨论的力度有待进一步扩展。

3. 对研究者的研究身份和影响学研的因素审视不足

在行动学习研究中,笔者以行动学习小组促进者和观察者的身份介入,研究者本身就成了一种研究工具,对研究过程要保持不断的审视和对话,不断“进入”与“淡出”,保持相对的独立性。但在本书中,由于参与的都是新教师,在教学实际问题的讨论和策略共享中,常常因为行动学习小组互动的参与性,造成研究者“淡出”不够,以致在研究的过程中局部地产生了个人倾向性影响。这也在某种程度上让行动学习小组受到了外部的影响。同时,由于高职新教师在参与学研时,同时也处在学校、二级学院、企业、专业团队、个人生活等多元环境下的不同实践情境之中,这种多情境下新教师所产生和形成的学习理解、经验建构、实践探索、行动反思、身份认同等会交互作用于他们的教学能力发展,本书对这些多因素的影响方面分析还不够全面,有待进一步审视与改进。

(二)研究展望

回顾开头所提出的问题,围绕高职新教师教学能力发展这个主题,主要是高职新教师教学能力应该发展哪些要素、如何去培养或找到有效的校本培养策略等。本书围绕这些要件,对当下高职院校比较关注的新教师教学能力发展与培养问题进行了一些理论与实践研究,具有一定的理论意义与现实价值。关注高职院校新教师学研共同体的行动学习小组活动,不只是关注学研本身,而是期待能从中获得促进高职院校新教师教学能力发展的实践启示。通过对学研共同体行动学习的组织、设计和实施过程的深入反思，对新教师个体和群体的知识、能力和体悟的变化，对新教师之间通过“训—研—行”带来的交互作用的梳理，“训—研—行”策略所具有的对高职新教师教学能力发展在实践性、个体参与性和群体互动性之间的促进作用逐渐明朗，总结出影响和促进高职新教师教学能力发展的三个有效维度。这种“他助—互助—自助”的“训—研—行”耦合联动的运作模式，既是本书针对高职新教师教学能力发展的研究成果，也是继续开展高职院校教师教学与专业发展研究以及新教师校本培养研究的新起点。研究也还存在上文所述的诸多不足，后续进一步深化研究可以从以下几方面展开：

(1)进一步开展高职新教师教学能力发展策略的理论与实践研究。对高职院校新教师教学能力发展核心要素模型进行进一步的科学化修构，在此基础上继续研究和完善高职新教师的教学能力培养方案与策略，在实践中不断优化培养内容和培养方式，使之具有更强的实践应用性和可推广性。

(2)关注高职院校教师教学能力发展这一研究主题。虽然本书开展的是高职新教师教学能力发展的研究，但是其始点还是在高职院校教师的教学能力发展这个研究主题范畴。高职院校教师是如何从新手教师发展成教学胜任型教师，到“双师型”骨干教师，继而再到专家型教师？这个教学能力的逐步发展过程中需要高职教师具备怎样的能力和素质？这些都是值得深入研究和探索的。这些有关高职院校教师职业生涯发展路径的研究，都将帮助和指导高职新教师在入职初期科学、合理地开展职业生涯规划。

参考文献

英文文献

1. Barbara Lasky, Irene Tempone. Practising What We Teach: Vocational Teachers Learn to Research through Applying Action Learning Techniques[J]. Journal of Further and Higher Education, 2004,28(1): 79-94.

2. Betty E. Steffy & Michael P. Wolfe. A Life-Cycle Model for Career Teachers[J]. Kappa Delta Pi Record, 2001(38): 16-19.

3. Betty Heath-Camp, William G. Camp. A Professional Development Program for Beginning Vocational Teachers[R]. The Annual Meeting of the American Educational Research Association Meeting. San Francisco, 1992,04.

4. Bob Garratt. The Power of Action Learning[C]. // Mike Pedler. Action Learning in Practice. Farnham: Gower Publishing Limited. Pp21-34.

5. B. G. Glaser & A. L. Strauss. The Discovery of Grounded Theory: Strategies for Qualitative Research[M]. New York: Aldine, 1967: 179.

6. C. Book, J. Byers, D. Freeman. Student Expectations and Teacher Education Traditions with Which We Can and Cannot Live[J]. Journal of Teacher Education, 1983,36(1): 9-13.

7. D. A. Schön. The Reflective Practitioner: How Professionals Think in Action[M]. New York: Free Press, 1983.

8. D. J. Clandinin. & F. M. Connelly. Teachers' Professional Knowledge Landscapes[M]. New York: Teachers College Press, 1995: 4-5.

9. E. Phinney. Recognizing the Institutional Libraries[J]. American Libraries, 1972,3(7): 735-742.

10. Erica Smith, Keiko Yasukawa, Steven Hodge. Australian VET Teacher Education: What is the Benefit of Pedagogical Studies at University for VET Teachers? [EB/OL]. [2017-04-12]. http://www.tvet-online.asia/issue5/smith_etal_tvet5.pdf.

11. Franziska Vogt, Marion Rogalla. Developing Adaptive Teaching Competency Through Coaching [J]. Teaching and Teacher Education, 2009,25(8): 1051-1060.

12. Frances F. Fuller. Concerns of Teachers: A Developmental Conceptualization[J]. American Educational Research Journal, 1969,6(2): 207-226.

13. Frances F. Fuller. Concerns of Teachers: Research and Reconceptualization[R]. The Annual Meeting of the American Educational Research Association, 1974

14. Frederick J. McDonald. Study of Induction Programs for Beginning Teachers: Executive Summary [R]. Educational Testing Service, Princeton, New Jersey. 1982: 2-3, 30.

15. G. A. Bowen. Document Analysis as a Qualitative Research Method[J]. Qualitative Research Journal, 2009,9(2): 27-40.

16. H. Jerome Freiberg. Essential Skills for New Teachers [J]. Educational Leadership, 2002,59(6): 56-60.

17. Hugh Guthrie, Alicen McNaughton, Tracy Gamlin. Initial Training for VET Teachers: A Portrait Within a Larger Canvas [EB/OL]. [2017-04-12]. https://www.ncver.edu.au/publications/publications/all-publications/initial-training-for-vet-teachers-a-portrait-within-a-larger-canvas.

18. J. Lave & E. Wenger. Situated Learning: Legitimate Peripheral Participation[M]. New York: Cambridge University Press, 1991.

19. Jocelyn L. N. Wong. What Makes a Professional Learning Community Possible? A Case Study of a Mathematics Department in a Junior Secondary School of China [J]. Asia Pacific Education Review, 2010,11(2): 131-139.

20. Kathleen S. Smith & Ronald D. Simpson. Validating Teaching Competencies for Faculty Members in Higher Education: A National Study Using the Delphi Method[J]. Innovative Higher Education, 1995,19(3): 223-233.

21. L. Shulman. Knowledge and Teaching: Foundations of the New Reform[J]. Harvard Educational Review, 1987,57(1): 1-22.

22. L. Dee Fink. Creating Significant Learning Experiences: An Integrated Approach to Designing College Courses[M]. San Francisco: Jossey-Bass/John Wiley & Sons, 2003: 22-23.

23. Linda M. Anderson , Carolyn M. Evertson & Edmund T. Emmer. Dimensions in Classroom Management Derived from Recent Research[J]. Curriculum Studies, 1980,12(4): 343-356.

24. Lorraine Dacre Pool, Pamela Qualter, Peter J. Sewell. Exploring the Factor Structure of the CareerEDGE Employability Development Profile[J]. Education Training, 2014(4): 303-313.

25. Lorraine Dacre Pool, Peter Sewell. The Key to Employability: Developing a Practical Model of Graduate Employability[J]. Education Training, 2007(4): 277-289.

26. Michael Marquardt. Harnessing the Power of Action Learning [J]. Talent Development, 2004,58(6): 26-32.

27. Mike Pedler. The State of the Art[C]. //Action Learning in Practice. Farnham: Gower Publishing Limited.

28. National Standards for School-based Initial Teacher Training Mentors[R]. 2016.

29. NBPTS. Career and Technical Education Standards: For Teacher of Students Ages 11-18(Second Edition) [EB/OL]. [2017-04-10]. http://boardcertifiedteachers.org/sites/default/files/EAYA-CTE.pdf.

30. Paul R. Burden. Developmental Supervision: Reducing Teacher Stress at Different Career Stages[R]. The Annual Meeting of the Association of Teacher Educators, February, 1982.

31. Peter Miller. Workplace Learning by Action Learning: A Practical Example[J]. Journal of Workplace Learning, 2003,15(1): 14-23.

32. P. L. Grossman. The Making of a Teacher: Teacher Knowledge and Teacher Education[M]. New York: Teachers College Press, 1991.

33. P. L. Grossman. A Study in Contrast: Sources of Pedagogical Content Knowledge for Secondary English[D]. Los Angeles: Stanford University, 1988.

34. Queensland, Department of Education and Training, Queensland

VET Development Centre (QVDC). Queensland vocational education and training (VET) continuous professional learning strategy: 2012—2015 [EB/OL]. [2017-04-12]. http://www. voced. edu. au/content/ngv%3A55710.

35. Reg Revans. Action learning pioneer[EB/OL]. [2017-04-15]. http://www. actionlearningassociates. co. uk/action-learning/reg-revans.

36. Reinhold Nickolaus, Stephan Abele. Teacher Training for Vocational Schools in Germany: Structures, Problems, Perspectives[EB/OL]. [2017-04-13]. http://www. uni-stuttgart. de/bwt/forschung/projekte/projektgalerie/davinci/2_paper_vocational_teacher_training_de. pdf.

37. Richards C, Farrokhnia F. Optimizing Grounded Theory for Policy Research: A Knowledge-Building Approach to Analyzing WTO E-Commerce Policies [J]. International Journal of Qualitative Methods, 2016,15(1):1-14.

38. Ron White. Teachers' Professional Life Cycles[J]. International House Journal of Education and Development, 2008,24(22).

39. Ronald D. Simpson & Kathleen S. Smith. Validating Teaching Competencies for Graduate Teaching Assistants: A National Study Using the Delphi Method [J]. Innovative Higher Education, 1993, 18 (2): 133-146.

40. Ronald D. Simpson. Do We Really Know What Constitutes Good Teaching? [J]. Innovative Higher Education, 1994,18(4): 239-241.

41. The Skills Commission. Teacher Training in Vocational Education [EB/OL]. [2017-04-10]. http://www. policyconnect. org. uk/sc/research/report-teacher-training-vocational-education.

42. Un Yong Jeong. Teacher Policy in England: An Historical Study of Responses to Changing Ideological and Socio-economic Contexts[D]. Degree of Doctor of Philosophy. University of Bath, 2009: 58.

43. Wendy Robinson. Teacher Training in England and Wales: Past, Present and Future Perspectives [J]. Education Research and Perspectives, 2006,33(2): 19-36.

44. William G. Camp, Betty Heath-Camp. A Professional Development Program for Beginning Vocational Teachers: An Introduction

to the Professional Development Program for Beginning Vocational Teachers[R]. 1992.

45. W. H. Bergquist. Relationship of Collegiate Professional Development and Teacher Education[J]. Journal of Teacher Education, 1978,29(3): 18-24.

46. W. M. Molennaar, A. Zanting, P. Van Beukelen, et al. A Framework of Teaching Competencies across the Medical Education Continuum[J]. Medical Teacher, 2009,31(5): 390-396.

中文文献

著作、报告和文件

1. 费斯勒,克里斯坦森. 教师职业生涯周期——教师专业发展指导[M]. 董丽敏,高耀明,等译. 北京:中国轻工业出版社,2005.

2. 黑恩,杰塞尔,格里菲思. 学会教学:教师专业发展导引[M]. 丰继平,徐爱英,译. 上海:华东师范大学出版社,2009.

3. Torsten Husen, T. Neville Postlethwaite,岑国桢. 国际教育百科全书(第五卷)[M]. 贵阳:贵州教育出版社,1991.

4. 贝蒂・E. 斯黛菲,等. 教师的职业生涯周期[M]. 杨秀玉,赵明玉,译. 北京:人民教育出版社,2012.

5. 彼得・圣吉. 第五项修炼——学习型组织的艺术与实务[M]. 郭进隆,译. 上海:上海三联书店,1999.

6. 戴维・L. 达特里奇. 行动学习——重塑企业领导力[M]. 王国文,王晓利,译. 北京:中国人民大学出版社,2004.

7. 弗莱雷. 被压迫者教育学[M]. 顾健新,等译. 上海:华东师范大学出版社,2014.

8. 雷格・瑞文斯. 行动学习的本质[M]. 郝君帅,赵文中,沈强铭,译. 北京:机械工业出版社,2016.

9. 罗伯特・K. 殷. 案例研究:设计与方法(中文第二版)[M]. 周海涛,李永贤,李虔,译. 重庆:重庆大学出版社,2010.

10. 马克斯・韦伯. 社会学的基本概念[M]. 胡景北,译. 上海:上海人民出版社,2005.

11. 迈克尔・马奎特. 行动学习实务操作:设计、实施与评估(第二版)[M]. 郝君帅,等译. 北京:中国人民大学出版社,2013.

12. 齐格蒙特·鲍曼. 共同体(第二版)[M]. 欧阳景根,译. 南京:江苏人民出版社,2007.

13. 伊恩·麦吉尔,利兹·贝蒂. 行动学习法[M]. 中国高级人事管理官员培训中心,译. 北京:华夏出版社,2002.

14. 约翰·杜威. 我们如何思维[M]. 伍中友,译. 北京:新华出版社,2015.

15. 约翰·杜威. 民主与教育[M]. 薛绚,译. 南京:译林出版社,2012.

16. 佐藤学. 课程与教师[M]. 钟启泉,译. 北京:教育科学出版社,2003.

17. 陈向明. 搭建实践与理论之桥——教师实践性知识研究[M]. 北京:教育科学出版社,2011.

18. 陈向明. 质的研究方法与社会科学研究[M]. 北京:教育科学出版社,2000.

19. 董静. 课程变革视阈下的教师专业发展[M]. 北京:中央编译出版社,2013.

20. 范良火. 教师教学知识发展研究[M]. 上海:华东师范大学出版社,2003.

21. 傅建明. 教师专业发展——途径与方法[M]. 上海:华东师范大学出版社,2007.

22. 高文,徐斌艳,吴刚. 建构主义教育研究[M]. 北京:教育科学出版社,2008.

23. 顾增旺. 行动学习:组织能力提升新境界[M]. 南京:江苏人民出版社,2010.

24. 国家教育委员会. 关于加强职业技术学校师资队伍建设的几点意见[EB/OL]. (1986-06-26)[2017-05-05]. http://law1. law-star. com/law?fn=chl046s108. txt&titles=&contents=.

25. 国家教育委员会. 关于开展建设示范性职业大学工作的原则意见[EB/OL]. (1995-12-19)[2017-05-05]. https://wenku. baidu. com/view/d7a7e1ec5ef7ba0d4a733b32. html.

26. 国家教育委员会. 面向二十一世纪深化职业教育教学改革的原则意见[EB/OL]. (1998-02-16)[2017-05-06]. http://www. chinalawedu. com/falvfagui/fg22598/56382. shtml.

27. 国务院. 关于印发国家职业教育改革实施方案的通知[EB/OL]. (2019-01-24)[2020-05-29]. http://www. gov. cn/zhengce/content/2019-02/13/content_5365341. htm.

28. 教育部.关于全面开展高职高专院校人才培养工作水平评估的通知[EB/OL].(2004-04-19)[2017-05-06]. http://www.zztrc.edu.cn/art/2016/3/3/art_10_38786.html.

29. 教育部.关于全面提高高等职业教育教学质量的若干意见[EB/OL].(2006-11-16)[2017-05-06]. http://www.moe.gov.cn/s78/A08/moe_745/tnull_19288.html.

30. 教育部等.关于印发《深化新时代职业教育“双师型”教师队伍建设改革实施方案》的通知[EB/OL].(2019-09-23)[2019-11-16]. http://www.moe.gov.cn/srcsite/A10/s7034/201910/t20191016_403867.html.

31. 教育部办公厅.关于做好职业教育“双师型”教师认定工作的通知[EB/OL].[2022-10-25]. http://wap.moe.gov.cn/srcsite/A10/s7034/202210/t20221027_672715.html.

32. 康晓伟.教师知识学:当代西方教师实践性知识思想研究[M].北京:北京师范大学出版社,2017.

33. 刘剑玲.学习化教师组织与教师专业成长[A].李妍,赵丽,王丽科.国际视野下的教师发展与教师培养研究:理论构建与实践案例[C].上海:华东师范大学出版社,2013.

34. 龙宝新.当代国际教师教育研究[M].北京:科学教育出版社,2016.

35. 罗树华,李洪珍.教师能力学[M].济南:山东教育出版社,1997.

36. 麦可思数据有限公司.衢州职业技术学院应届毕业生培养质量评价报告(2017)[R].2018.

37. 毛礼悦等.中国古代教育史[M].北京:人民教育出版社,1979.

38. 邱皓政.结构方程模型的原理与应用[M].北京:中国轻工业出版社,2010.

39. 全国职业院校专业设置管理与公共信息服务平台.高等职业学校拟招生专业设置备案结果数据检索平台. http://www.zjchina.org/mspMajorIndexAction.fo? &startcount=500,2019-04-06.

40. 宋萑.教师专业共同体研究[M].北京:北京师范大学出版社,2015.

41. 王海燕.实践共同体视野下的教师发展[M].重庆:重庆大学出版社,2011.

42. 王维.学习型组织之路——关于“学习型组织”的思考与探索[M].上海:上海三联书店,2003.

43. 王雪松.以系列学术沙龙为依托的大学英语教师学习共同体研究[M].北京:中国书籍出版社,2016.

44. 吴国来,张丽华.学习理论的进展[M].天津:天津科学技术出版社,2008.

45. 吴金辉.教师专业发展的理论与实践[M].北京:中国传媒大学出版社,2006.

46. 吴式颖.外国教育史教程[M].北京:人民教育出版社,2012.

47. 吴文侃.比较教学论[M].北京:人民教育出版社,1999.

48. 杨晓明.SPSS在教育统计中的应用(第2版)[M].北京:高等教育出版社,2012.

49. 叶澜,白益民,王丹,陶志琼.教师角色与教师发展新探[M].北京:教育科学出版社,2001.

50. 叶澜等.教师角色与教师发展新探[M].北京:教育科学出版社,2001.

51. 张大均.教学心理学[M].重庆:西南师范大学出版社,1997.

52. 张鼎昆.行动学习:再造企业优势的秘密武器[M].北京:机械工业出版社,2005.

53. 张桂春.激进建构主义教学思想研究[M].大连:辽宁师范大学出版社,2002.

54. 张永涛.学习型组织简明教程[M].合肥:中国科学技术大学出版社,2002.

55. 赵健.学习共同体的构建[M].上海:上海教育出版社,2008.

56. 赵健.学习共同体——关于学习的社会文化分析[M].上海:华东师范大学出版社,2006.

57. 赵中建主译.全球教育发展的历史轨迹——国际教育大会60年建议书(1934—1996)[M].北京:教育科学出版社,1999.

58. 浙江省教育评估院.2015届(三年后)浙江省高校毕业生职业发展状况及人才培养质量调查报告[R],2018.

59. 浙江省教育评估院.2017届浙江省高校毕业生职业发展状况及人才培养质量调查报告[R],2018.

60. 浙江省教育厅.浙江省高等职业院校内部质量保证体系诊断与改进工作实施方案[EB/OL].(2016-08-08)[2017-05-03].http://www.zjedu.gov.cn/news/147064468647626339.html.

61. 浙江省教育厅.关于印发《浙江省实施〈教师资格条例〉细则(试行)》的通知[EB/OL].(2001-12-31)[2019-05-09].http://rsc.nbedu.net.cn/news/82.

62. 郑理，宁维正. 学习型组织理论及创新学[M]. 徐州：中国矿业大学出版社，2005.

63. 职业教育诊改网. 高等职业院校人才培养工作状态数据采集与管理系统[EB/OL]. http://zt. gdit. edu. cn/log/login. aspx.

64. 中共中央办公厅. 关于深化教育改革全面推进素质教育的决定[EB/OL].（1999-06-13）[2017-05-06]. http://www. chinalawedu. com/news/1200/22598/22615/22793/2006/3/he73960321973600291 50-0. htm.

65. 中共中央，国务院. 关于全面深化新时代教师队伍建设改革的意见[EB/OL].（2018-01-31）[2019-05-13]. http://www. moe. gov. cn/jyb_xwfb/moe_1946/fj_2018/201801/t20180131_326148. htmh.

66. 中国科教评价网. 2019—2020 中国高职高专院校综合竞争力排行榜[EB/OL].（2019-03-27）[2019-04-03]. http://www. nseac. com/html/263/681844. html.

67. 国务院. 教师资格条例[EB/OL].（1995-12-12）[2019-05-09]. http://zwgk. sxx. gov. cn/4298669/5701871. html.

68. 教委办公厅. 高等学校教师培训工作规程[EB/OL].（1996-04-08）[2019-05-13]. http://old. moe. gov. cn/publicfiles/business/htmlfiles/moe/moe_621/201001/xxgk_81890. html.

69. 教委办公厅. 关于印发《高等学校教师岗前培训暂行细则》和《高等学校教师岗前培训教学指导纲要》的通知[EB/OL].（1997-01-31）[2019-05-13]. http://www. law-lib. com/law/law_view1. asp? id＝64159.

70. 教育部.《教师资格条例》实施办法[EB/OL].（2000-09-23）[2019-05-09]. http://zwgk. sxx. gov. cn/4298669/5701891. html.

71. 教育部. 1999 年—2017 年教育统计数据[EB/OL]. [2019-04-09]. http://www. moe. edu. cn/s78/A03/moe_560/s6200/.

72. 教育部. 高等职业教育创新发展行动计划（2015—2018）[EB/OL].（2015-11-03）[2017-05-03]. http://www. moe. gov. cn/srcsite/A07/moe_737/s3876_cxfz/201511/t20151102_216985. html.

73. 教育部. 国务院关于加快发展现代职业教育的决定[EB/OL].（2014-06-24）[2017-05-03]. http://www. moe. gov. cn/jyb_xxgk/moe_1777/moe_1778/201406/t20140622_170691. html.

74. 朱旭东. 教师专业发展理论研究[M]. 北京：北京师范大学出版社，2011.

期刊

1. 白益民.教师的自我更新:背景、机制与建议[J].华东师范大学学报(教育科学版),2002,20(4):28—38.

2. 蔡晶晶.高职青年英语教师教学能力核心指标研究[J].无锡职业技术学院学报,2014,13(1):51—54,69.

3. 蔡晶晶.高职青年英语教师教学能力现状调查与分析[J].常州信息职业技术学院学报,2013,12(4):80—84.

4. 陈炳权,李波勇.高校教师教学能力评价模型的构建及其哲学反思[J].吉首大学学报,2011,32(6):121—125.

5. 陈红,周萍.教学学术能力:青年教师教学发展的理性诉求[J].教育探索,2015(4):124—126;

6. 陈向明.实践性知识:教师专业发展的知识基础[J].北京大学教育评论,2003(1):104—112.

7. 丁志强.提升高职院校新教师教学能力的四大着力点[J].重庆电力高等专科学校学报,2010(1):72—74.

8. 范建波.高职教育师资能力标准构建研究[J].高等工程教育研究,2013(3):149—153.

9. 方秀新.护理临床见习课教师考评指标体系的构建[J].齐鲁护理杂志,2010(12):118—119.

10. 俸晓锦,罗秋兰.高校教师教学能力提升的实践模式和策略研究[J].中国成人教育,2012(18):27—29.

11. 顾春光,霍国庆.区域战略规划质量保证核心机制研究——基于扎根理论的我国省级十二五规划实证研究[J].中国软科学,2016(6):73—79.

12. 顾小清.行动学习:面向信息化的教师专业发展策略[J].全球教育展望,2005(3):52—55.

13. 郭绍青.教师信息化教学能力培养策略的个案研究[J].中国远程教育,2009(6):58—61,80.

14. 韩燕平.高职院校新教师教学能力培训策略研究[J].中外企业家,2014(9):222—223.

15. 何贵阳.角色论视域下谈高职院校教师教育教学能力的构成[J].中国成人教育,2014(20):121—123.

16. 何静.高校教师教学能力评价机制优化研究[J].黑龙江高教研究,2015(1):95—98.

17. 何丽君等. 行动学习法让培训变得更有效率[J]. 中国人才，2006(8)：12—14.

18. 何雪莲，祝怀新，朱芝洲. 基于扎根理论的高职课堂教学有效性影响因素分析[J]. 职业技术教育，2019(7)：41—46.

19. 何雪莲，祝怀新. 学科核心素养下英语教师教学发展的理据与要素[J]. 教师博览(科研版)，2018(6)：4—8.

20. 胡红梅. 高职教师教学能力提升研究现状[J]. 济南职业学院学报，2016(5)：7—9.

21. 黄宏伟. 高职院校专业教师实践教学能力培养的问题与对策[J]. 教育与职业，2015(14)：51—52.

22. 黄新辉，王长丰. 高校教师教育技术培训行动学习模式研究[J]. 西安电子科技大学学报(社会科学版)，2012，22(6)：127—134.

23. 李家黎. 学习共同体：教师专业发展的有效途径[J]. 教育探索，2008(10)：101—102.

24. 李娟，范保兴. 高职教师教学能力的构成与培养[J]. 中国成人教育，2009(1)：89—90.

25. 李娟，梁运文. 国家经济规划区战略的驱动因素及作用机制研究——基于扎根理论的运用[J]. 世界经济与政治论坛，2015(3)：150—162.

26. 李娟，梁运文. 基于扎根理论的国家战略经济规划区定位机制研究[J]. 学术论坛，2016，38(1)：60—65.

27. 李开慧，冀云. 高职院校基础课青年教师教学能力现状调查[J]. 重庆电子工程职业学院学报，2015(2)：15—19.

28. 李娜，乔贵春. 行动学习在教师教学能力培训中的策略研究[J]. 软件导刊(教育技术)，2010(6)：47—49.

29. 李娜. 基于教师专业发展的高职院校新教师入职培训调查研究[J]. 职教论坛，2016(32)：5—9.

30. 李伟. 生态位态势理论与高校教师教学能力评价[J]. 中国高等教育评估，2008(03)：49—51.

31. 李永兰. 高职教师教学能力提升探究[J]. 当代教育理论与实践，2012(7)：126—128.

32. 林崇德，申继亮，辛涛. 教师素质的构成及其培养途径[J]. 中小学教师培训(中学版)，1998(1)：10—14.

33. 林存华. 行动学习法的利弊与实施要点[J]. 中国浦东干部学院学报，2009(5)：121—125.

34. 刘成玉，王元松. 临床医学专业实践教学体系的建设与实践[J]. 实验室研究与探索，2008(12)：86—89.

35. 刘津平. 高职教育教师能力构建[J]. 天津成人高等学校联合学报，2001(4)：33—35.

36. 刘艳丽. 新建高职院校教师教学能力现状调查及分析[J]. 职业，2012(6)：29—31.

37. 刘玉侠. 高职院校教师专业能力标准的探讨[J]. 教育与职业，2009(2)：16—18.

38. 陆春桃，何宏华. 广西高职院校教师职业教育教学能力现状分析及建设思路[J]. 大众科技，2014(7)：271—274.

39. 罗清平，刘璎婷. 浅谈高职院校新教师角色的转换[J]. 基层医学论坛，2011(13)：472—473.

40. 罗秋兰，陈有禄，黄秉錬. 高校教师教学能力提升的妨碍因素及对策研究[J]. 教育与职业，2012(36)：80—82.

41. 罗艳. 高等职业院校教师主题教学能力探析[J]. 教育教学论坛，2015(36)：25—26.

42. 马乔林. 高职院校教师教学能力的构成[J]. 成人教育，2007(7)：69.

43. 毛齐明. 教师学习——从日常话语到研究领域[J]. 华东师范大学学报(教育科学版)，2010，28(1)：21—27.

44. 欧阳建友. 高职专业教师“教、学、做一体”教学能力评价探索[J]. 当代职业教育，2013(6)：14—17.

45. 潘洪建. 学习共同体”相关概念辨析[J]. 教育科学研究，2013(8)：12—16.

46. 秦桂美，单长清. 高职院校“双师型”教师教学能力特征研究[J]. 职业与教育，2011(12)：40—41.

47. 曲正伟. 教师的“身份”与“身份认同”[J]. 教师发展研究，2007(7)：34—38.

48. 申继亮，王凯荣. 论教师的教学能力[J]. 北京师范大学学报(人文社会科学版)，2000(01)：64—71.

49. 申继亮，辛涛. 关于教师教学监控能力的培养研究[J]. 北京师范大学学报(社会科学版)，1996(1)：37—45，99.

50. 申继亮，辛涛，邹泓. 中小学教师教学能力观的比较研究[J]. 教育科学研究，1998(1)：1—4.

51. 韩景春. 五步实验教学法——中学物理教学法实验课的教学改

革[J]. 教育探索,2000(11):58.

52. 宋立渠. 公安高校青年教师教学能力发展的影响因素分析[J]. 知识经济,2015(9):163—164.

53. 苏晓丽,吴红,祝木伟. 高职院校青年教师教学能力现状调研及分析[J]. 职业时空,2016,12(3):101—103,108.

54. 孙元涛. 教师专业学习共同体:理念、原则与策略[J]. 教育发展研究,2011(22):52—57.

55. 唐玉光. 教师专业发展的研究[J]. 外国教育资料,1999(6):39—43.

56. 万平. 校本视野下高职教师教学能力提升研究[J]. 中国成人教育,2015(15):119—122.

57. 王朝晖,汪爱妮. 浅谈高职院校新教师基本能力和综合素质的培养[J]. 中国科技信息,2008(19):280,283.

58. 王春生,赵大梅. 高职院校新教师入职需求的调查与分析[J]. 温州职业技术学院学报,2008,8(4):17—19.

59. 王栋. 教师行动学习的内涵、特征及其意义——以英语学科教师为例[J]. 当代教师教育,2011,4(4):21—25.

60. 王姣莉. 教师专业学习共同体研究述评[J]. 当代教师教育,2014,7(1):32—38,89.

61. 王丽杰,徐磊,吴汉东. 高校青年教师教学能力结构模型构建研究[J]. 管理观察,2014(26):172—173,175.

62. 王林毅,于巧娥. 高职院校教师教学基本能力的构成与评价研究[J]. 齐齐哈尔大学学报(哲学社会科学版),2016(1):184—186.

63. 王苓力. 高校青年教师教学能力发展体系研究[J]. 内蒙古师范大学学报(教育科学版),2015,28(5):58—59.

64. 王明海,亢利平. 基于高职成果导向教育的行动学习模式构建[J]. 职教论坛,2016(24):37—39,71.

65. 王沛,康廷虎. 建构主义学习理论述评[J]. 教师教育研究,2004,16(5):17—21.

66. 王蔚虹. 国外教师职业生涯周期研究述评[J]. 集美大学学报,2008,9(2):4—7.

67. 王霞俊,殷玉明. 高职院校教师教学能力现状调查与分析——以常州科教城 5 所高职院校为例[J]. 才智,2016(33):32—33,35.

68. 王霞俊. 高职教师教学能力提升的外部支持性环境构建[J]. 教育观察,2016,5(9):65—67.

69. 王新荣，李腊君，成晓燕，陈志强. 高职院校新教师教学现状调查报告[J]. 消费导刊，2010(8)：178—179.

70. 王艳萍. 高职院校教师教学能力发展策略研究[J]. 辽宁高职学报，2014(5)：66—68.

71. 王义澄. 建设"双师型专业教师[N]. 中国教育报，1990-12-5.

72. 王义澄. 努力建设"双师型"教师队伍[J]. 高等工程教育，1991(2)：49—50,53.

73. 王义澄. 适应专科教学需要，建设"双师型"教师队伍[J]. 1991(4)：14—15.

74. 魏明，郝理想. 我国职教师资实践教学能力建设现状及途径探索[J]. 职教论坛，2010(30)：63—66.

75. 温恒福，张萍. 学习型组织的实质、特征与建设策略[J]. 学习与探索，2014(2)：53—58.

76. 温恒福. 学习型组织理论反思与中国当代教育组织的发展方向[J]. 教育理论与实践，2005,25(12)：11—15.

77. 沃建中，申继亮，林崇德. 提高教师课堂教学能力方法的实验研究[J]. 心理科学，1996,19(6)：340—344.

78. 吴东照. 我国高职院校新教师职业素养提升培训的调研与分析——以江苏省S市为例[J]. 教育教学论坛，2016(32)：81—82.

79. 吴海英. 高职院校会计专业教师实践教学能力发展探析[J]. 科教文汇(中旬刊)，2014(5)：149—150.

80. 夏瑛. 浅谈高职院校新教师教育教学能力的提升[J]. 哈尔滨职业技术学院学报，2013(4)：7—8.

81. 熊华，刘兴华. 美国高校青年教师教学能力发展机制及其启示[J]. 比较教育研究，2015(1)：60—65.

82. 熊煦，陈晓松. 浅析高职院校教师实践教学能力现状[J]. 科教导刊(上旬刊)，2014(9)：69,85.

83. 徐玲. 青年教师教学能力影响因素与培训模式创[J]. 现代教育科学，2009(3)：151—153.

84. 徐英俊. 准中职师资实践教学能力形成与发展的有效策略[J]. 职教论坛，2012(3)：36—38.

85. 许峰. 高职专业教师教学能力构成研究[J]. 辽宁高职学报，2013(10)：82—85.

86. 许明，黄雪娜. 从入职培训看美国新教师的专业成长[J]. 教育科学，

2002(1):51—55.

87. 杨淑芹，马新英. 少数民族双语教师课堂教学能力评价标准建构[J]. 中国教育学刊，2010(7):67—70.

88. 杨淑芹，孟凡丽. 试析双语教师教学能力的构成[J]. 贵州民族研究，2009(4):153—158.

89. 易华，高职院校“双师型”教师教学能力发展的基本策略研究[J]. 才智，2016(28):17.

90. 于晶. 基于行动学习的专任教师培训模式创新—以国家开放大学为例[J]. 湖北广播电视大学学报，2015，35(4):13—16.

91. 余承海，姚本先. 高校教师教学能力形成及发展的影响因素探析[J]. 高等农业教育，2006(3):48—50.

92. 袁慧，魏会生. 应用型高职院校教师信息化教学能力发展策略[J]. 中国信通信，2015(21):96.

93. 张洪春，孔新舟. 高职院校教师教学能力发展模式理论研究[J]. 教学研究，2014(6):26—29，38，124.

94. 张洪春，王亮. 高职院校教师教学能力发展需求与现状分析[J]. 高等职业教育(天津职业大学学报)，2014(6):13—15，37.

95. 张洪春，温中梅. 高职院校教师教学能力形成机制及实现研究[J]. 职教论坛，2015(5):8—13.

96. 张洪春，温中梅. 高职院校教师教学能力考核与评价研究[J]. 上海教育评估研究，2016(1):60—64.

97. 张洪春. 高职教师教学能力发展制度与政策建议[J]. 教育导刊，2015(5):10—13.

98. 张京毅，谷利红，易兰华. 行动学习在高职专业课教学中的应用[J]. 教育与职业，2016(15):101—102.

99. 张菁菁，魏会生. 高职院校青年教师信息化教学能力发展现状与提升对策[J]. 中国信通信，2015(21):64.

100. 张奎明. 国外建构主义教师教育改革研究[J]. 比较教育研究，2007(2):81—85.

101. 张卿. 高职院校专职教师实践教学能力的培养[J]. 石家庄职业技术学院学报，2012，24(3):30—32.

102. 张素玲. 行动学习与领导力开发[J]. 中国浦东干部学院学报，2008(2):86—89.

103. 张笑秋，潘攀. 高校教师教学能力发展体系构建分析——以人力资源管理为视角[J].中国高等教育评估,2016(2):33—37.

104. 张一春,王宇熙.高职教师信息化教学能力现状及提升对策——基于江苏省74所高职院校的调查[J].职业技术教育,2015(36):70—74.

105. 张志宇,迟晓峰,李少楠.高职院校教师教育教学能力发展困境及对策[J].河北企业,2015(7):94—95.

106. 张志宇,迟晓峰,李少楠.高职院校教师教育教学能力发展困境及对策[J].河北企业,2015(7):94—95.

107. 赵金柱."赛教结合"下高职外语教师的教学能力发展研究[J].佳木斯职业学院学报,2015(9):33.

108. 赵萍.论当代西方教师职业生涯发展研究的三个理论取向[J].比较教育研究,2016(4):78—84.

109. 赵雪梅,高克智."多能合一"型高职教师教育教学能力发展路径研究[J].西昌学院学报(自然科学版),2013(2):124—126.

110. 郑晓梅.基于行动学习的教师自主发展研究[J].教师发展论坛,2010(7):20—22.

111. 钟启泉.教师的"教学能力"与"自我教育力"[J].上海教育科研,1998(4):15—18.

112. 仲崇奕.高职公共英语教师教学能力现状及提升策略——以黑龙江高职院校为例[J].学理论,2015(14):235—236.

113. 周宏弟.高师生教学能力的结构特征及其形成规律[J].科技进步与对策,2002(10):184—185.

114. 周宏弟.构建高师生教学能力多元评价模式[J].孝感学院学报,2003(3):91—93.

115. 周萍,纪志成.青年教师教学能力调查分析[J].中国大学教学,2011(2):81—83.

116. 朱雯.高职院校"双师型"教师教学能力发展研究[J].新课程研究(中旬刊),2016(12):135—136.

117. 朱孝平."双师型"教师概念:过去、现在与将来[J].职教论坛,2008(14):26—28.

118. 祝成林.高职院校教师的身份及其文化建构[J].教师教育研究,2017(3):19—24.

119. 邹立君.湖南高职专业教师教学能力现状的调研[J].中国职业技术教育,2004(36):28—29.

硕博论文

1. 王卫军. 教师信息化教学能力发展研究[D]. 兰州：西北师范大学，2009.

2. 蒋玉梅. 大学英语女教师的职业生涯发展研究[D]. 南京：南京大学，2011.

3. 李辉. 高校教师教学能力评价指标体系构建研究[D]. 太原：山西财经大学，2015.

4. 刘洁. 高职院校青年教师实践教学能力研究[D]. 南充：西华师范大学，2015.

5. 马佳. 基于行动学习法的中小学校长培训模式研究[D]. 北京：首都师范大学，2014.

6. 彭小虎. 社会变迁中的小学教师生涯发展[D]. 上海：华东师范大学，2005.

7. 钱菁菁. 高职院校兼职教师教学能力调查研究[D]. 宁波：宁波大学，2014.

8. 秦小智. 大学教师教学能力及培养研究[D]. 长沙：湖南师范大学，2006.

9. 石中和. 对行动学习的研究[D]. 北京：北京交通大学，2007.

10. 宋明江. 高职院校“双师型”教师教学能力发展研究——基于行动学习理论的视角[D]. 重庆：西南大学，2015.

11. 宋现山. 关于高职院校教师教学能力的调查研究——以苏州地区为例[D]. 苏州：苏州大学，2010.

12. 宋晓芳. 高校教师教学胜任力模型研究[D]. 武汉：华中科技大学，2007.

13. 孙亚玲. 课堂教学有效性标准研究[D]. 上海：华东师范大学，2004.

14. 田月龙. 基于AHP的高职教师教学能力评价系统研究与开发[D]. 北京：华北电力大学，2008.

15. 童婧. 高校青年教师教学能力培养研究[D]. 长沙：中南大学，2007.

16. 王栋. 教师行动学习研究——以高中英语学科教师为例[D]. 上海：上海师范大学，2013.

17. 王璐瑶. 高校青年教师教学能力研究[D]. 哈尔滨：黑龙江大学，2016.

18. 王少婷. 民办高职院校新教师专业发展现状及对策研究[D]. 上海：

上海师范大学，2015.

19. 王宪平. 课程改革视野下教师教学能力发展研究[D]. 上海：华东师范大学，2006.

20. 王馨敏. 吉林省高职院校青年教师教学能力发展研究[D]. 长春：吉林农业大学，2016.

21. 武正营. 我国高职院校企业工作背景新教师社会化研究[D]. 南京：南京大学，2016.

22. 肖婷婷. 高职院校青年教师教学能力现状及发展策略研究[D]. 长沙：湖南师范大学，2011.

23. 徐继红. 高校教师教学能力结构模型研究[D]. 长春：东北师范大学，2013.

24. 杨娟. 高校青年教师教学能力发展研究——以A大学为例[D]. 南昌：江西农业大学，2015.

25. 杨艳梅. 美国新任教师教学能力培养研究[D]. 重庆：西南大学，2011.

26. 姚利民. 有效教学研究[D]. 上海：华东师范大学，2004.

27. 王绪红. 行动学习及其在校本培训中的应用[D]. 上海：上海师范大学，2007.

28. 张奎明. 建构主义视野下的教师素质及其培养研究[D]. 上海：华东师范大学，2005.

29. 智安然. 我国高校青年教师教学能力发展研究[D]. 南京：南京理工大学，2013.

附录　高职新教师教学能力培训需求情况调查表

亲爱的老师：

您好！为了解高职新教师教学能力发展需求，提升新教师培养效果，邀请您参加我们的调查。请您仔细阅读问卷的每个陈述，根据自己的真实情况作答。本调查只作研究之用，不会对您产生任何影响。非常感谢您对本研究的支持和参与，完成本次问卷！

1. 性别：①男　　②女

2. 您的入职年限：①1年　　②2年　　③3年　　④4年及以上

3. 您的受教育程度：①博士　　②硕士　　③学士

4. 您的毕业学校性质：①985或211师范类高校　　②综合性985或211高校　　③普通师范类高校　　④普通综合性高校

5. 您工作的学校性质：①国家示范（优质）高职院校　　②省级示范（优质）高职院校　　③一般高职院校

6. 您所任教的专业：①文科专业　　②理工科专业　　③医科专业

请仔细阅读下列描述，选择适合你自己情况的相应数字选项，1—5依次表示“完全不同意、比较不同意、不确定、比较同意、完全同意”。

完全不同意	比较不同意	不确定	比较同意	完全同意
1	2	3	4	5

序号	陈述	自我评价
1	我需要了解最新的职业教育改革理念	
2	我需要了解课程设计的原理	
3	我需要了解高职学生的特点和个性差异	
4	我需要了解高职学生的学习习惯和学习能力	
5	我需要学习所教学科的教学内容	
6	我需要学习所教学科的教学方法	
7	我需要学习所教学科的评价方法	
8	我需要学习所教专业相关领域的知识	
9	我需要学习如何根据专业目标和学生学习需求制定恰当教学目标	
10	我需要学习如何根据课程目标和学生水平，设计课程教学内容、开发教学项目	
11	我需要提升运用信息技术开展“互联网＋教学”设计与改革的能力	
12	我需要学习如何依据教学目标和教学内容，采用适当的教学方法和组织课堂活动	
13	我需要提升在教学中与学生开展对话与辅导的能力	
14	我需要提升在教学中建立促进学生学习的公平公正的班级氛围的能力	
15	我需要学习如何应对和有效处理课堂偶发事件的技能	
16	我需要学习监控课堂纪律、促进学生参与课堂的技能	
17	我能寻求他人帮助，提高课堂管理成效	
18	我需要学习基本的学习策略以指导学生进行专业学习	
19	我能指导学生开展专业技能实践	
20	我能依据教学目标反思自己的教学过程、方法及态度	
21	我具备正确评价自己的教学效果的知识和能力	
22	我需要学习如何正确评估学生的学习情况	
23	我对于教学工作具有责任感并尽力做好	
24	我能尊重和体谅学生，对学生始终如一	
25	我愿意投入时间和精力探究教学问题	

续　表

序号	陈述	自我评价
26	我能反思自己教学上的优缺点并及时改进	
27	我乐意与同事分享教学心得或疑惑	
28	我有自己的职业理想和教学生涯规划	
29	我积极参与学校组织的各种校内外教师培训项目	
30	我积极自我寻找校外教师培训项目	
31	我有建立个人教学档案、记录教学发展历程的习惯	
32	我能关注教学问题，开展研究探讨	
33	我了解本专业教学研究的基本方法	
34	我善于利用自己或他人的教学研究成果，改进教学	

后 记

本书是在我的博士学位论文基础之上修改而成的。时光荏苒，转眼博士毕业亦已三年。重新翻阅文稿，撰写后记，三年前此时准备博士论文答辩的忙碌与焦虑仍历历在目。敲击键盘，回想起博士学习历程，心中仍不免凝重。

2015 年 9 月，为了心中的博士梦，在本可以安定生活的不惑之龄，我来到浙江大学教育学院，重回母校求是课堂，开启一段两城奔波的学习与生活历程。回顾 5 年的博士学习生涯，艰辛与收获并存，温暖与感动同在。博士学习的第一年，恰逢小儿进入初三学习，我自己暑假期间左脚脚踝扭伤。此时，记忆中仍是瘸着伤脚穿梭于教室、图书馆、公交车站、高铁站之间，每周来回两个城市，熬着肩颈疼痛听着一门门课程，翻阅一册册书，参加一次次学术研讨会……终因走动太多，至今脚底筋膜炎时有发作。2016 年 7 月开始边工作边准备中期考核、开题和博士论文撰写，加上儿子中考、陪伴父亲治疗癌症、爱人车祸治疗等家庭大事，更是一次次的磕磕绊绊、负重前行与思考成长。其间的跌跌撞撞也让我感受到了很多的关爱与帮助，曾经的辛劳和付出成了后来的收获和如今的珍贵回忆。

从博士论文的撰写到本书的形成，我的导师祝怀新教授给予了耐心的指导和真挚的建议。祝老师的分析观点时常给予我启迪。至今延续的师门学术研讨会，更让我感受到“业已毕、学无休”的孜孜以求。作为高职院校的教育工作者，我一直关注职业教育的理论与实践研究。在无数的阅读以及与导师探讨之后，我决定结合自己工作中亟须解决的问题展开研究。随着高职教育的扩招，高职院校中新教师比例较高成为普遍现象。这些新教师绝大多数毕业于普通高校，没有接受过师范教育，也极少有企业工作经验。教育质量的关键是教师，如何提升新教师们的职业教育教学能力，让他们较快成长，成为各高职院校的重要课题。

要较快地有效提升高职新教师的教学能力，首先要解决高职新教师应该发展哪些教学能力的问题，然后才是如何发展的问题。为此，本书做了一些的理论与实践探索，厘清高职新教师教学能力发展的核心要素、有效培养路径和培养策略，并施之以实证检验。读博期间，我没有脱离工作岗位，工作、学业兼顾很不轻松，但也给了我很多的研究启发和实践空间。我从中获得了很多鲜活资料，收集到了本书中的一手数据。调查问卷的发放和研究数据的收集得到了何百通教授、王建教授以及学研小组成员等众多同事的帮助，在此一并感谢。

这本专著是我博士学习和一段学术研究经历的见证。感谢在此历程中提供过帮助的所有老师、同事、同学以及我的家人，是你们所给予的每一份关心、帮助和支持，助我圆了年轻时心中的梦想。人生是一个不断跳出舒适圈、不断成长的过程。我将怀揣感恩之心，继续努力前行。

本书的出版得到了衢州市职业教育“五统筹”改革专项经费（“职业教育创新团队一数智商贸”，编号：ZYJY202205）的支持，特在此致谢。本书也是我主持的教育部职业院校外语类专业教学指导委员会2021年度职业院校外语教育改革研究课题（编号：WYJZW-2021—2044）和浙江省高等教育“十三五”第一批教学改革项目（编号：jg20180727）的成果之一。感谢浙江大学出版社对本书出版的支持，也感谢浙江大学出版社编辑吕倩岚对书稿的细致审阅。但囿于主客观条件因素，书中不当和疏漏之处恐难避免，敬请批评指正。

何雪莲

2023年4月19日

于衢江之畔